**O. Ebner
Kampf um die
Sextener Rotwand**

Blick aus dem Sextental zur Rotwand

Kampf um die Sextener Rotwand

Von
Oswald Ebner
Oberleutnant a. D. im 2. Regiment der Tiroler Kaiserjäger
Kommandant der Hochgebirgskompanie 19

Im Anhang:
Das Kriegstagebuch des Bergführers Sepp Innerkofler
Der Weg einer Hochgebirgskompanie / Die heutigen, touristisch
begehbaren Steiganlagen an der Sextener Rotwand
(von Dr. Josef Rampold)

Verlagsanstalt Athesia – Bozen

Umschlagbild: Sextener Rotwand
(Foto Hanspaul Menara)

4. Auflage 1982

Alle Rechte vorbehalten
© by Verlagsanstalt Athesia Ges.m.b.H., Bozen (1978)
Gesamtherstellung Athesiadruck, Bozen
ISBN 88 - 7014 - 040 - 7

Geleitwort zur ersten Auflage (1937)

Einst war das Sextener Bergland ein von aller Welt bewundertes, vielumworbenes Kleinod unserer großen österreichischen Heimat. Alljährlich, wenn die Kraft der Frühlingssonne des Winters eisige Fesseln sprengte und die Wanderlust in deutschen Herzen erwachte, durchzog ein Strom bergbegeisterter Menschen seine Täler. Er brachte Glück und Wohlstand ins Land. Deutsche Kühnheit und Tatkraft eroberte seine Felsburgen, baute Schutzhütten und Weganlagen und sang das Hohelied seiner Schönheit durch alle Länder deutscher Zunge. Es lag Gottes Segen auf Südtirols lieblichster Flur.

Da brach der Krieg in den Bergfrieden ein. Sexten und Dorf Moos sanken in Schutt und Asche, die ewige Sonnenuhr des Sextentales kündete Tod und Verderben, jahrelang. Deutsches Blut deckte den Weg zum Herzen Tirols und verströmte im verbissenen Kampfe um jeden Fußbreit der Heimaterde!

Ein Berg überragte das unermeßliche Leid des Tales gleich einem strahlenden Fanal unbezwinglicher deutscher Heldenhaftigkeit — die Sextener Rotwand! Jeder ihrer Kämpfer wußte es: stand einmal der Alpino auf ihrem Scheitel, dann war das Sextental verloren! So gebar die ungeheure Gefahr eine Kampfgemeinschaft auf diesem Berge, die einzig dastand an der Dolomitenfront. In der Feuerglut der Rotwand verschmolzen Offizier und Mann zur unbesiegbaren Einheit. Der fanatische Wille eines Hannes Sild, »seinen Berg« bis zum letzten Atemzug zu halten, gebot der feindlichen Übermacht ein ehernes Halt. Mit ungleichen Waffen ward hier das Wunder der Heimatrettung vollbracht und unvergänglicher Lorbeer um die Stirnen derer von der Rotwand gewunden.

Im Kampfe unbesiegt, fiel dieser Grenzberg dennoch in Feindeshand, — mit ihm sank das ehrwürdige Habsburgerreich in Trümmer!

Die verfallenen Stellungsruinen der Sextener Rotwand sind heute die stummen Zeugen dieses heroischen Aufopferungskampfes verbündeter Wehrkraft. Es mußte der Tag kommen, an dem ein hallender Weckruf aus den Ruinen brach und das Heldenlied der Rotwandkämpfer schuf. Oswald Ebner, der Besten einer aus der Kämpferschar, ist in diesem Buche zum Rufer österreichischer und deutscher Waffenehre und Waffenruhmes geworden. Möge es allüberall in Gottes weiter Welt, wo deutsche Herzen schlagen, den Widerhall finden, den es verdient!

Ing. Otto Langl
ehem. Präsident des Österr. Alpenklubs

Sextener Bauernhäuser mit Rotwand und Elfer

Vorwort zur 4. Auflage

Die dritte Auflage des vorliegenden Buches konnte vom Verlag noch in Zusammenarbeit mit Oswald Ebner erstellt werden, der sich als erfahrener Kriegshistoriker und typischer Vertreter der ruhmreichen alten Armee erwiesen hat. Leider ist nun auch er zur Großen Armee einberufen worden; er starb am 24.5.1980 in Penzberg (Obb.). – In Kürze erscheint im Verlag Mursia eine italienische Ausgabe des Rotwand-Buches, in das auch Passagen von der Gegenseite (vor allem Aussagen des Capitano Sala und des Leutnants Lunelli) eingebaut werden, so daß der »Kampf um die Sextener Rotwand« eine nach allen Seiten hin abgerundete Fassung erhält.

Bozen, im Herbst 1982   Der Verlag

Die Sextener Rotwand

An einem Julitag des Jahres 1881 ging der Bergführer Santo Siorpaes aus Cortina mit seinem Herrn in der Morgenfrühe durch das taufrische Fischleintal bergwärts, um ihn auf die Sextener Rotwandspitze zu führen, die noch als unerstiegen galt. Nach einstündigem Wandern über den sanft ansteigenden Talboden, den rundum die herrlichen Dolomitgipfel: Elfer, Zwölfer, Einser und Schusterspitze, umsäumen, wandten sie sich nach links der Anderter Alm zu, die unter die Abstürze des Elfers und die Ausläufer der Rotwand gebettet ist, und stiegen dann an dem Gletscherbach, den das ewige Schneefeld zwischen den beiden Bergen speist, höher, bis sie ein sanft geneigtes Firnfeld betraten. Gemächlich ging es aufwärts, dann im Bogen nach links über leichte Felsstufen und ein Schneekar zu einer Schutterrasse, die sich höher oben wieder steiler emporschwang und in Felsen überging.

Über kleine Wandeln und Felsstufen kletterten die beiden höher, bis ein ausgeprägtes, waagrecht verlaufendes Band erreicht war, das scharf nach rechts zu einer Eisrinne führte, die sich vom Gipfel herunterzieht. Eineinhalb Stunden mühten sie sich auf dem harten, schwarzen Eis, das fast 50 Grad Neigung hatte, ab, dann waren es nur mehr ein paar Schritte auf den turmartigen Gipfelblock.

Santo Siorpaes war es nicht vergönnt, die Lorbeeren einer Ersteigung zu pflücken. Zu seinem Schrecken bemerkte er auf der Spitze ein Steinmandl und fand unter Felsstücken eine Flasche mit der Karte seines glücklichen Nebenbuhlers. Michel Innerkofler war mit Baron Eötvös schon vor 3 Jahren hier gewesen und hatte als erster seinen Fuß auf die Rotwand gesetzt.

Die Jahre vergingen, das Sextental und seine Berge zogen immer mehr die Bergsteiger aus aller Welt in ihren Bann, aus dem stillen Dörfchen wurde ein berühmter Touristenort. Die Berge boten dem alpinen Entdeckerdrang immer neue Ersteigungsprobleme, den harten Bergbauern gaben sie Arbeit und Brot, so daß sie sommers gerne die Sense mit dem Pickel vertauschten und ihre Herren auf den Elfer, den Zwölfer, den Einser führten.

Etwas abseits stand die Rotwand, die nicht so schwere Aufgaben stellte wie ihr gewaltigerer Nachbar, der Elfer. Wer aber oben stand auf ihrem einsamen Gipfelblock, war ergriffen von dem wundervollen Tiefblick ins grüne Sextental und auf die dunklen Fichtenwälder des Kreuzbergpasses, der ins Italienische hinüberführt. In überwältigendem Kontrast dazu baut sich gegenüber die drohend starre Pracht der nahen Dolomitwände des Elfers auf. Von Westen bis Osten, der Sonne zu, dehnt sich weithin wie ein vom Wind gekräuseltes Meer im Riesenbogen die Zackenwelt der Dolomiten, während im Norden in weichen, ruhigen Linien die gleißenden Gletscher der Zillertaler und Hohen Tauern den Kreis schließen.

Ein Menschenalter später war der italienische Krieg in diesen gottbegnadeten Winkel Tirols gedrungen. Einsam blieben die Berge. Nur selten schlich eine Patrulle von hüben oder drüben spähend durch die Felskare.

An einem Julitag des Jahres 1915 aber stiegen einige Männer den wohlbekannten Steig zur Sextener Rotwand über die Anderter Alpe hinauf und kletterten die Bänder und Wandeln empor zur Spitze. Oben richteten sie sich ein zum dauernden Aufenthalt; ein paar Felsbrocken, zu einer Mauer geschichtet, boten halbwegs Schutz gegen den Sturm, ein Zeltblatt darüber war das Dach gegen Regen und Nachtkälte. Dann hielten sie Auslug.

Wieder ging ihr Blick hinunter zum Kreuzberg, hinüber zum Elfer, was er aber suchte, war nicht mehr die Schönheit der Täler und Berge. Er galt dem Feind von drüben, der sich bereit machte, über die Höhen und Pässe vorzubrechen. Die Berge aber, die einst Arbeit und Brot gegeben hatten, boten jetzt der Heimat Schutz und Schirm, an ihnen brandeten die feindlichen Sturmwogen.

Die Sextener Front

Wenn die Österreicher in ihrem viereinhalbjährigen Kriegsleben nie Überfluß oder Reichtum an Mitteln besaßen, so stak der Tiroler Soldat, der die Grenzen des Landes gegen Italien zu verteidigen hatte, von allem Anfang an in ganz besonders kärglichen Verhältnissen. Der unersättliche Russenkrieg, der schon fast ein Jahr dauerte, hatte dem Land an Mann und Material beinahe alles genommen. Was geblieben, war dürftig genug. Es waren wirklich die letzten Mittel, die allerletzten Kräfte, mit denen Tirols Verteidigung ins Werk gesetzt wurde: ein paar Sperrforts an der Grenze, in letzter Stunde ausgehobene Schützengräben, schüttere Drahtverhaue davor, und noch schütterer die Verteidiger dahinter: Arbeiterabteilungen, Eisenbahnsicherungskompanien, freiwillige Schützen, bunt zusammengewürfelte Haufen von Zivilisten, denen man schnell ein Gewehr in die Hand gedrückt hatte und die über Nacht zu Kampfbataillonen gemacht worden waren.

An der Sextener Front sperrten zwei uralte Werke das Tal gegen den drohenden Einbruch des Feindes vom Kreuzbergpaß her: Mitterberg am Südhang des Helm, knapp vor dem Dorf Sexten, und Haideck am Fuß des Innergsell, dort, wo sich der weite Kessel des Fischleintales auftut. Exerzierplatzmäßig angelegte Gräben querten den Talgrund zwischen ihnen und liefen noch ein Stück bergwärts weiter, verloren sich aber bald im steileren Gelände. Ein paar Haubitzen und Kanonen, die im vergangenen Jahrhundert einmal modern gewesen waren und eine Reichweite nur bis ins Vorgelände des Kreuzberges hatten, streckten ihre Bronzerohre aus den Schußscharten hervor; oben auf der grasigen Kuppe des Innergsell stand eine Batterie in einer Feldbefestigung aus jüngerer Zeit, die allein imstande war, den Sattel unter Feuer zu nehmen. Das war die ganze Verteidigungsanlage eines Frontabschnittes, in dessen Rücken, nur 12 Kilometer von der Grenze entfernt, die lebenswichtige West-Ost-Verbindung der Pustertaler Bahnlinie verlief, die den Gegner zum Angriff geradezu herausfordern mußte.

Die vorgesehene infanteristische Verteidigungslinie begann beim Toblinger Knoten am Zinnenplateau, führte das Altsteintal und Fischleintal entlang nach dem Dorf Moos im Sextental, kletterte dann die grasigen Höhen in der Fortsetzung des Helmkammes empor und leitete über Hahnspiel und Hornischeck zum Karnischen Kamm weiter. Was an aktiven Truppen verfügbar war, um zur Verteidigung eingesetzt zu werden, war eine halbe Kompanie Landesschützen als

Rotwand und Elfer, vom Einstieg zur Dreischusterspitze aus gesehen

Sperrbesatzung, eine Handvoll Festungsartilleristen als Geschützbedienung, ein paar Gendarmen und Finanzer. Zur Auffüllung der klaffenden Lücken mußten Abteilungen eines Landsturmbataillons und Standschützen eingesetzt werden, ohne daß damit aber die Besetzung der Frontlinie durchgängig gewesen wäre. Bloß hie und da lag eine Feldwache hinter Felsen oder im Schutz des Hochwaldes, sechs, acht Mann, von denen einer oder zwei den Horchposten bestritten, während die anderen, so gut es ging, aus Ästen, Latschenzweigen und Zeltblättern einen Unterschlupf für die Nacht und den Regen bauten, in dem sie dann rauchend, frierend und diskurrierend beisammenhockten und auf den Feind warteten.

Er kam, wie vorauszusehen war, über den Kreuzbergpaß, auf der schönen, breiten Straße, die von Padola und Santo Stefano in leichter Steigung von drüben heraufführt; er kam vorsichtig und zögernd, als fürchtete er, auf eine Übermacht zu stoßen, kleine Patrullen als Fühler vorstreckend, die mit den österreichischen Posten in den Wäldern herumplänkelten, die alte Reichsgrenze aber kaum überschritten. Wo sie Widerstand verspürten, zogen sie sich fechtend wieder zurück. Eigene Aufklärungspatrullen gingen über die Verteidigungslinie bis auf italienischen Boden vor und stießen ins Leere. Erst weit hinter dem

Kreuzberg lag der Feind in stärkeren Verbänden, baute emsig an Schützengräben und Stützpunkten, die er mit Verhauen und vielfachen Drahthindernissen umgab, als müßte er sich gegen einen Einfall schützen. Beinahe ein Wunder war geschehen: der gefürchtete Angriff über den Paß, der, mit Massen angesetzt und zielbewußt vorgetragen, das schwache Verteidigungssystem im Nu zerschlagen und über den Haufen geworfen hätte, der mit Leichtigkeit das Drautal und die lebenswichtige Bahnlinie erreicht hätte, er blieb aus. Das Sextental war fürs erste gerettet.

Es blieb auch weiter bloß bei kleinen Plänkeleien von Aufklärungspatrullen, die dank dem Zaudern des Feindes vor der Hauptwiderstandslinie Feldwachenstellungen erkundeten, so daß schließlich in der zweiten Junihälfte von den Landsturmkompanien die Linie Schellaboden—Seikofel—Nemesalpe—Burgstall besetzt werden konnte. Obwohl nur als Auffangstellung eines feindlichen Angriffes

Die für Sexten und das Hochpustertal typischen »Harpfen«, Trockengerüste für Gras und Korn

gedacht — die Vorverlegung der Hauptwiderstandslinie gestattete das Divisionskommando nicht; bei einem Angriff sollten vielmehr die Truppen in der Stellung der Sextener Sperren zum entscheidenden Widerstand eingesetzt werden —, wurde trotzdem diese neue Feldwachenkette zu beiden Seiten des Kreuzberges zur Hauptkampflinie, die fast zweieinhalb Jahre allen Angriffen des Feindes standhielt und den Zugang ins Sextental von dieser Seite später lückenlos sperrte.

Am rechten Flügel der Kreuzbergstellung baute sich der eigentliche hochalpine Teil der Sextener Front auf. In mächtigen, finsteren Wänden, nur durch wenige Eisrinnen zerteilt, steigt der Felskoloß der Sextener Rotwand 1200 Meter hoch aus den grünen Wäldern bis zur Höhe von 2965 Metern empor, nach Norden, ins Fischleintal, lange Zackengrate und steile Schneekare aussendend, nach Süden, ins Italienische, in fantastisch zerhackten Türmen, Felsnadeln und senkrechten Wänden fast 900 Meter abfallend. In ununterbrochenem Auf und Nieder verfolgt der Gipfelgrat die alte Reichsgrenze und senkt sich dann auf den Sentinellapaß nieder, den Übergang vom Fischleintal zur Arzalpe (2714 m). Aus seiner schmalen Scharte schwingt sich wie ein steiles Kirchendach ein firnschimmernder Hang dreihundert Meter hoch zum Gipfel des Elferkofels empor (3098 m), dieser Prachtgestalt unter den Sextener Bergen, der ein einzigartiger Zackengrat ist, von dem die Felswände und Eisrinnen fast senkrecht abstürzen, gegen Norden ins schneeerfüllte Anderter Kar, gegen Westen 1400 Meter tief ins Bacherntal.

Immer weiter begleitet die wildeste Felsszenerie den Grenzverlauf, Zsigmondygrat, Hochbrunnerschneid, Mte. Giralba folgen, fast lauter Dreitausender, lauter bekannte Namen aus der klassischen Zeit der hochalpinen Ersteigungsgeschichte der Sextener Dolomiten, die ein Zsigmondy, ein Purtscheller, ein Innerkofler bezwungen hatten; dann bietet endlich eine breitere Einsattelung dem Auge wieder einen Ruhepunkt, das Giralbajoch (2433 m), das das Bacherntal krönt und den Übergang ins italienische Auronzo vermittelt.

Dann aber steht der Koloß des Zwölfers da, riesenhaft und wuchtig mit seiner wasserüberronnenen schwarzen Nordwand und dem mächtigen Gipfelturm, den er drohend in den Himmel bohrt. Vor seiner überragenden Größe (3092 m) ducken sich die Berggestalten, die den Rahmen um das Fischleintal schließen, bloß Felsbuckel scheinen der Hochleist, die Große und die Kleine Kanzel. Erst der Einser reckt seinen Turm wieder höher empor, dann sinkt auch er in der furchtbaren Nordwand 900 Meter tief auf den Boden des Fischleintales nieder.

Hochleist und Zwölferkofel; dazwischen das Giralbajoch

Sepp Innerkofler

Auf diesen wilden Grenzbergen lag keine einzige Wache. Bloß ab und zu stieg eine Bergführerpatrulle aus dem Tal hoch, um zu schauen, was »drüben« vorging, machte vielleicht auch einen Abstecher ins Italienische und kehrte nach ein, zwei Tagen wieder heim. Die Sextener Bergführer, vor allen Sepp Innerkofler, der Beste unter ihnen, der jeden Winkel seiner Berge kannte, waren bald drüben bei den Zinnen am Paternkofel, wo sich die Gegner schon hart gegenüberstanden, bald im Elfergebiet und auf der Sextener Rotwand. Innerkoflers »Fliegende Patrulle« war überall, unvermutet tauchte sie auf, zu einer Erkundung, einem Überfall; wie ein Adler kreiste er um die Felszinnen und Grate und spähte nach dem Feind. Als Anzeichen eintraten, daß Alpinipatrullen sich gegen den Abschnitt des Fischleintales vorschieben wollten, erhielt Sepp den Befehl, auf die Hochbrunnerschneid zu gehen, um von dort die Bewegungen des Feindes zu beobachten.

»Abends um 10 Uhr bekam ich den Befehl«, schreibt er in seinem Kriegstagebuch, das der fast Fünfzigjährige sorgfältig Tag für Tag führt. »Der Christl, ich und Forcher gingen nach Sexten. Das war am 2. Juni, Fronleichnamsabend. Wir beabsichtigten abends nach Dolomitenhof zu gehen; es kam aber nur Forcher und wir blieben in Bad Moos übernacht. Um 12 Uhr gingen wir nüchtern ab, das Wetter war sehr zweifelhaft. Auf der Wiese rasteten wir eine Stunde, denn Forcher war schlecht zu gehen, und wir kamen um halb vier Uhr zum Detachement nach Unterbachern. Von dort gingen wir in das Äußere Loch auf den Elfer.

Da wir gedeckt waren, kamen wir schon um 7 Uhr an und beobachteten mit schönem Resultat bis 11 Uhr. Bis hinter die Zinnen konnten wir zum größten Teil die Stärke des Feindes feststellen. Zwei Geschütze stehen hinter dem Quaterna-Knieberg.

Natürlich kam der Christl nicht, auch der Forcher war nicht weiterzubringen. Ich kam um 1 Uhr in Unterbachern an, wo ich dem Herrn Hauptmann Jaschke telefonierte und zur Antwort bekam, ich müßte noch zur Dreizinnenhütte. Der Forcher ging inzwischen ins Tal, ich rief ihm nach, bekam aber keine Antwort. So ging ich halt allein zur Zinnenhütte. Der Forcher hatte auch noch meinen Proviant mit, und ich mußte ohne Essen zur Zinnenhütte. Ich war furchtbar müde und rastete wenigstens fünfzehnmal und kam um 6 Uhr abends nach 18 Stunden an, meist über Schnee.

Der Hauptmann ließ mich gleich rufen, um die Meldung mündlich zu hören. Es dauerte ziemlich lange; aber zuletzt gab mir der Hauptmann einen Liter Wein und 25 Portorico-Zigarren. Ich habe eine ganze Flasche Kalterersee getrunken und hat mir der Wein noch nie so gut geschmeckt zum Essen. Der Hauptmann sagte, ich soll mich ausruhen. So war der Fronleichnamstag!«

Am Kreuzberg lag der Feind noch tief unten an der Waldgrenze, hatte dort seine Zelte aufgeschlagen und tat, als wollte er immer dort bleiben. Um den Zwölfer herum aber spukten Alpini. So bekam Innerkofler am 6. Juni wieder den Befehl, zur Aufklärung auf die Hochbrunnerschneid zu gehen.

»Mit mir gingen der Piller und der Rogger. Der Hauptmann sagte, daß die Italiener die Zsigmondyhütte hätten, und auch auf dem Hochleist seien sie.

Wir gingen nachmittags nach Sexten, abends nach Dolomitenhof. Mama, Adelheid und Mizzi gingen mit. Um 8 Uhr legten wir uns ins Bett, aber nur auf Federmatratzen, ich schlief fast gar nichts. Um halb zwölf Uhr weckte mich die Frau, etwas vor zwölf gingen wir weg.

Am 7. Juni. Wir konnten uns Zeit lassen und kamen um halb vier Uhr in die Felsen, wo wir rasten konnten, bis es Tag wurde. Wir beobachteten die Zsigmondyhütte und den Hochleist, sahen aber nichts. Wir sagten gleich, es sei nur Schwindel, daß die Patrol angeschossen worden sei, denn im ganzen Oberbacherntal war keine Spur zu entdecken.

Hochbrunnerschneid und Zsigmondygrat von der Rotwand aus

Wir gingen langsam weiter und kamen um 5 Uhr auf den Kamm, östlich vom Elfer. Das Wetter war sehr zweifelhaft und, um unsere Aufgaben zu lösen, mußten wir 9 Stunden bleiben, erst dann hatten wir die Aussicht nach Osten und Westen und konnten konstatieren, daß sich am Quaterna die Mannschaft und die Artillerie weit zurückgezogen hatten; in der Trumwiese ist Verstärkung angekommen, zirka drei Kompanien und eine Batterie für Schußriedl und Kreuzberg.

Um halb drei Uhr stiegen wir ab, da wir auf dem Büllelejoch und Oberbachernjoch nur gesehen hatten, daß die Posten verstärkt worden waren und es sonst nichts Neues gab. Um 7 Uhr kamen wir nach Hause, wo ich die Meldung in der Sperrkanzlei abgab.«

Aber es war doch offenbar nicht ganz »ein Schwindel, daß die Patrol angeschossen worden war«, denn am 8. tauchten die ersten Alpini auf der Kanzel und Oberbachernspitze, am 9. auf dem Giralbajoch auf, das unbesetzt weit vor der Widerstandslinie lag, und am 11. saßen sie schon auf dem Hochleist, der seine kecke Nase weit ins Bacherntal vorschiebt. Langsam zog sich ein Ring um die österreichischen

Stellungen im Talgrund und die kleinen Posten, die gegen die Zsigmondyhütte und die Kanzel vorgeschoben waren; die Überzahl des gut ausgerüsteten Gegners machte sich schon fühlbar.

Auch auf der Ostseite des Bergmassivs hatte sich der Italiener aufgerafft, die Arzalpe besetzt und Patrullen vorgetrieben. Man spürte, daß es bald losgehen würde, Tag und Nacht knallte es in den Wänden, und da und dort begannen sich feindliche Batterien einzuschießen. Fühlten sie sich schon stark genug, um anzugreifen?

Eine Aufklärungspatrulle sollte Aufschluß bringen. Wieder war es Sepp Innerkofler, der führte.

»Am 17. Juni bekamen wir Befehl, auf den Elfer zu gehen. Ich sagte, wir müßten aber einen 15fachen Zeiß haben. Es wurde sofort auf

Der Zwölfer und Einser aus dem Fischleintal gesehen

Die Westseite des Elfers, von der ehemaligen Mussolinihütte aus gesehen

die Zinnenhütte telefoniert. Antwort: Weggeschickt! Um 11 Uhr war's noch nichts; da wir aufbrechen sollten, war kein Zeiß da und wir konnten nichts machen. Die Patrol wurde auf den 18. verschoben. Vormittags Ruhe, nachmittags zum Dolomitenhof, dort Aufbruch um halb zwölf Uhr. Begleitung Korporal Happacher, Landesschütze Köck, ein Kaplan aus Innsbruck, mein Sohn.

So kam der 19. Im Unterbacherntal wurden wir von unserer Wache auf 200 Schritt angerufen, Beweis der Angst, denn wir mußten den Feldruf so weit hinausschreien, daß es auch der Italiener hören konnte. Wir gingen nun dem Äußeren Loch zu. Ich sagte, daß es möglich wäre, daß die Italiener die Stelle, wo wir vorbei mußten, besetzt halten könnten, und mahnte zur Vorsicht. Als ich beim letzten Stein vorbei wollte, kollerte gerade ein Stein herunter und wir machten nieder. Der Kaplan und ich waren nicht gedeckt. Mein erster Gedanke war, daß das ein Alpenhahn gemacht hat. Ich kroch vorwärts, um auf alle Fälle oberhalb zu kommen; es rührte sich aber nichts mehr. Daß wir vorsichtig waren, ist kein Wunder, denn der Feind ist uns auf 400 Schritt nahe.

Wir konnten uns über das Schneefeld Zeit lassen und kamen doch vor 3 Uhr in die Felsen. Mußten noch auf den Tag warten und sahen sofort die Italiener auf dem Hochleist. Wenn uns dieselben gesehen hätten, hätten wir auch auf diese Entfernung »Bohnen« bekommen, weil sie damit nicht sparen.

Bei Tag ging es wieder weiter, und wir kamen um 4.40 Uhr auf den Elfer. Es ist ziemlich kalt und wenig Aussicht, wir machen die Beobachtungen. Wo wir dieselben machen konnten: von den Zinnen bis hinter den Quaterna schätzten wir 4000 bis 5000 Mann und vielleicht etwas verstärkte Reserven. Zum Vorgehen müßten noch neunmal soviel sein! Auf dem Schuß stellten wir eine Batterie fest, und ich ersuchte den Kaplan, eine Zeichnung zu machen, was er auch mit Freuden tat.

Wir waren alle, als die Sonne etwas herauskam, in sehr gehobener Stimmung und wollten den Italienern auf dem Hochleist einen Besuch machen, denn wir können von hier aus auf 700 Schritt heran. Doch die Vernunft siegte über das Vergnügen; denn, hätten wir es gemacht, so wäre uns fürs nächstemal der Weg versperrt gewesen.

Ich suchte in der Zwischenzeit einen Weg nach der Arzalpe, den ich mir schon vor 20 Jahren angesehen hatte. Wir waren in einer halben Stunde auf dem Hängegletscher, kamen von dort unschwer auf den Arzalpengletscher und gingen getrost über die Arzalpe zum Papernkofel, wo wir über die Schlucht nach den Feichten abstiegen.

Beim Abstieg schoß ich noch einen Gamsbock schlecht an. Da wir so nahe an dem Feind waren, wollten wir nicht öfters schießen, und so kam uns noch der Bock davon! Wir gingen über den Wald im Unteren Schellaboden und nach Moos, wo uns im Wald, bevor wir auf die Straße kamen, eine Patrol von Moos anrief; wir gingen dann mitsammen nach Hause.

Wir kamen um 3 Uhr in Moos an, wo uns die Gendarmerie 2 Liter Wein spendierte. Als wir nach Sexten kamen, besuchte uns der Oberleutnant Pittner und nahm die Meldung entgegen.«

Sepp Innerkofler mit seiner Elferpatrulle. - Von links nach rechts: ein Bergführer vom Triglav, Prof. Vinzenz Goller, Happacher, Dr. Mumelter, Sepp Innerkofler, Gottfried Innerkofler, Dr. von Schullern, Baumgartner, Dr. Wisiol, Sextener Bergführer. - Die Aufnahme machte Feldkurat Hosp am 24.6.1915.

Drei Tage später stand Innerkoflers Patrulle wieder bereit. Diesmal sollte versucht werden, an den Hochleist heranzukommen, der schon recht lästig wurde und in die Bachernstellung im Talgrund ungemütlich herunterspuckte. Als Flankendeckung und zur Ablenkung des Feindes auf der Kanzel sollte der »Einser-Spezialist« Forcher Schanni mit vier Mann auf den Einser klettern und von dort die Italiener in Schach halten.

Die Patrulle war diesmal größer als sonst. Von denen, die gerne mittaten, war vor allem der wackere Feldkurat Hosp, ein prächtiger Streiter Gottes, der mit Stutzen und Pickel ebensogut umzugehen wußte wie mit dem Worte des Herrn und den Sepp schon auf seiner letzten Patrulle begleitet hatte, dann Professor Goller, der als Standschütze in den Krieg gezogen war, ein großer Jäger vor dem Herrn, drei Offiziere des Standschützenbataillons Innsbruck, der schneidige Happacher, der junge Gottfried, der seinen Vater auf allen Unternehmungen begleitete, und noch vier Mann.

Um 11 Uhr nachts war Aufbruch. Beim Probierstein empfahl sich Forcher Schanni mit seinen Leuten, um sich dem Einser zuzuwenden, während die übrigen elf den rauhen Steig zum Bachernkar emporwanderten. Längst hatte der Sepp »Maulsperre« verhängt und vor dem

Gebrauch der klirrenden Pickelspitze gewarnt. Es galt, wieder am Hochleist vorbeizuschleichen, wo der feindliche Posten nur ein paar hundert Schritt entfernt in die dunkle Nacht hinaushorchte. Hastig, aber vorsichtig ging der Führer voran, da man nicht wußte, ob sich der Italiener nicht schon vom Hochleist in die unbesetzte Elfersande vorgeschoben hatte. In Schützenlinie gedeckt, warteten die anderen, während Sepp und Happacher vorschlichen. Aber nichts rührte sich, die andern konnten nachkommen, und bald war der Kareingang des Äußeren Loches erreicht.

Im dämmernden Grau des jungen Tages entschleierte sich die wilde Felsszenerie. Himmelragende Felsmauern, von schmalen Schuttgürteln gestuft, umgeben im Halbkreis das Schneekar, an dessen Ausgang der überhängende Elferturm Wache hält. Im ersten Frühlicht schlängelte sich die Patrulle über verwickelte Felsenpfade und eisumsäumte Schneezungen empor, bog dann aus dem oberen Kar nach Westen ab und erreichte den Zsigmondykopf, der, die beiden Kare des Inneren und Äußeren Loches trennend, gegenüber dem Hochleist mit einem Steilabschwung endet. Ganz vorne an der Kante des Abbruches stellte Sepp seine Leute auf.

»Mitten auf dem Hochleist standen drei Zelte, etwas weiter zurück gegen das Giralbajoch ein Mann auf Posten, gegen Zsigmondyhütte — Unterbachern zwei Mann in einer Deckung gegen unsern Aufstieg ins Äußere Loch. Bei den Zelten sahen wir ab und zu zwei bis drei Mann, welche auch wieder hineinkrochen. Es mögen vielleicht auf dem Hochleist 20 Mann sein.

Ich sagte, als wir uns halbwegs gedeckt hatten, nun wollen wir's den Italienern heiß machen, zuerst schießen wir auf die Zelte. Es ging auch sofort los, sieben Mann Schnellfeuer gibt viel Lärm. Die Italiener wußten im ersten Moment nicht, wo es herkommt, und dauerte es ziemlich lange, bis unser Feuer erwidert wurde. Zuerst kam es vom Giralbajoch, dann hatten sich einzelne nach der Zsigmondyhütte gedrückt und steckten die Köpfe in die Höhe. Aber sofort knallte es wieder, man sah einzelne hinter dem Grat hinken, in den Zelten sind jedenfalls auch Verwundete und Tote gewesen.

Aber auch die Italiener vom Giralbajoch fingen an, heftig zu erwidern, das beste daran war aber, daß sie recht herzlich schlecht schossen. Mein Gewehr war heiß und ich hatte nur noch drei Patronen, somit ging ich zurück, wo ich gedeckt war, mein Gewehr abzukühlen und Patronen aus der Schachtel zu nehmen.«

Der Feldkurat Hosp hatte sich mit drei Mann früher getrennt, um von der Zsigmondyscharte die feindlichen Artilleriestellungen hinter

Rotwand und Elfer vom Altstein aus

dem Kreuzberg zu beobachten. Schwerer, träge ziehender Nebel aber, der die ganze Kreuzbergfurche ausfüllte, verwehrte jeden Einblick. Nachdem sie vergeblich auf Besserung gewartet hatten, stiegen sie — der Feuerüberfall Innerkoflers war im besten Gang — wieder ab, um sich mit den anderen zu vereinigen.

»Es kam gerade Leutnant v. Schullern mit seinen Leuten zurück, da er wegen des Nebels nichts machen konnte. Der Herr Leutnant ging direkt vor, ich warnte ihn, da die Italiener vom Giralbajoch wie unsinnig schossen. Er fragte mich noch, wo ich meine Stellung gehabt habe. Ich sagte, dort ist es sehr steil, gehen Sie lieber etwas nach links hinunter.

Kaum war der Herr Leutnant verschwunden, so hörte ich Kanonendonner und im Momente das Gebrumm einer Granate. Mein Gedanke, das gilt uns, und hinten in die Deckung werfen — gegen Kopfschuß war ich schon früher gesichert, aber das kam von weiter drüben — war nur ein Augenblick und die Fetzen flogen über mich weg! Es war schon der erste Schuß sehr gut gemeint und fiel gerade dorthin, wo ich vor einer Minute noch gesessen war, vielleicht vom Leutnant zehn Schritt, ungefähr so weit von Gottfried und den anderen. Ich habe mich nach den ersten Schüssen weiter nach links verschoben, sonst war ich am rechten Flügel.

Natürlich mußte ich in der Deckung bleiben und kamen die andern bis auf Gottfried und Goller alle vor dem zweiten Granatschuß in meine Deckung. Der zweite fiel 10 Meter ober unseren Köpfen ein, da erschien auch Gottfried rechts. Nun fing einer an zu jammern, daß wir alle verloren sind. Ich sagte, nur keine Angst, wir müssen dem Feind das Vergnügen zum Schießen lassen, die Hauptsache ist, daß noch keiner verwundet ist und wir in Deckung sind.

Wir blieben wenigstens eine Stunde lang liegen. Der Kaplan meinte, daß wir abgeschnitten werden. Ich sagte, nein, davor sind wir sicher! Schließlich mußte doch gegangen werden. Ich sagte zum Herrn Leutnant, nun will ich's versuchen, kommen Sie in großen Abständen nach, aber einzeln!

Wir müssen bis zur nächsten Deckung zirka 400 Schritt gehen. Ich kam bis vor die nächste Deckung und bekam nur eine einzige Kugel zu hören. Ich rufe, Goller hört mich zu meiner Freude; wo er steckte, war ich nicht neugierig; mir genügte, daß er da war. Ich sprang in die Schlucht hinein, und im selben Momente platzte ober mir eine Granate am Fels, aber wieder ohne Schaden.

Nun ging aber ein Gewehrfeuer los, wie ich es noch nicht gehört hatte. Es dauerte mir schon zu lange und sagte ich zum Goller, da er zirka 30 Schritt rechts war, diesmal haben wir Pech, sie kommen nicht alle nach. Goller rief zurück, ich höre sprechen, sie kommen! Im selben Moment sprang schon Herr Leutnant als erster zu mir herein und sagte: »Die haben es gut gemeint, aber bis jetzt noch keinen getroffen.« So fiel einer nach dem andern in die Schlucht hinein, der vierte war mein Junge, der kollerte zum Professor Goller hinunter mit lachendem Gesicht. Als letzter kam der Schütze vom Enneberg; er sagte, er ließ alle ziemlich voraus, man ist sicherer allein, was auch richtig war, denn mit dem Herrn Leutnant sind zu viele auf einmal weg. Darum auch die heftige Beschießung und die Granaten.

Nun konnten wir uns bewegen und warteten, bis Nebel kommen soll. Er war einmal auf dem Giralbajoch, später auf dem Oberbachernjoch, von wo die Granaten kamen, aber niemals zugleich. Inzwischen fing Forcher auf dem Einser an, sein Feuer zu eröffnen, und wir glaubten, daß jetzt die Aufmerksamkeit der Italiener von uns abgelenkt sei.

Wir beobachteten die Stellung der Italiener auf dem Giralbajoch, es können vielleicht 60 bis 100 Mann sein, sicher nicht mehr. Es sind auch Zivilarbeiter dort und wahrscheinlich wird dort eine Betonstellung gemacht. In der Oberbachern graben sich die Italiener ein, wo sie schießen. Die Posten auf der Kanzel und Oberbachernspitze sind auf Forchers Feuer verschwunden in den Deckungen, es werden je 10 Mann sein. Ich schätze auf Oberbachern und Büllelejoch zirka 30

Mann, aber alles ist gedeckt und jetzt nur mit großen Verlusten zu nehmen.

Nach zirka 1 Stunde brachen wir ziemlich zerstreut wieder auf, Gottfried und ich links, um die Handgranaten zu holen, die andern ganz rechts auf aperem Fels. Wir hatten alles im Schnee und kamen langsam vorwärts, hatten aber vom Schießen nichts mehr zu leiden und trafen als die letzten auf dem Zsigmondykopf ein, wo wir auf die Scharte gegen den Elfer zu abstiegen, über die Rinne wie neulich hinunter auf den Hängegletscher, von dort auf die Scharte zwischen Rotwand und Elfer bei strömendem Regen. Auch bei schönem Wetter wäre dies touristisch eine sehr schöne Tour gewesen.

Nun ging es über das Schneefeld hinab nach Fischleinboden, wo wir mit der Patrol vom Einser zusammentrafen, die um uns große Angst hatte.«

Forchers gutmütiges Gesicht, erzählt Feldkurat Hosp, zog sich mächtig in die Breite, als er der Patrulle ansichtig wurde. »Heunt hamm sie enk 's Oergele wohl gstimmt!« neckte er zum Sepp herüber. »Hast leicht lachen, Schanni, enk hamm se a koane Granatenknödln auf Mittag g'schickt!«

»Du, Schanni, dö Patrolln kemmen mir grad für wie 's Gamsenschoissn«, meinte der schneidige Happacher, »grad lei, daß dö wallischen Gamsen wieder zruckschoissn!«

»Um halb sieben«, fährt das Tagebuch fort, »kamen wir nach Hause, wo sofort frisch umgezogen wurde. Kaum fertig, kam eine Ordonnanz, wir sollten zu den Baracken kommen. Dort wurden wir dekoriert, Gottfried mit der Bronzenen, ich mit der großen Silbernen. Am 28. hatten wir ein Amt für die glückliche Heimkehr von der Patrol.«

Die »Kanzel« am Einserkofel

Die Deutschen kommen

Aber bei aller Aufopferung, bei allem guten Willen, den die Tiroler bei der Verteidigung ihrer Heimat bekundeten, stand die Abwehr trotzdem auf recht schwachen Füßen. Was dem Italiener an Bergerfahrung und Gebietskenntnis abging, das ersetzte er durch die Überzahl seiner Truppen und die Übermacht an Artillerie, die jetzt schon nach vorne geschoben worden war und mit leichtem und schwerem

Kaliber die schwachen Gräben und Stellungen zu bearbeiten begann. Zahlenmäßig stand die Sache schlecht; die paar hundert Standschützen und Landstürmer mit den wenigen, veralteten Kanonen hätten einem großen Angriff, der einmal kommen mußte, nicht standhalten können.

Um so willkommener war die Waffenhilfe, die der treue deutsche Bundesgenosse dem bedrohten Land zur Verfügung stellte. Von hellem Jubel begrüßt, kam Ende Juni das Bayerische Leibregiment in den Sextener Abschnitt, prächtige Soldatengestalten, die schon in Frankreich ihren Mann gestellt hatten, glänzend ausgerüstet, mit Maschinengewehren und Artillerie reich versehen. Jetzt konnte endlich das Übergewicht des Feindes ausgeglichen und eine starke Verteidigungsfront angelegt werden.

Das in Brand geschossene
und zerstörte Sexten

Die zerstörte Kirche
von Sexten

Vom Kreuzberg bis zu den Nordabstürzen der Sextener Rotwand wurden die Stellungen verstärkt, statt der dürftigen Unterschlupfe hinter Felsen erstanden trockene, warme Holzhütten, die schüttere Linie im Bacherntal wurde aufgefüllt und bekam Halt. Artillerie wurde in Stellung gebracht, kurz, es kam Zug in die Sache. Landstürmer und

Das ausgebrannte
Gasthaus zur Post

Standschützen wurden zum Großteil abgelöst, bloß die bergerfahrenen Führer und Patrullen blieben im Abschnitt. Wenn jetzt die Italiener endlich Ernst machen wollten, nachdem sie sich vier Wochen lang alle Gelegenheiten hatten entgehen lassen, dann brauchte man um die Front nicht bangen. Sie lag in guten Händen.

Schon in den ersten Tagen nach der Ankunft des Bayerischen Leibregimentes in Sexten stiegen zwei bayerische Offiziere mit dem österreichischen Kommandanten der Innergsellbatterie zu einer Aufklärung auf die Rotwand. Sepp Innerkofler führte.

»Früh um 6 Uhr gestellt, um mit Oberleutnant Heinsheimer die Patrol auf Rotwand und Arzalpe, wenn möglich, zu machen. Aufbruch um 7 Uhr früh. Zwei deutsche Offiziere, ein Oberleutnant und Leutnant von Reitzenstein, Heinsheimer, Goller, Gottfried, Happacher, fünf Schützen und ich, auch ein deutscher Korporal und ein Mann. Wir gingen über die Rotwandwiese und dann gegen den Burgstall zu, wo die Deutschen ihren Beobachtungsposten für ihre Artillerie einrichteten, die unter der Rotwandwiese und in derselben aufgestellt ist. Von dort gingen wir gegen die Rotwand zu, doch verlangsamte sich die Tour, so daß wir nicht hinauf konnten. Wir hatten das Vergnügen, die deutsche Artillerie zu beobachten, wie sie den Arzalpenkopf beschoß mit Granaten und Schrapnells. Schließlich gingen wir über den Rücken nach dem Schneekar zwischen Rotwand und Elfer, über dieses hinunter und zur Anderter Alpe, wo wir biwakierten.

Am 1. Juli war Regen. Aufbruch um 6 Uhr. Der Herr Leutnant Heinsheimer ging mit der ganzen Patrol direkt auf die Scharte zu. Ich sagte, man muß doch erst beobachten, ob der Feind da ist, was leicht möglich ist, da der Zugang von der Arzalpe viel leichter sei.«

Aber sie hatten Glück; ohne Hindernis kamen sie über die steile Eisrinne hinauf und standen dann aufatmend auf der schmalen Paßscharte. Beinahe aber hätte Innerkofler mit seiner Warnung Recht behalten! Unter einem Stein lag ein Zettel, auf dem sich ein Alpinileutnant verewigt hatte. »Eine Abteilung kühner Aufklärer der italienischen Infanterie ruft oben auf dem Sentinellapaß angesichts des verhaßten Österreich: Es lebe Italien! Tod dem Franz Josef! L. Martini, Leutnant.«

Also waren sie sogar schon auf der Sentinellascharte gewesen! Ein Blick auf die Arzalpe zeigte, daß sie stark besetzt war und höher hinauf einen Posten vorgeschoben hatten. Da ein Abstieg in dem deckungslosen Gelände nur Verluste gebracht hätte, nahm man davon Abstand, versuchte aber dann in die Elferflanke hinauszuqueren, um von dort besseren Einblick zu gewinnen. Während Leutnant von Reitzenstein an einer Skizze zeichnete, wurden sie von den Italienern entdeckt und mit Gewehrfeuer überschüttet, so daß sie von Deckung zu Deckung wieder auf die Sentinellascharte zurücklaufen mußten. Innerkofler erzählt:

»Es schlug unter mir ein. Komisch, auf mich keine! Nun ist es, wie ich sagte, die Italiener haben die Distanzen gut gemessen, aber sie hatten kein Glück. Ebenso ging es Leutnant Reitzenstein, ich wartete in der zweiten Deckung wieder, bis Herr Reitzenstein auch hier war. Der Herr Leutnant ging erst jetzt weg. Als er in die erste Deckung kam, ging ich in die letzte Strecke, wo nunmehr Schnee war und wo man ein schönes Ziel bot. Ich rief zu ihm zurück, daß auch er losgehen soll, weil dann wenigstens nur einer von uns beschossen werden könnte; trotzdem blieb er in der Deckung. Die Italiener machten die Luft um mich herum voll Löcher wie ein Kornsieb. Gott sei Dank, mich traf keine. Jetzt kam v. Reitzenstein angerannt, es war auch bei ihm dasselbe Verfahren von dem Feind.

Der Herr Oberleutnant war noch immer in der ersten Deckung und kann jetzt auch alle Kugeln, die die Italiener heraufsenden, für

Friedhof in der Weißlahn

Panzerhaubitzen auf Innergsell

sich in Anspruch nehmen. Obwohl ich gern mit ihm geteilt hätte, ist es in solchen Fällen besser, nicht zu teilen.

Goller sagte, daß sich von unten noch 8 Mann von Stein zu Stein vorgeschoben hätten, daher das starke Feuer. Ich sagte zu den andern, sie sollten hinunterschießen, was sie können, damit die Italiener nicht so unsinnig viel Pulver und Blei verschwenden müssen.

Als der Herr Oberleutnant in die zweite Deckung kam, bekamen wir schon Kugeln von den Felsen unter dem Hängegletscher hergehaut, wo sich die Italiener in gedeckter Stellung vorgeschoben hatten. Da man unten die Köpfe sah, wurde fest drauflosgeschossen.

Wir hielten uns nicht länger mehr auf der Scharte auf, da wir nichts mehr zu tun hatten. Um 12 Uhr gingen wir ab und waren um 1.50 Uhr auf der Anderter Alpe. Herr Oberleutnant Gruber ging hinüber zu seiner Stellung und wir gingen hinaus gegen den sogenannten Kulewaldplatz, wo unser 6 Mann noch einen Rehtrieb machten, von dem sogenannten Bastrich heraus. Ich machte die Aufstellung bis herunter in das untere Weitental. Es kamen 5 Stück Reh und ein Fuchs, selbst bekam ich keinen Schuß auf Reh, aber gesehen habe ich zwei. Geschossen wurde achtmal, aber leider nur eines angeschossen.

Man sieht, 2 1/2 Stunden früher Jagd auf Menschen und jetzt wirklich auf der Jagd zum Vergnügen! Beweis, daß wir von den Italienern nicht aufgeregt waren!

Um 6 Uhr abends kamen wir nach Hause. Erzielt wurde bei der Patrol: erstens die Stellungen vom Col Quaterna bis über Golrasten hinaus gezeichnet und hinter dem Kreuzberg sämtliche Deckungen, auch die Stärke des Feindes in der Arzalpe, wo wir eine Ablösung von 60 Mann gesehen haben.«

Die Patrulle hatte aber noch ein anderes Ergebnis: man kam zur Einsicht, daß man den Italienern nicht länger Zeit lassen dürfte, die noch nicht besetzten Höhenstellungen in die Hand zu bekommen. Rings ums Fischleintal saßen sie schon fast überall oben, nur der Elfer und die Rotwand waren noch frei. Aber wie lange noch? Mit den Alpini aus dem Cadore und den Hochtälern des Piemont ließ sich nicht spassen, das waren ebenso Bergbauern wie die Sextener, hart, zäh und schneidig. Eine Wiedereroberung der Höhen aber, wenn sich die Alpini einmal eingenistet hatten, war aussichtslos. So wurde beschlossen, die Sentinella mit 4 Mann ständig zu besetzen, auf der Elferscharte einen Beobachtungsposten zu errichten und auch auf die Rotwand, den Eckpfeiler des Sextener Abschnittes, eine Wache zu legen.

Am 4. Juli ging die Patrulle auf die Sentinellascharte unter Führung von Professor Goller ab. Es war keine Stunde zu früh, daß dem Vordringen des Feindes dieser Riegel vorgeschoben und das Loch in der Front gestopft wurde. Die Österreicher richteten sich jetzt, so gut es ging, oben häuslich ein, täglich kam die Ablösung von der Anderter Alpe herauf, wo nach und nach Unterstände für die Mannschaften der Höhenstellungen erbaut wurden. Der Dienst war nicht allzu schwer. Der Feind lag weit unten, von Artillerie war noch nichts zu spüren. Es war Sommer geworden. So lag man, wenn es nicht gerade regnete oder der Wind die feuchten Nebel durch die Scharte blies, tagsüber hinter einem Stein und lugte zum Feind hinunter, der an einem Saumweg baute und recht geschäftig erschien.

Am selben 4. Juli zog eine zweite stärkere Patrulle mit dem Sextener Bergführer Lanzinger, Landstürmern und einigen Standschützen der Akademischen Legion des Bataillons Innsbruck aus, um die Rotwand zu besetzen. Nach vielstündiger Kletterei erreichten sie den Gipfel. Die erste Wache auf der stolzen Spitze, die sich 2965 Meter in die Höhe reckt, bezogen die Innsbrucker Studenten Dr. Flatscher, Zwischenberger und Markart auf dem nach Osten streichenden Gipfelgrat. Der Hauptgipfel, mehr der Sentinella und dem Elfer zu, blieb zwar unbesetzt, doch patrullierten die Posten tagsüber dem Grat ent-

Rotwand (links) und Elfer vom Gsellturm aus gesehen

lang bis zur Eisrinne, die sie vom Hauptgipfel trennte, und beobachteten die Vorgänge hinter den italienischen Linien und auf der Arzalpe. Gegen die Wetterunbill, die auch im Sommer den Wachen hart zusetzte, erstand unter dem Ostgipfel ein winzig kleiner Holzunterstand, Hundshütte getauft, der knapp für zwei Mann liegend Unterschlupf bot. Eine halbe Stunde tiefer unten wurde auf der fast ebenen Rotwandscharte, an einen großen Felsblock angelehnt, ein etwas geräumigerer Unterstand erbaut, der die Reserve der Rotwandpatrulle von 6 Mann aufnahm und den Namen Landsturmhütte erhielt. Der Dienst der Patrulle dauerte drei Tage, je 24 Stunden blieben die Posten auf der Spitze. Nach diesen 3 Tagen kam vom Burgstall die Ablösung herauf.

Die Rotwand war damals beinahe akademischer Boden. Ein Dutzend Kameraden der Innsbrucker Legion, die meisten von früher her miteinander gut befreundet, alle begeisterte Bergsteiger und noch ganz erfüllt von dem ersten Idealismus der Kriegsfreiwilligen: sie hatten wenige Wochen vorher erst die Bücher mit dem Gewehr vertauscht und waren nach dreitägiger »Ausbildung« nach Sexten abgegangen. Von militärischem Drill nicht allzusehr beschwert, nahmen sie ihre Aufgaben hingebend ernst und taten ihren Dienst peinlich gewissenhaft. Das Beisammensein mit Gleichgesinnten, der Gedanke, auf einem wichtigen Posten zu stehen, von dem das Wohl und Wehe Hunderter abhing, die Selbständigkeit und Ungebundenheit ihrer Stellung, dies alles trug dazu bei, daß sie gerne alle Mühen und Gefahren des Hochgebirgskrieges trugen. Eine seltene Kameradschaft verband sie untereinander und nach dem scharfen Dienst gab es in der Rotwandler-Baracke oft die fröhlichsten Abende. Dabei entstanden neben anderen dichterischen Erzeugnissen auch folgende Rotwandgstanzeln:

1. Mir Rotwandler sein woll recht gspassige Leut',
   Drei sein Theologen und oaner ischt a Heid*.
2. Auf der Rotwandspitz oben geht's lustig oft zua,
   Mir Rotwandler lassen den Walschen koa Ruah.
3. Auf der Arzalm die Walschen, die hab'n viel z'kalt,
   drum hoaz ma ihnen abi, daß es umadum knallt.
4. Auf der Rotwand a Standschütz hat die ganze Nacht gschnöllt,
   da meldet der »August«**. »Masching'wehr aufg'stellt!«
5. Aufm Elfer der »August« braucht an geistlichen Segen,
   Den hat ihm unser Pfarrer mit'm Stutzen umigeben.

Freilich war es kein Kinderspiel, schwer bepackt mit Proviant und Munition, bei jedem Wetter auf die Rotwand zu steigen. Der Aufstieg ging anfangs von der Burgstallbaracke durch die lange Schlucht, die sich vor der eigenen Stellung zur Rotwand hinaufzog. Als aber dieser Weg, der im Blickfeld der Italiener lag, immer häufiger beschossen wurde, verlegte man ihn weiter nach hinten und erreichte durch gedeckte Rinnen und Klammen den Rotwand-Nordgrat in der Nähe der Kote 2673, von wo es über Bänder und Schuttstreifen angesichts der Sentinella und des Elfers zur Rotwandscharte hinüberging.

Schon in den ersten Tagen erwies sich, wie wertvoll die Rotwand als Beobachtungspunkt war. Neue, unbekannte Batterien der Italiener wurden entdeckt, täglich Fuhrwerke und marschierende Truppen im Raum Padola-Santo Stefano gegen den Kreuzbergpaß zu gesehen; überall arbeitete der Feind emsig am Ausbau der Stellungen. Hinter der Front braute sich etwas zusammen.

*

Am selben 4. Juli, an dem Rotwand und Sentinella zum erstenmal besetzt wurden, fiel Sepp Innerkofler auf dem Paternkofel.

---

* Der Theologe Max Haid.
** August hieß der italienische Posten auf dem Elfer.

Aufstieg zur Rotwandspitze
im Juli 1915

So wie die Infanterielinie entgegen dem ursprünglichen Verteidigungsplan weit nach vorne geschoben war, wurde auch die spärliche Artillerie des Sextener Abschnittes nach und nach der Frontlinie näher gebracht. Man hatte erkannt, daß die Talsperren von Haideck und Mitterberg keinen taktischen Wert besaßen, zog daher die Geschütze heraus und brachte sie in den umliegenden Wäldern in Feuerstellung.

Die deutsche Artillerie, die mit dem Alpenkorps kam, bezog ganz neue Stellungen hinter den Kampfeinheiten. Weittragende Kanonen standen im Tal, Feldgeschütze in den Wäldern des Kreuzberges, am weitesten vorn die 7,5-cm-Kanonen der bayerischen Gebirgsartillerie.

Den bayerischen Gebirgsartilleristen war der Krieg im Hochgebirge etwas Neues; er ließ sich etwas anders an als die Übungen in den Sandgruben von Milbertshofen bei München, wo die Abteilungen zu Anfang 1915 gedrillt worden waren. Hier in Tirol begann die Tätigkeit des Artilleristen an der Front mit der gleichen Arbeit, zu der der Infanterist seit je verurteilt war: mit Bretterschleppen, Wegherrichten, Stellungsbau.

Am 28. Juni kam die erste Batterie auf die Rotwandwiese (1921 m), am Fuße der Rotwand. »Seit 3 Tagen schanzen wir«, erzählt der Artillerist Franz Siebert, »von 5 Uhr früh bis 6 Uhr abends und kommen vor lauter Arbeit gar nicht zum Waschen. Zentnerschwere Steinplatten haben wir ausgraben müssen, jetzt ist aber unser Geschützstand fertig, ganz im Felsboden: oben hat er ein Bretterdach, mit Steinen und Erde und Latschenzweigen bedeckt, nach vorne und hinten ist er offen. Tagsüber ist es warm, aber nachts meint man, mitten im Winter zu sein; die Berge ringsum haben auch noch alle Schnee.

2. Juli. Gestern nachmittag haben wir das Feuer begonnen. Beim Schießen wackelt der ganze Erdboden, der Felssand spritzt ins Gesicht und in den Hals, dann sind wir Augenblicke ganz in Pulverdampf gehüllt und noch stundenlang nachher pfeift es in den Ohren. Die Italiener schießen fest, aber die Sprengpunkte ihrer Schrapnells liegen zu hoch und unsere Unterstände sind schrapnellsicher.

7. Juli. Heute nacht hat es ganz fürchterlich gewettert. Durch das Dach rinnt es wie in einer Tropfsteinhöhle, im Unterstand stehen die Wasserlachen. Die Kleider sind durch und durch naß, aber man muß sich damit abfinden. Sonst sind wir kerngesund.

13. Juli. Heute früh haben wir große Wäsche veranstaltet, nach dem langen Regen und dem Schanzen war es schon not. In der Nähe haben wir eine kleine Quelle entdeckt, dort tränken wir die Pferde. Vorgestern wurde von einer Stute unter unseren Tragtieren ein Fohlen geboren, das aber in der Nacht wegen der Kälte verendete. Unsern Unterstand haben wir jetzt wasserdicht gemacht. Die Italiener schießen wieder fest!

17. Juli. Unser Geschütz soll in der Nacht auf die Rotwand zur Höhe 2673 kommen. Tatsächlich geht es um 2 Uhr los. In der Finsternis stolpern wir mit unseren Tragtieren auf schmalen Wegen zur Anderter Alpe, von dort zu einem Schneefeld, über dem hoch oben die Sentinellascharte liegt. Hier wird das Geschütz zerlegt und in einzelne Traglasten geteilt, die noch in der Nacht bis ans obere Ende des Schneefeldes gebracht werden sollen. Mit Flaschenzügen geht es ganz gut, aber es ist doch schwieriger, als wir erwartet haben. Dazu schneit es immer stärker, wir kommen nur langsam hoch. Landstürmer sind als Hilfe zugewiesen, die mit uns an den Seilen ziehen, schwitzen und fluchen. Eine Menge starker Holzbohlen haben wir mit, die für den Einbau unserer Kanone oben bestimmt sind. Wir können aber nicht

alles auf einmal bewältigen, die Hauptsache ist das Geschütz und die Munition; das Holz kann liegen bleiben.

19. Juli. Nun sind wir oben in der neuen Stellung und sind froh, daß wir es geschafft haben. Der Steig ganz zum Schluß, entlang den Felswänden, die links tief abfallen, hat uns viel Schweiß gekostet. Keinen Baum, keinen Strauch, nicht einmal Latschengestrüpp gibt es auf diesem kahlen Felssattel. Der Schneefall hat aufgehört, dafür regnet es ohne Aufhören und wir sind der Nässe ganz ausgeliefert. Die Nacht verbringen wir in Zelten, ein Mann eng an den anderen gedrückt, damit man's wärmer hat. Auf den Wolldecken, in die wir uns fest einwickeln, sammeln sich große Regenlachen, die schön langsam bis zur Haut durchsickern. Niemand schläft, trotzdem wir todmüde sind. Unser Kommandant hat sich ein merkwürdiges Quartier herrichten lassen: er liegt in einem seichten, rechteckigen Felsloch, so groß etwa wie ein Grab, und hat darüber als Dach sein Zeltblatt gespannt. Er friert aber genau so wie wir in den Zelten.

20. Juli. Wir sind heilfroh, daß die Nacht vorüber ist. Jetzt können wir uns wenigstens durch körperliche Bewegung und Schanzen Wärme verschaffen. Zuerst wird der Bau des Geschützstandes angepackt; im Schotter geht es ganz flott, aber bald sind wir auf festem Stein. Bei Tag kommt sogar die Sonne heraus, es ist heiß, daß man den Gletscherbrand kriegen kann. Vormittags sind zwei Mann zum Essenholen ins Tal gegangen, nachmittag erst kommen sie wieder und setzen schwitzend und schnaufend ihre Kraxen vor uns nieder. Es schmeckt uns wie noch nie.

23. Juli. Jetzt ist das zurückgebliebene Material auch schon da. Der Geschützstand ist soweit hergerichtet, die Stellung halbwegs ausgebaut, und wir können endlich darangehen, auch für uns einen Unterstand zu bauen. Für eine Blockhütte fehlt es an Holz; so schichten wir Steine, die es mehr als genug gibt, übereinander, bis kleine Wände entstehen, legen Bretter darüber, vorne wird die Tür eingesetzt, ein kleiner Ausguck für Licht freigelassen — und fertig ist die Laube. Der Wind pfeift zwar durch die Ritzen und Löcher, aber wir bekommen Dachpappe und können unseren Bau schön verkleiden und abdichten. Im ganzen sind wir 10 Mann, Offizierstellvertreter Pfeiffer, Unteroffizier Kirchmayr und 8 Kanoniere.

Bei schönem Wetter, wie es, Gott sei Dank, jetzt herrscht, vergißt man ganz, daß man im Krieg ist. Vom Elfer bis zu den Zinnen und noch weiter eine Dolomitenspitze neben der anderen! Da geht einem wirklich das Herz auf angesichts der schönen Welt.

24. Juli. Mit unserer Kanone können wir durch Stellungsänderung nach zwei entgegengesetzt liegenden Gegenden schießen: gegen den Kreuzbergpaß und gegen das Zinnenplateau. Heute erzielten wir einen Volltreffer in einen mehrspännigen Munitionswagen der Italiener, der in voller Fahrt auf der Kreuzbergstraße dahinjagte. Die Pferde blieben teils liegen, teils rissen sie sich los, der Wagen wurde in den Straßengraben geschleudert; die Bemannung lief wie kopflos umher. Nächsten Tag war alles weggeräumt.

Wir sind das höchste deutsche Geschütz in den Alpen und bekommen viele Liebesgaben. Kaffee und Maggiwürfel werden in reichen Mengen gespendet, Tag und Nacht steht der Kaffee- und Suppenkessel über dem Feuer und wir kriegen was Warmes in den Magen. Das tut uns besser als das kalte Schneewasser. Bloß mit dem Holz heißt es sparsam umgehen, hier oben gibt es keines; jedes Scheit müssen wir stundenlang von unten heraufschleppen.

Wir haben Dynamit bekommen, da ist das Arbeiten ein Kinderspiel gegen früher und der Stellungsbau geht rascher vorwärts. Es ist aber auch schon hoch an der Zeit für uns, die Italiener schießen jetzt wie die Wilden mit ihrer Artillerie. Auch uns haben sie schon entdeckt und kommen mit ihren Schüssen immer näher. Den ganzen Tag hört man es von allen Seiten krachen, nicht einmal in der Nacht geben sie Ruhe.«

Die Italiener rühren sich

In der ersten Julihälfte, also gut 6 Wochen nach Kriegsbeginn, waren die Italiener endlich soweit, daß sie das Heranschaffen und den Einbau ihrer Artillerie beendet hatten und mit schwerem und leichtem Feuer loslegen konnten. Sie taten es reichlich und ausdauernd. Ihre Batterien standen in der Talfurche hinter dem Kreuzbergpaß, auf dem langgestreckten Höhenzug des Mte. Quaterna zum Col Rosson hin, auf Collesei, dann drüben auf dem Oberbachernplateau, dem Büllelejoch, hinter dem Paternsattel, auf dem Giralbajoch. Ein Feuerkreis schloß sich um die Sextener Front, der, je mehr der Sommer fortschritt, an Schwere und Zahl der Kaliber wuchs. Von den kleinen, genau schießenden Gebirgsspritzen angefangen bis zu 28-cm-Mörsern war alles vertreten.

Vor allem hatten sie es auf die Talsperren Mitterberg und Haideck abgesehen, dankbare Ziele, die wie auf dem Präsentierteller lagen, die Bomben über sich ergehen ließen und stumm blieben. Verluste gab es keine, bloß einen gewaltigen Spektakel und Stoff für schöne Kriegsberichte. Böser war die Beschießung der Dörfer Moos und Sexten, die noch immer bewohnt waren. Viele Häuser samt der Kirche fielen den Granaten zum Opfer, es gab Tote und Verwundete unter der Landbevölkerung, so daß schließlich beide Orte geräumt werden mußten und für die Truppen weiter talwärts bei der Lanzinger Säge, dort, wo das Innerfeldtal einmündet, Unterstände erbaut wurden. Sonst aber brachte das Artilleriefeuer, das tagsüber zu größter Heftigkeit anschwoll, dem Feinde keinen taktischen Erfolg.

Vorne in den Stellungen saßen die bayerischen »Leiber« und ließen den Feind nicht über den Kreuzberg heran.

Auch im Hochgebirge wurde es lebendig. Die Sommersonne hatte mit dem Schnee langsam aufgeräumt, wohl lag er noch in den Rinnen und nordseitigen Karen, doch südwärts war er schon fast ganz weggetaut; die beste Zeit für Felstouren war gekommen.

In der Frontlinie zwischen dem Giralbajoch und der Arzalpe klaffte seit je ein großes Loch. Der ganze Gratzug vom Giralbajoch über den Zsigmondygrat bis zum Elfer war unbesetzt, so daß dort Sepp Innerkofler zweimal mit seinen Patrullen, deren Rückweg schon abgeschnitten war, entweichen konnte. Ende Juli gingen die Alpini vom Giralbajoch, deren Mannschaft aus dem Cadore stammte, daran, den Zsigmondygrat zu besetzen. Nach einer zweitägigen Erkundungspatrulle stiegen 40 Alpini mit ihrem Leutnant De Zolt auf die Hochbrunnerschneid und schlugen oben ihre Zelte auf. Unmittelbar darauf wurden zwei 65-mm-Gebirgsgeschütze in schwerster Arbeit, die mehrere Tage und Nächte dauerte, 200 Meter hoch über die Südwand der Hochbrunnerschneid aufgeseilt. Am 4. August standen sie schon feuerbereit. Drei Tage später hatten die Alpini eine Scharte bei den Elfertürmen in der Hand, die das Arzkar beherrschte und freies Schußfeld auf die Sentinella hatte.

Die Besetzung war in überraschend kurzer Zeit ausgeführt worden. Jetzt saßen die Alpini oben fest und ließen sich nicht so leicht wieder hinunterwerfen.

Die Infanterie drunten auf der Arzalpe war lange nicht so unternehmend und schneidig. Die »Fanti« vom 70. Regiment, die dort lagen, stiegen nur ab und zu zur Sentinellascharte hinauf und kehrten immer wieder in ihre Stellungen auf der Alpe zurück. Am 4. Juli aber hatten ihnen die bösen Österreicher einen Strich durch die Rechnung gemacht. Als sie in der Nacht vom 21. auf den 22. Juli den Paß angehen wollten, da lagen schon die Tiroler Schützen oben und ließen ihre Stutzen knallen. Seitdem war die Sentinella den Italienern ein Dorn im Fleisch, der recht weh tat.

Einstweilen begnügten sie sich, die Scharte mit Schrapnells und Granaten zu beschießen — Mitte Juli hatten sie bereits ein Gebirgsgeschütz auf Crestone di Popera hinaufgezogen — viel konnten sie aber mit der Flachbahnkanone nicht ausrichten, viel gab's ja auch nicht zu zerstören! Ein dürftiger Graben im Schotter, ein Sandsackbau als Postenstand, ein paar spanische Reiter davor, mehr war nicht in der Stellung zu finden. Die Besatzung war größer geworden gegen früher: jetzt saßen 12 bayerische »Leiber« im engen Unterstand und dachten sich ihr Teil über den Krieg auf gut bayerisch.

Im August gab die italienische Brigade den Befehl, den Paß anzugreifen und zu erobern. Doch war der Befehl leichter erteilt als ausgeführt. 600 Meter hoch zieht sich das Arzkar in steilen Schuttströmen von der Alpe bis zum Paß hinauf, rings von senkrechten Felsmauern umgeben, den Abstürzen der Rotwand rechts, den Wänden des Elfers, des Zsigmondygrates und der Hochbrunnerschneid links. Wie ein kleines, schmales Fenster ist der Paß hoch oben in die Felskolosse eingeschnitten. Von vorne allein ihn anzugehen, schien Selbstmord, die steile Schutthalde unter ihm bot keine Deckung und Entwicklungsmöglichkeit, eine Überrumpelung war ausgeschlossen, da der lockere Schotter unter den Tritten unvermeidlich ins Rollen kam. Da hätten die Verteidiger wirklich einen sehr guten Schlaf haben müssen, wenn sie das nicht gehört hätten.

Auch von links, vom Elfer her, vorzugehen, versprach nicht viel Erfolg. Dort hinderte die fürchterliche Elferostwand die Entfaltung größerer Kräfte. Ebensowenig Aussichten versprach ein Einzelangriff von der Rotwandseite. Aber gleichzeitig von zwei Seiten anzugreifen, das war schon etwas anderes. So entschied sich auch der Führer der Angriffskompanie, Hauptmann Cerboneschi vom 70. Infanterieregiment, zu einem gleichzeitigen Vorgehen von vorne mit der Hauptkraft, vom Elfer aus mit Patrullen. Artillerie sollte den Angriff, der bei hellichtem Tag angesetzt war, decken. Wenn auch dieser Plan von richtigen Überlegungen ausging, so war er doch zum Scheitern verurteilt. Es fehlte an der straffen Verbindung und Führung der einzelnen Gefechtsgruppen, die am Angriff teilnehmen sollten und mehr oder weniger auf gut Glück und eigene Faust handeln mußten. So war der Karren von Anfang an verfahren, statt zweier gleichzeitiger Angriffe entwickelte sich eine Kampfesphase nach der anderen, der Angriff zersplitterte in Einzelgefechte, die das gesteckte Ziel nicht erreichen konnten.

Am 5. August kamen, von Leutnant De Zolt geschickt, zwei Alpini vom Zsigmondygrat durch die fürchterliche Schustereisrinne heruntergeklettert und überbrachten dem Kommandanten der Arzalpe die Botschaft, daß der Zsigmondygrat und die Hochbrunnerschneid von Alpini des Bataillons Cadore besetzt worden waren. Hauptmann Cerboneschi sandte am nächsten Tag die beiden mit vier Mann seiner eigenen Leute den gleichen Weg zurück, unterrichtete Leutnant De Zolt von dem bevorstehenden Angriff und erläuterte ihm sein Zusammenwirken dabei. Telefon gab es damals noch keines, daher sollte De Zolt den Empfang seines Briefes mit optischen Zeichen zur Arzalpe signalisieren und zwei Mann von den vieren mit seiner Einverständniserklärung zurückschicken.

In aller Frühe gingen die sechs Mann los. Wenn alles klappte, konnte mittags das Signal kommen. Es wurde Mittag, es wurde Nachmittag, nichts rührte sich. Cerboneschi wurde nervös, sandte noch zwei Mann den sechs nach und wiederholte seine Instruktionen. Nichts rührte sich aber, die Nacht verging ohne ein Lebenszeichen der Nachbargruppe und der 7. August brach an, an dem der Angriff befehlsgemäß unternommen werden mußte.

Hauptmann Cerboneschi blieb nichts übrig, als die Vorbereitungen zum Angriff zu treffen, und er rückte vor, sich knapp an die Felsen der Rotwand haltend. Inzwischen hatte die italienische Artillerie das Feuer auf den Paß eröffnet; vom Crestone di Popera und den beiden Geschützen auf der Hochbrunnerschneid hagelten die Granaten und

Schrapnelle herüber, um die Verteidiger niederzuhalten, während Cerboneschi höher rückte. Springend und kriechend suchten die Italiener Deckung hinter den spärlichen Felsblöcken des Schuttkares, voran ein Schwarm mit schweren stählernen Schutzschilden, die sie sprungweise vortrugen, um sich nach ein paar Schritten, keuchend vor Anstrengung, dahinter niederzuwerfen. Endlich war die Schuttrinne unterhalb der Felsmauer des Barthgrates erreicht, dort waren sie gedeckt und konnten etwas verschnaufen. Zum Paß waren es nur mehr 100 Meter!

Jetzt sah man, daß sich auch auf dem Zsigmondygrat etwas rührte. Von dort oben hatten die Alpini schon bei Tagesanbruch das Vorgehen der Angriffskompanie beobachtet, aber erst vormittags, als Cerboneschi schon beim Barthgrat stand, hatte Leutnant De Zolt den Brief des Hauptmannes in Händen! 29 Stunden hatten die Boten gebraucht, um von der Arzalpe aus die Schusterrinne zu durchklettern. Diese Verspätung warf natürlich die Zusammenarbeit der beiden Gruppen über den Haufen. Denn ohne Vorbereitung und genügende Zeit, bar jeder Hilfsmittel, konnte man nicht, wie es so schön ausgeklügelt war, vom Zsigmondygrat auf den Elfer spazieren und von dort zur Sentinella absteigen!

Trotzdem De Zolt seine Mitwirkung für wirkungslos hielt, kletterte er mit einer Patrulle bis zur »Zeltscharte« im Zuge des Elfergrates vor, von wo er gegen die Sentinellascharte feuern ließ. Vom Arzkar sah man oben die Alpini, aber man erkannte auch, daß der Abstieg auf den Paß ganz unmöglich war.

Was jetzt? Der Angriff vom Elfer hat sich festgelaufen, zum Frontalangriff besteht wenig Lust, denn das Maschinengewehr der Verteidiger rührt sich sehr lebhaft; wie wäre es mit dem Barthgrat?

Acht Mann meldeten sich freiwillig, ihn zu erklettern. Statt über die leichte Rinne gingen sie die steilen, glatten Felsen direkt an — die Schuhe mußten sie sich ausziehen, um hinaufzukommen — und schon saust das erste Schrapnell von der Hochbrunnerschneid heran. Die Artilleristen drüben hielten die Eigenen für den Feind! Erst Rufe mit dem Megaphon klärten den Irrtum auf. Aber eine neue, böse Überraschung: der Grat bricht in eine tiefe Schlucht senkrecht ab! Ein hoher, schlanker Felsturm verdeckt den Paß und die Stellung des feindlichen Maschinengewehres, die Verteidiger sind unsichtbar. Ans Schießen war nicht zu denken, ein paar Felsbrocken, die sie hinabschleuderten, mochten wenig Eindruck gemacht haben.

Inzwischen war es Mittag geworden, man war keinen Schritt weitergekommen. Das Artilleriefeuer, das noch immer andauerte, war wirkungslos, allmählich verstummte das Infanteriefeuer vom Elfer. So gab Hauptmann Cerboneschi nachmittags den Befehl zum Rückzug. Noch einmal deckten die Geschütze den Weg durch das Kar, am Abend war wieder Ruhe, der Angriff abgeschlagen. Die zwölf Bayern hatten den Paß wacker gehalten.

Kaum eine Woche später wiederholten Alpini den Angriff. Trotz den bösen Erfahrungen mit einem Frontalangriff aus dem Arzkar gingen sie mit Übermacht den Paß am 14. August wieder an. Schon am Vormittag aber war der Angriff festgelaufen, es gab Tote und Verwundete; mittags wurde der Rückzug angetreten.

Gleichzeitig versuchten 50 Alpini sich der Rotwand zu bemächtigen. Sie kletterten von Collesei gegen das Weißbachtal zu und kamen bis zur Ausmündung einer Schuttrinne, die sich von der Rotwandscharte herunterzieht und vor den österreichischen Stellungen ausmündet. Diese Unternehmung schien ganz »nach der Generalstabskarte« ersonnen worden zu sein. Es fehlte jegliche Vorbereitung, jede genauere Erkundung, es fehlte die einfachste alpine Ausrüstung für einen Vorstoß dieser Art. Drei Tage und Nächte kletterten die Alpini in dem ihnen ganz unbekannten Gelände umher, ziellos und planlos, dann kehrten sie unverrichteter Dinge wieder nach Selva piana zurück.

Diese beiden letzten Unternehmungen bezweckten aber neben ihrem Hauptziel, das sie nicht erreichen sollten, noch etwas anderes. Die Italiener erkannten, daß ein Vorstoß über den Kreuzbergpaß nicht sicheren Erfolg versprach und bereiteten sich nun vor, von der Flanke aus in den Sextener Abschnitt einzudringen. Das nahe Hinterland und die Bahnlinie lockten allzustark! Während aber der Hauptstoß auf der Hochfläche der Drei Zinnen geführt wurde, sollten die anderen Unternehmungen in der Hochgebirgsfront den Österreicher ablenken, Kräfte binden und die Beunruhigung steigern.

Feldkurat Hosp

Daß bei den Zinnen etwas in der Luft lag, spürte jeder. Nur wußte man nichts Genaues über die feindlichen Vorbereitungen und Truppenansammlungen. Flieger waren damals noch ein ganz seltenes Ereignis, Patrullen meldeten nur kleine Ausschnitte; was sich aber hinter den Mauern der Drei Zinnen zusammenbraute, das konnte man auf dem Plateau nicht wissen und nicht sehen.

Ein Berg aber unter den Sextener Riesen steckte seinen Grat neugierig soweit südwärts, daß man von ihm aus hinter die Geheimnisse der Drei Zinnen kommen konnte. Vom Elfer aus hatte man Einblick in die Südabstürze und die vorgelagerten Almböden, wo sich der Feind zum Vorbrechen sammeln mußte. Der schneidige Feldkurat Hosp, der den Elfer genau kannte, erbot sich, mit zwei »Leibern« die Aufklärungspatrulle durchzuführen und vom Nordgipfel, der vom Feind unbesetzt schien, die Beobachtungen zu machen.

»In dem kleinen Hüttchen unter der überhängenden Wand auf der Sentinellascharte,« erzählt Hosp, »erwarteten mich die zwei Bayern in voller Ausrüstung. Obwohl der eine nur ein einziges Mal eine Bergpartie gemacht hatte, der andere überhaupt noch nie, war ich mit ihnen sehr zufrieden. Denn was ihnen an Bergerfahrung abging, das ersetzte ihr Mut und ihr felsenfestes Vertrauen zu mir — erst nachher erfuhr ich, daß ich bei den Leibern schon fast eine legendäre Figur geworden war. Was sie aber von der Partie hielten, hörte ich gleichfalls erst später, wo mir einer ihrer Kameraden erzählte, daß sie in der Sentinellahütte tags vorher heimlich Testament gemacht hätten.

Gegen 11 Uhr lag schwacher Mondschein über der Ostwand, wenigstens ihre oberen Teile waren vom milchigen Licht überzogen, und wir gingen los. Unbesorgt um den »Elfer-August«, die Alpinipatrulle auf der Zeltscharte, die bei Tag jeden auftauchenden Kopf unter Feuer nahm, steigen wir die flache Felsrinne zur Schutt- und Firnterrasse empor, die im unteren Teil der Ostwand ausgeprägt ist. Stufenschlagend kraxeln wir längs einem schwachen Grat höher, bis sich die Eisrinne links verengt und wir auf die gutgestuften Schrofen zwischen den beiden Ästen der Rinne übertreten können. Wo sie oben schmäler wird, überschreiten wir sie wieder und dann haben wir die erste Gratscharte des Elfer-Nordgrates erreicht.

Den folgenden Gratürmen ausweichend, einen überkletternd, gelangen wir auf das steile Firnfeld auf der Ostseite, das zur letzten Gratscharte hinaufzieht. Schon dämmert im Osten ein schwacher Lichtstreif, als wir um ¹/₂4 Uhr früh auf dem Gipfel stehen.

Lange durften wir die schöne Welt von hier oben nicht bewundern, denn bis der Elfer-August aufwachte, der aus 400 Meter Entfernung herübersah, gab es Notwendigeres zu tun. Zunächst mußte unser Zelt aufgestellt werden. Eine einzige Stelle kam dafür in Betracht: die große nackte Steinplatte auf der nördlichen Seite des Gipfelsteinmandls. Mit dessen Steinen und andern mühsam heraufgeschleppten Brocken bauten wir drei Mauern, jede etwa 1¹/₂ Meter hoch, die feindseitige am dicksten, darüber spannten wir das Zeltblatt und beschwerten es mit Steinen am Rand. Die Nordseite blieb frei und wurde gegen den Wind mit einem zweiten Zeltblatt verschlossen. Während die zwei Leiber kräftig arbeiten, steige ich in Kletterschuhen den Grat nach Süden weiter, um mich wegen einer möglichen feindlichen Überraschung zu sichern. Gerade wie ich zurückkehre, tritt der Sonnenball wie feurige Lohe über dem Karnischen Kamm hervor und verheißt einen Prachttag. Das beste Beobachtungswetter!

Also jetzt das Fernrohr heraus!

Höllteufl! Da wurlt es hinter den Drei Zinnen von Zelten und Leuten! So hatten die Gefangenen doch die Wahrheit gesagt. Wir zählen die Zelte und ich zeichne das Lager, das sich hinter den Zinnen über die gewaltigen Schuttreißen hinauf bis an die Felsen erstreckt. Vier Bataillonszelte und ein Regimentszelt zeigen ihre Trikoloren. Um die Ekke, welche die Landroer Zinne nach Süden vorstreckt, setzen sich die Zelte fort. Also mehr als 4 kriegsstarke Bataillone, über 4000 Mann gegen die 800 Landesschützen, die Hauptmann Valentini dort zur Verfügung hat!

Mich drängt es, sofort abzusteigen und zu melden, da wir kein Telefon mithaben; aber eine nüchterne Überlegung sagt mir, daß ich bei Tag todsicher abgeschossen werde. Doch kaum dämmert der Abend, bin ich schon im Abstieg; ich bin allein, da die zwei Bayern zur Besetzung droben bleiben; ich verspreche ihnen, entweder selbst zu kommen oder sie durch Bergführer ablösen zu lassen.«

Frühmorgens am anderen Tage meldete Hosp seine Beobachtungen dem Regimentskommandeur der Leiber, Obersten von Epp. Vier Tage genügten gerade, um die Gegenmaßnahmen für den Angriff zu treffen und zu beenden. Am 14. August ging's drüben wirklich los; aber der Sturm brach zusammen.

Der gleichzeitige starke Stoß der Italiener gegen das Bacherntal brachte ihnen wohl einen kleinen örtlichen Gewinn und der deutschen Besatzung verhältnismäßig große Verluste an Toten und Gefangenen,

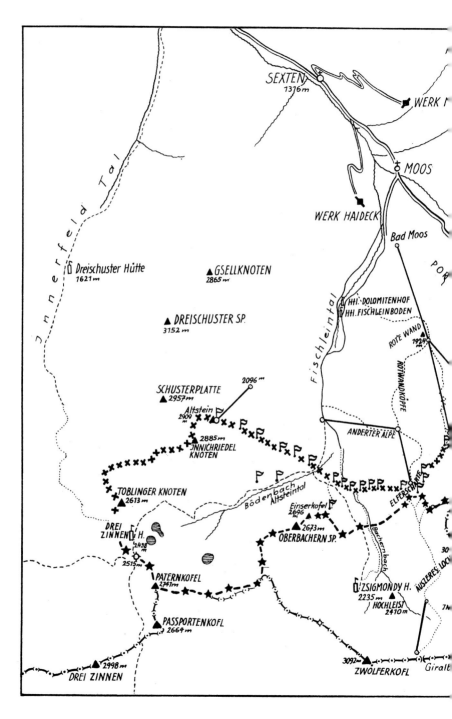

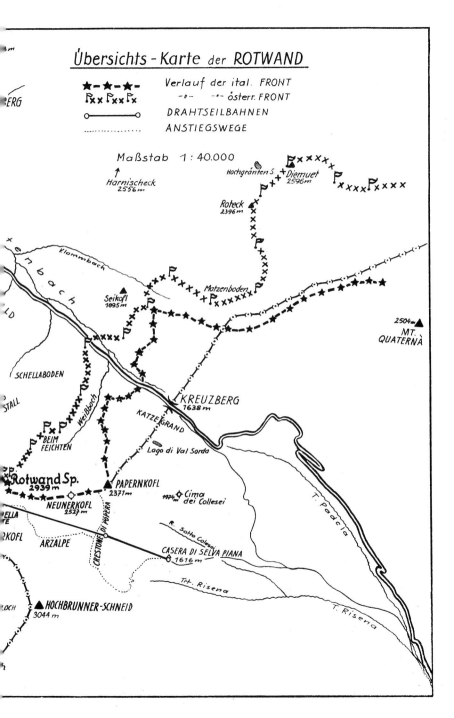

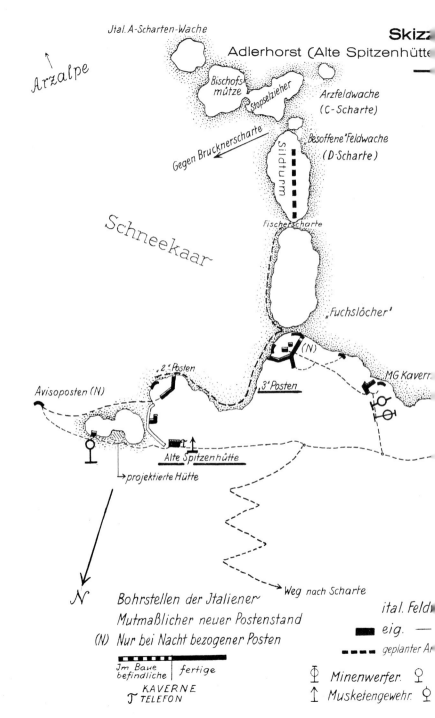

der Rotwandstellungen
Dreierspitz — Neue Hütte — Vinatzerturm (Polar)
Feld gezeichnet. ——

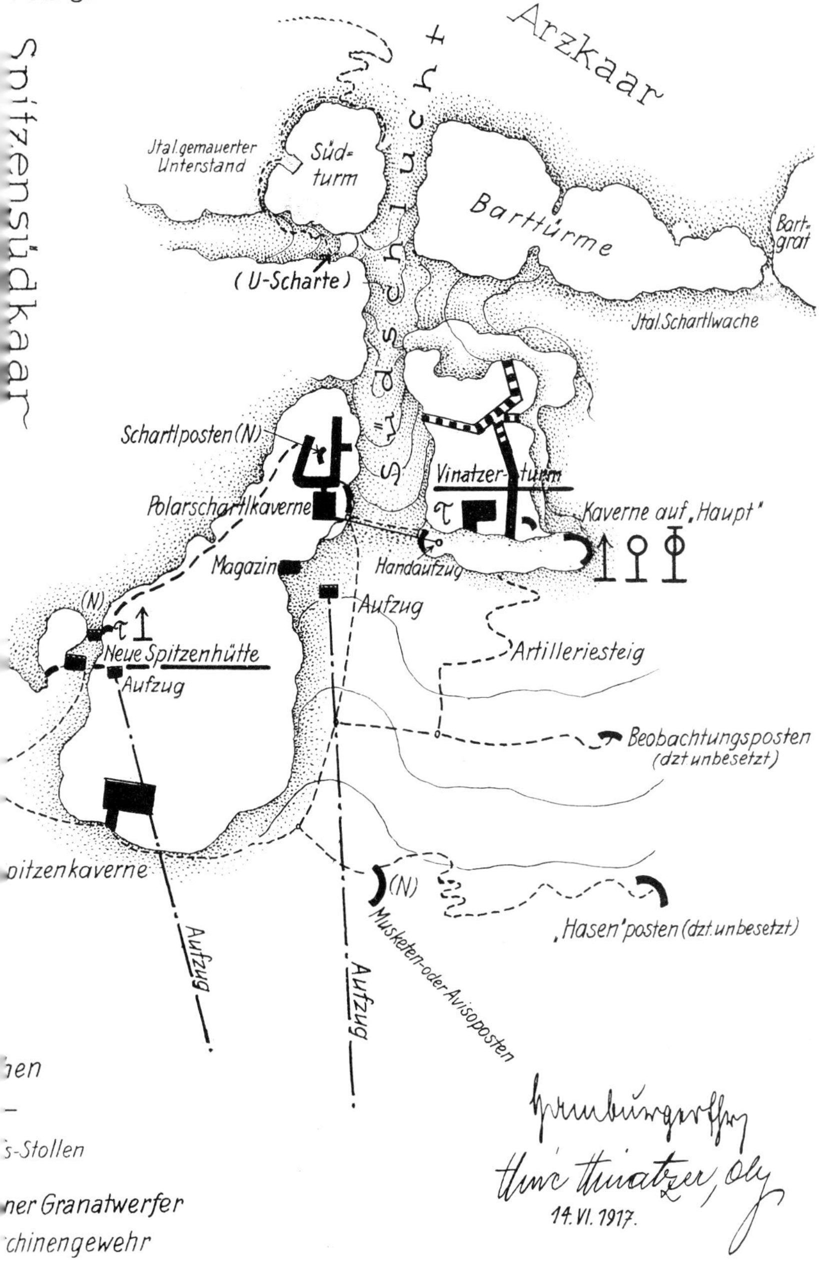

Spitzensüdkaar

Arzkaar

Südschlucht

Ital.gemauerter Unterstand
Südturm
Bartgrat
Bartürme

(U-Scharte)

Ital.Schartlwache

Schartlposten (N)
Polarschartlkaverne
Vinatzerturm
Kaverne auf „Haupt"
Magazin
Handaufzug
(N)
Aufzug
Neue Spitzenhütte
Aufzug
Artilleriesteig
Beobachtungsposten
(dzt unbesetzt)

pitzenkaverne

Aufzug
Aufzug
(N)
Musketen-oder Avisoposten
„Hasen"posten (dzt.unbesetzt)

Hmc Vinatzer, Oly
14. VI. 1917.

aber auch hier wurde der Durchbruch vereitelt und die Zugänge ins Sextental verriegelt. Die deutsche Artillerie half wacker mit, dem Feind das Leben sauer zu machen, das Rotwandgeschütz auf Kote 2673 hatte Arbeit genug, bekam aber auch selbst den Krieg zu spüren: ein Volltreffer tötete am 15. August Unteroffizier Kirchmayr und einen Kanonier und verwundete einen zweiten leicht.

Tag und Nacht hielt das gegenseitige Feuer der Artillerie an, die eigene beschoß das Giralbajoch, den Hochleist, die Kanzel, die feindliche drosch wieder auf Haideck und Mitterberg ein, ließ ihre Granaten in die Häuser von Moos und Sexten fahren und tastete die ganze Front ab. Überläufer wußten von bevorstehenden großen Angriffen an der ganzen Front zu erzählen.

Auf den Berggipfeln war es auch ungemütlich geworden. Der Elfer-August schoß wacker zur Sentinella und auf die Rotwandpatrulle herüber, die Unsern blieben die Antwort nicht schuldig, und so widerhallten die Schüsse Tag und Nacht in den Wänden. Das kleine Gebirgsgeschütz auf der Arzalpe war immer in gereizter Stimmung; sobald sich nur ein Kopf über dem Rotwandgrat zeigte, kam schon ein Gruß von unten. Die Rotwandler aber hatten es nach kurzer Zeit »heraußen«, daß man dem Abfeuern gemütlich zuschauen konnte; bis die Granate heraufkam, war genug Zeit, sich hinter dem Grat zu dekken. Aber es schien, daß auch auf dem Elfer-Hauptgipfel zeitweise ein Alpiniposten stand.

Am 22. August kam wieder Pater Hosp auf die Sentinella, um ein bißchen nach dem Rechten zu sehen. Mit einem Bayer und einem Ötztaler Bergführer erreichte er noch bei Nacht den Nordgipfel und ging dann mit den beiden auf dem Südgrat bis zu der Schuttrinne vor, mit der der alte Elferanstieg auf den Gipfelgrat einmündet. Wenn irgendwo, dann lauerte hier die Gefahr einer feindlichen Annäherung. Die drei bauten dort übereinander drei Steinlawinenfallen, bis der beginnende Tag zur Einstellung der Arbeit zwang.

»Der Elfer-August schoß fleißig«, so schildert Hosp, »und wenn man einen Stein feindseitig aus der Zeltmauer nahm, konnte man sicher sein, daß bald eine Kugel durch das Loch pfiff. Der Leiber vertrieb sich die Zeit, indem er seine Mütze auf das Gewehr pflanzte, zwischen Zelt und Mauer durchsteckte und dem August seine Treffer und Fehler wie auf der Schießstätte aufzeigte.

Bei Nacht stiegen meine Begleiter ab, eine andere Patrulle sollte sie ablösen. Die kam aber durch ein Mißverständnis erst in der nächstfolgenden Nacht und ich blieb allein. Erst kletterte ich zur Schuttrinne auf dem Südgrat vor, um zu sichern. Wenn jetzt kein Feind dort war,

in der Nacht kam über den schwierigen Zackengrat niemand herüber. Dann setzte ich mich auf den Gipfelfelsen neben dem Zelt. Allein, 400 Meter vom Feind!

Über der schwarzen Riesenmauer des Zwölfers kam der Mond heraufgezogen, alles mit seinem Silberlicht überflutend. Wie weltentrückt schaue ich auf das Leuchten der Firne am Großvenediger und auf den Zillertalern. Bald verfolgt der Blick den Verlauf der schneeigen Kämme, bald taucht er wieder in nachtdunkle Abgründe. Wie zur Erde gefallene Sterne zittern da und dort die Lichter von Unterständen herauf. Über der gigantischen Felsenwelt aber ziehen in tiefem Frieden die ewigen Sterne ihre Bahnen. Stille umfängt das All, wie wenn die Erde ihren Atem anhalten wollte. Ab und zu nur das Fallen eines Steines. Leise rauschen unsichtbare Wasser in der schwarzen Tiefe und der Nachtwind fängt sich in den düsteren Felszacken.

Gegen Morgen finde ich im Zelt einige Stunden Ruhe. Die Sonne erst weckt mich aus dem leisen Schlaf und neugierig schaue ich um mich, nach der Patrulle, die schon da sein sollte. Niemand zu sehen! Na, bis morgen werde ich es schon schaffen, Proviant und Munition ist genügend da. Und warum soll gerade heute der Italiener herüberkommen?

Es war schon Mittag vorbei; ich schaue mit dem Glas ins Bachernkar hinunter, als ich von der Schuttrinne am Südgrat her Steine fallen höre. Vielleicht ist es die Schneeschmelze, die oft Steine löst. Aber jetzt wieder! Jetzt stärker!

Es gilt! Heraus aus dem Zelt, dahinter herum, daß mich der August nicht sieht, und hinter dem kleinen Felsgrat in Deckung! Der Platz, auf dem ich liege, ist furchtbar unbequem, ein steiler Schotterfleck, aber das eine Gute hat er: vorne steht der kleine Grat auf, hinten geht's ins Bodenlose, für Handgranaten also ein sehr schweres Ziel. Ich breche aus dem morschen Fels Steine und mache mir eine Schußscharte. Sicht habe ich gegen die kleine Gratscharte, wo die Schuttrinne heraufkommt.

Da fliegt schon die erste Handgranate rauchend gegen die Zeltmauer heran, gleich darauf eine zweite. Krach! Die Steine fliegen über mich weg. Der Feind vermutet mich im Zelt, dessen Mauer halb zusammengestürzt ist. Das benütze ich zum Angriff von der Seite, erhebe mich rasch und sehe zwei Alpini wenige Schritte abwärts am Grat, der eine aufgerichtet und eine Handgranate abziehend, der andere halb geduckt. Schuß! ... der aufrecht Stehende wankt gegen die Ostseite, ein Schrei ... ein Sturz, ... der ist erledigt!

Eine Handgranate fliegt gerade auf mich zu, aber zu weit, eine zweite geht zu kurz. Kaum sind die Splitter aufgespritzt, erhebe ich mich wieder rasch, den Mannlicher an der Wange. Der Alpino hat sich in die Ostseite geduckt und nur der Oberkörper ist sichtbar. Das genügt für diese Entfernung. Während er wieder wirft, stürzt er schon getroffen in die Tiefe.

Damit war die ärgste Gefahr glücklich vorüber. Es war aber zu wetten, daß noch zwei, drei Patrulleure am Schärtchen auf Anschlag waren. Ihnen war schwer beizukommen. Ich richte zunächst eine ganz schmale Ritze im Gestein her, um ungefährdet hinüberzusehen. Richtig, da schaut eine Gewehrmündung hervor, aber kein Kopf dazu. Hätte ich doch Handgranaten gehabt! Dann hätte ich den Feind mit indirekter Wirkung an der jenseitigen Felswand treffen können. So bleiben mir nur Steine, aber die Distanz ist zu groß, meine Stellung zu heikel, um etwas auszurichten.

Aber ich konnte ja warten. »Im Krieg ist Zeit nicht Geld!« Dieses Wort Sepp Innerkoflers fiel mir jetzt ein. Tatsächlich verging eine halbe Stunde, es konnten auch nur 10 Minuten gewesen sein, als wiederum Handgranaten — drei auf einmal — herüberflogen. Es war zehn gegen eins zu wetten, daß jetzt jemand neugierig werden würde. Darauf kam es nun an. Tatsächlich taucht über dem Gewehrlauf ein Haarbüschel auf, zwei Luchsaugen darunter!

Das wird ein schwieriger Schuß aus der schmalen Spalte heraus, da ich nicht zu tief schießen kann! Aber wozu war ich Jäger und Oberschützenmeister meiner Gemeinde? Bumm! ... Der saß! Kaum war der Dampf verzogen, schaue ich am Spalt hinaus, aber kein Gesicht ist mehr dort. Dafür höre ich aufgeregtes Reden und Fluchen, eine Steinlawine setzt sich in Bewegung; offenbar war sie durch den Körper des Stürzenden gelöst worden. Lange noch rollen die Trümmer nach und eine leichte Staubwolke qualmt aus der Rinne.

Das war der Augenblick zum Angriff. Wenn nur der August nicht gewesen wäre! Doch bis der schießt, bin ich schon gedeckt! Ein Sprung auf den Grat, einige wilde Sätze und ich halte vor der Scharte in Deckung. Ein paar massive Steintrümmer habe ich bald herbeigezerrt und bewerfe nun jenen Winkel der Rinne, wo einzig die Feinde stecken können. Aber nichts rührt sich! Noch ein paar zünftige Brocken von Dolomit feuere ich hinunter, dann bin ich selbst überzeugt, daß die Vögel ausgeflogen sind. Das Gewehr im Anschlag, tauche ich über der Scharte auf. Alles leer! Sie haben Fersengeld gegeben.

Jetzt, wo die Gefahr vorüber ist, macht sich die Nervenspannung fühlbar und ich muß mich setzen, um Herz und Nerven sich beruhigen zu lassen. Dabei kommen nun erst die Überlegungen, wozu in der Gefahr keine Zeit blieb. Nicht, daß ich mir Vorwürfe machte. Meine Tat hatte ja nur zur Erhaltung meines Lebens gedient; aber ich war Geistlicher und wußte, welche Schererein es geben konnte.

Da kam es mir wie eine Erleuchtung: allein war ich! Wer wußte von dieser Sache? Der Feind redet nicht und Freund ist keiner da. Ja, das war das Richtige: schweigen. Schwiegen, solange ich aktiv bin. Erst heute, wo ich längst den blauen Bogen habe, kann ich reden und mir die Tat von der Seele beichten. Vernünftige werden darüber vernünftig urteilen.

Trotzdem gelang die Geheimhaltung nicht. Die Leiber in der Sentinella sagten es mir auf den Kopf zu, daß ich geschossen habe, da sie zwei Leichen über die Elferwände herunterstürzen sahen. So kam die Mär auch zum Feind. Wenig später hat das Mailänder Blatt »Il Resto del Carlino« einen Haßartikel gegen mich gebracht, den ein italienischer Posten am Monte Piano, rot angestrichen, in einer finsteren Nacht an unser Drahtverhau hängte. Auch von einem deutschen Leutnant erhielt ich aus den Vogesen, wo er an der Front stand, ein Flugblatt, das ein Flugzeug abgeworfen hatte — ich habe es noch —, in dem ich als Scheusal geschildert werde, das an und hinter der Front umherschleiche, um alles Lebende mit seiner nie fehlenden Büchse zu morden.

Da laß ich mir lieber den Humor der Rotwandler gefallen, die wohl auch durch die Leiber von meinem Erlebnis Kunde erhalten hatten und deren Hofdichter mich mit einem Schnadahüpfl bedachte:

»Auf dem Elfer der August braucht an geistlichen Segen,

Den hat ihm unser Pfarrer mit'm Stutzen umigeben.«

Vom Rest der Patrulle ist wenig mehr zu sagen. Bei einfallendem Nebel konnte ich unbehelligt das zerstörte Zelthüttl wieder aufbauen. Andertags schneite es leicht, und ungehindert stieg ich bei Tageslicht ab, nachdem ich die Ablöser mit den Gefahren des Gratweges vertraut gemacht hatte.«

Schneefall und Regen hatten Ende August eingesetzt, auf den Spitzen der Berge lag die weiße Winterdecke. So blieb der Elfer zeitweise unbesetzt, da man sich vor feindlichen Überrumpelungen sicher hielt, aber auch an eine dauernde Besetzung nicht denken wollte. Alle Vorstellungen erfahrener Bergkenner trafen bei den österreichischen Kommanden auf taube Ohren. Noch einmal aber, es war das letzte Mal, daß Österreicher den Gipfel betraten, stieg Pater Hosp hinauf.

Zur Stärkung der Sextener Front kam ein 30,5-cm-Mörser ins Innerfeldtal, der hauptsächlich der Lage der Verteidiger auf dem Zinnenplateau und am Monte Piano aufhelfen sollte. Hosp erbot sich, durch Beobachtung und telefonische Meldung vom Elfer-Nordgipfel die Beschießung zu erleichtern.

»Am 30. August stieg ich wieder den bekannten Weg hinauf. Etwas verlangsamte sich das Klettern durch die Befestigung des Telefonkabels, das wir mithatten. Auf dem Gipfel stand kein Posten mehr, wohl war noch das unversehrte Zelthüttl da, und der Feind mochte denken, daß es besetzt sei, und getraute sich nicht herüber. Auf dem nackten Geröll und den Felsen probierten wir umsonst die Erdung. Erst aus einer Rinne herbeigeholter Schnee ließ den Versuch gelingen.

Von »Berta«, dem 30,5-cm-Mörser, war nichts zu vernehmen. In sinniger »Schleiersprache« fragte ich nach dem Befinden Bertas, ob sie noch im Spital liege? Das Artilleriekommando war aber recht zugeknöpft. Am 3. September war Berta noch immer nicht munter. Endlich am 4. zu Mittag kam Befehl zur Beobachtung; Ziel: Sextenstein. Ein Rollen wie von einem Lastzug geht durch die Lüfte, ein Pfeifen, Jaulen und Quietschen, als wären tausend böse Geister los, dann ein gewaltiger Einschlag.

»Beobachtung!« ruft es im Telefon.

»Vom Einschlag ist nichts zu sehen! Auf dem Sextener Stein liegt es bestimmt nicht!«

Ein Donnerwetter von Flüchen entlud sich auf unser unschuldiges Haupt. Dann wieder:

»Beobachtung — Bödensee — Schuß!«

»Nichts zu sehen!«

Ich weiß die Titel nicht mehr, die ich damals am Telefon erhielt. Dann war eine längere Kunstpause. Um vieles freundlicher kam nun die Aufforderung, das Feuer eines Innergsell-Geschützes zu beobachten. Von der dicken Berta fiel kein Wort mehr. Erst später erfuhren wir, daß dieser Mörser ein ausgeschossenes Kaliber war, dessen Granaten sich in der Luft überschlugen und in den eigenen Linien niedergegangen waren.—

Am fünften Tag stieg ich ab. Das Telefon und das Zelt durfte nicht abgetragen werden, das Kommando in Innichen wollte die Möglichkeit behalten, zu beobachten und zu melden. Der Herbstschnee aber deckte das Hüttchen und den Telefondraht mit seiner weißen Decke zu, die bis zum nächsten Sommer nicht mehr verschwand.«

Sentinella

Die Sentinella war noch immer ein schmerzender Dorn im Fleisch. Nicht genug an den bisherigen zwei fruchtlosen Angriffen, setzten die Italiener am 3. September ihre Kräfte zum drittenmal an, diesmal in der Nacht, aber wieder frontal. Das Unternehmen war als Überrumpelung gedacht, es fehlte daher der einleitende Spektakel der Geschütze. Über den Angriffsversuch berichten die Italiener selbst:

»Die Nacht ist dunkel und kalt; seit 12 Uhr schneit es; ganz langsam steigen die Soldaten empor, weil sie das Gelände nicht kennen und im weichen, pappenden Schnee rutschen. Der Österreicher ahnt den Angriff, läßt einige Leuchtraketen ab, gibt Signale mit Pfeifen, schießt aber nicht. Er spart alle Geschosse, um sie auf die Unsern im letzten Couloir loszulassen! Noch mehr: er steigt ganz still vom Paß herunter und besetzt die Ausmündung der Rinne am Barthgrat.

Als Leutnant Modugno mit seiner Vorpatrulle 20 Meter vor der Rinne angelangt ist, ist es Tag, ein kalter Tag mit Nebelfetzen, die sich da und dort heben, unsere Geschütze einhüllen und den Paß verdecken. So vereiteln sie den Angriff und begünstigen die Verteidigung. Modugno zählt 16 Österreicher. Unbemerkt waren sie herangekommen. Vor sich hat er die Läufe der feindlichen Gewehre, gegen den einzigen Weg gerichtet, den die Unsern im Aufstieg Mann hinter Mann nehmen mußten. Nicht einer wäre lebend hinaufgekommen. Die Unsern sind durch und durch naß, vor Kälte starr, 8 Mann stöhnen laut, Hände und Füße sind abgefroren.

Um 9 Uhr kam der Befehl, endgültig den Versuch abzubrechen. Noch einmal, so bitter es auch war, mußten die Angreifer zurück und tauchten im Nebel unter. Zum drittenmal schien der Beweis erbracht, daß mit einer bloß frontalen Aktion der Paß unbezwingbar war.«

Auch hier handelte es sich um ein Ablenkungsmanöver. Seit Anfang September hatte sich immer stärkeres Artilleriefeuer auf die österreichischen Stellungen gelegt, ab 4. September schwoll es zu unerhörter Heftigkeit an: das Vorspiel zum großen Kreuzbergangriff hatte eingesetzt, den eine ganze Division gegen die Sextener Front unternahm. Starke italienische Abteilungen schoben sich nahe an die österreichischen Stellungen heran. Am Morgen des 6. rannten sie von der Pfannspitze bis zum Burgstall an: überall wurden sie blutig abgewiesen. Über 400 Gefangene, 1000 Tote und Verwundete kostete den Italienern der Durchbruchsversuch. Es war die empfindlichste Niederlage, die sie bisher in Tirol erlitten hatten.

Cadorna meldet dazu in seinem Kriegsbericht:

»Im Cadore rückten unsere Truppen im Bereiche des Mte. Croce offensiv vor; es wurden hiebei einige feindliche Stellungen und Schützengräben erobert. Trotzdem mußte unsere Offensive mit Rücksicht auf die Stärke der feindlichen Verteidigungsstellung, die von Natur aus schon gewaltig ist, bald eingestellt werden.«

Zum zweitenmal war die Sextener Front gerettet, diesmal von den Bayern des Deutschen Alpenkorps.

1915 geht zu Ende

Der Höhepunkt der Kampfhandlungen, die von Massen getragen werden, war erreicht und überschritten, die folgenden Monate zeigten mit dem Fortschreiten der Jahreszeit und dem Einfall des Bergwinters ein starkes Nachlassen der Spannung. Die Niederlage des Feindes war zu schwer, als daß er sich zu nochmaligem Anrennen aufgerafft hätte. Es blieb beim Stellungskrieg mit seinen üblichen Begleiterscheinungen, dem zeitweisen Artilleriefeuer, mit dem fast immer die gleichen Punkte der Front bedacht wurden, den bedeutungslosen Patrullengefechten von Aufklärern zwischen den Linien und der immer deutlicher werdenden Ausbildung einer Etappe, die jetzt im gleichen Verhältnis, wo es vorn ruhiger war, hinten immer rühriger wurde.

Zuerst wurde organisiert. Die Landesschützen und Landstürmer, die anfangs zur Sperrbesatzung gehört hatten, dann im Patrullendienst aufgeteilt worden waren und den deutschen Truppen als Führer und Feldwachkommandanten gute Dienste geleistet hatten, wurden zu einem Patrullenkommando zusammengefaßt, das später die Bezeichnung Alpines Detachement erhielt. Die Verwendung blieb die gleiche, die Mannschaft war auf der Rotwand, auf der Sentinella, auf der Elferscharte. Das Kommando aber saß im Tal unten bei der Lanzinger Säge und war mit einer Unmenge friedlicher Arbeiten belastet. Da war der militärische Polizeidienst im Grenzabschnitt aufrechtzuhalten, die Regelung des Arbeitsdienstes für die Einbringung der Ernte im Sextental durfte nicht außer acht gelassen werden, Brennholz wurde geschlagen, Holzkohlenmeiler dampften in den Wäldern, kurzum, es hatte alle Hände voll zu tun. Während aber droben in den Felsen mit jedem Mann gegeizt wurde, füllte die Hälfte des Detachements die Baracken im Tal und führte ein recht beschauliches Leben. Bei der Lanzinger Säge wuchs eine kleine Barackenstadt heran, Kanzleien begannen fröhlich zu amtieren, die Telefone summten, Ordonnanzen eilten mit Stößen von Akten her und hin, es herrschte ein geschäftiger Betrieb. Die Etappe war in ihrem Element.

Draußen an der Front war das Leben weniger kurzweilig. Ende September begannen die ersten starken Schneefälle, in den ersten Oktobertagen lag alles metertief unter der weißen Decke und der Kampf mit dem Winter begann. Die Hauptbeschäftigung wurde das Schneeschaufeln. Das Rotwandgeschütz auf Kote 2673 war tagelang eingeschneit, kaum konnte die Bedienung aus der Tür ihres dürftigen Unterstandes heraus. Noch schlechter erging es den Rotwandlern auf der

Blick zum Helm

Scharte; der Aufstieg der Spitzenposten war im Schneesturm unmöglich geworden; eine Lawine löste sich unterhalb der Spitze und riß vier Mann in die Tiefe, die nur mit größter Anstrengung gerettet werden konnten. Sogar der Abstieg zur Baracke der Rotwandpatrulle auf dem Burgstall wurde ungangbar, die Ablösungen mußten von jetzt ab zur Anderter Alpe hinunter und wurden in den Unterständen, die dort im Sommer erbaut worden waren, untergebracht. Mit der Verproviantierung begann es auch zu hapern und der Hofdichter der Akademischen Legion wußte gleich einen Vers darauf, der im berühmten Standschützenalphabet der Nachwelt erhalten ist.

»Der Vampir mit den Flügeln prunkt.
Verpflegung ist ein wunder Punkt!«

In diesen Tagen wurde das Deutsche Alpenkorps abgelöst, an seine Stelle kamen Tiroler Kaiserjäger vom 2. Regiment, die nach 14 Monaten zum erstenmal wieder auf Heimatboden standen. Mit dem Alpenkorps wurden auch die deutschen Batterien abgezogen, aber nur teilweise durch österreichische ersetzt. So kam das brave Rotwandgeschütz am 9. Oktober zu Tal. Die Stellung oben blieb verlassen. Beim nächsten Schneefall, der nicht lange auf sich warten ließ, war alles im Weiß verschwunden.

Zehn Mann waren jetzt die ganze Rotwandbesatzung, zehn Gewehrläufen war der mächtige Dreitausender anvertraut. Die Elferscharte und Sentinella hatten wenigstens noch ein Maschinengewehr! Aber es war ja jetzt nichts los und im Hochwinter würde sich wohl noch weniger ereignen!

Sogar an die Verminderung der Wachen dachte man bei den Kommanden, um die Proviantschwierigkeiten besser meistern zu können. Es blieb aber bei den bisherigen Besatzungsstärken, die mit einer dreißigtägigen Vorratsreserve ausgestattet wurden. Es war wirklich nicht viel los. Man saß im engen Unterstand um den kleinen Eisenofen herum, trocknete sich die nassen Kleider oder lag auf der Pritsche, rauchend, schlafend, Läuse suchend. Ab und zu schoß die Arzalpe oder die Hochbrunnerschneid ein Schrapnell, wenn gerade klare Sicht war und der ital. Beobachter vielleicht einen Schneeschaufler im Graben der Sentinella erspäht hatte. Nicht anders machte es der österreichische Kollege von der Weißlahnbatterie, wenn die Alpini auf dem Giralbajoch oder auf der Arzalpe den Schnee von den Schußscharten wegputzten. Wenn es Tage und Nächte schneite und stürmte, dann kamen die zwei Rotwandposten schleunigst auf die Scharte herunter, um nicht oben auf dem eisigen Gipfelgrat zu verhungern und zu erfrieren. Dann blieb die Spitze unbesetzt, bis es nach dem Aufklären wieder gelang, im feinen Pulverschnee den Weg hinauf zu treten.

Dem Elfer-August war es auch zu kalt geworden. Seit Oktober war er aus seiner Scharte ausgezogen und hatte sein Quartier weiter südwärts auf den Zsigmondygrat verlegt, wo er, um nicht aus der Übung zu kommen, zur Rotwand hinüberschoß. Doch war's nie ernst gemeint. In der klaren Winterluft sah man jetzt weit hinunter ins Italienische, scharf hoben sich aus dem scheeigen Weiß alle Gräben und Steige ab, an Stellen, wo früher Batterien gestanden hatten, leuchtete jetzt die unberührte Schneedecke; auch die Italiener hatten Kräfte abgezogen und hielten nur das Notwendigste an der vordersten Front. In den Dörfern im Cadoretal aber stieg der Rauch aus den Schornsteinen und lagerte als bläulicher Dunst über den Steinhäusern, ein Bild von Wärme, Geborgenheit und friedlichem Beisammensein vorzaubernd. Dann schaute gar mancher Rotwandler nach dem zerschossenen Sexten zurück und dachte ans Daheim. Das Jahr 1915 ging seinem Ende zu.

Die Eroberung der Sentinella

Von den Italienern wurde im Winter 1915/1916 ein großzügiger Plan ausgearbeitet, der als erstes Ziel die Eroberung der Sentinellascharte zwischen den Bergmassiven der Sextener Rotwand und des Elferkofels und in der Folge die Besitzergreifung der Rotwand anstrebte. Wegen der Erfolglosigkeit ihrer früheren Angriffe gegen den Paß, die fast durchwegs frontal von der Arzalpe aus angesetzt waren, legten sie diesmal das Hauptgewicht auf eine überraschende Unternehmung aus den beiden Flanken.

Die Stellungen der italienischen Truppen gegenüber der Sentinellascharte verliefen noch immer tief unten auf der Arzalpe und dem welligen Felsrücken Creston di Popera, stark überhöht von dem Zackengrat, der im Neunerkofel gipfelt und sich dann zum Stock der Rotwand aufschwingt. Wenn auch seine Ersteigung von Feindesseite aus dem Weißbachtal schwierig war, mußten doch zum Schutz der rechten Flanke einzelne wichtige Scharten, welche die gegenseitigen Zugänge vermittelten, besetzt und gesichert werden. Anfang Jänner 1916 bezogen Alpini des Bataillons Fenestrelle zum erstenmal dort Wachen, erbauten Unterstände, Wege und Verteidigungsanlagen und hielten die Schartenstellungen (Forcella X, Y, Z) von da an ständig besetzt.

Erst auf den Felsgraten, die das Arzkar im Westen mit senkrechten Wänden abgrenzen und die Scheide zum Bacherntal und Giralbajoch bilden, standen wieder italienische Posten. Vom Giralbajoch her, wo die alte Reichsgrenze verlief, waren schon im Sommer 1915 Alpinipatrullen über das Innere Loch vorgedrungen und hatten auf dem Zsigmondygrat (2992 m) eine Stellung bezogen, die ständig besetzt blieb, auch dann, als der Winter dazu zwang, eine vorgetriebene Schartenwache im Zuge des Elfergrates aufzulassen. An ein weiteres Vordringen über den Elfer dachte man damals wohl auch schon, doch wurde dessen ständige Besetzung für unmöglich gehalten.

Jetzt erkannte man aber, daß die einzige Möglichkeit, die Sentinellascharte in der linken Flanke zu fassen, darin bestand, sich auf dem zackigen Felsgrat, der den Paß um 300 Meter überhöht, nach und nach vorzuarbeiten, um womöglich in den Rücken der österreichischen Stellung zu gelangen. Daß die winterlichen Unbilden dieses Unternehmen aufs äußerste erschwerten, war kein Grund, den Plan nicht auszuführen, da genug Zeit zur Durchführung blieb und die reichen Hilfsmittel aller Art zu seinem Gelingen beitragen mußten. Im Verhältnis zur Überschreitung des Elfergrates stellte das Zupacken in der rechten Flanke der Sentinella die in alpiner Hinsicht leichtere, aber in taktischer Hinsicht nicht weniger wichtige Aufgabe dar. Hier galt es, auf den Felsrücken des Barthgrates, der dem Rotwandmassiv angehört, zu gelangen und von da aus den Paß in die Zange zu nehmen. Aus taktischen Gründen wurde aber dieses Teilunternehmen erst im Zuge des eigentlichen Angriffes ausgeführt.

Die wichtigste Aufgabe, die zu allererst zu lösen war, lag in der Bezwingung des Elfers.

Der Ausgangspunkt für das Vordringen von Scharte zu Scharte über den tiefverschneiten Grat war der italienische Posten auf dem Zsigmondygrat. Der Zugang zu ihm erfolgte vom Giralbajoch über das Innere Loch, das man bis zu seinem nördlichen Winkel passierte. Dort leitete eine fast senkrechte Felswand in die Höhe, deren Erkletterung ein dickes Seil, das von oben herabhing, erleichterte. Etwa 100 Meter unter dem Gipfel verlief ein Band, auf dem ein Unterstand für etwa 40 Mann erbaut war. 70 Meter höher stand eine zweite, kleine Baracke für 10 Mann, ganz oben, zeitweise vom Schnee begraben, das Postenhäuschen für die Feldwache von 3 Mann.

In diese Schnee- und Felswüste kam in den nächsten Wochen Leben und Bewegung. Lange Kolonnen von Trägern stapften durch den tiefen Schnee des winterlichen Hochgebirges vom Giralbajoch herauf, Hunderte von Lasten an Proviant, Munition und Baumaterial für die neuen Stellungen wurden hier aufgeseilt, gesammelt und zum Weitertransport eingeteilt. Mit aller Energie wurden die gewaltigen Schwierigkeiten des Nachschubs gemeistert, dabei aber mit Bedacht alles vermieden, was den Österreichern die Ziele der Unternehmung hätte verraten können. Alle Bewegungen mußten im geheimen vor sich gehen, eingesehene Wegstrecken durften nur bei Nacht oder bei Nebel begangen werden. Das ganze Unternehmen mußte auf Überraschung aufgebaut sein, wenn es gelingen sollte.

Für die Besetzung der neuen Höhenstellungen wurden berggewohnte Alpini herangezogen. Das Stellungskommando lag in den Händen des Alpinihauptmannes Sala. Zur Durchführung der Vorstöße über die Felsgrate bestimmten die italienischen Kommanden den Trientiner Italo Lunelli, einen hervorragenden Kletterer, der ins italienische Heer übergetreten war und dort unter dem Decknamen Raffaele Da Basso als Offiziersaspirant diente.

In den ersten Februartagen begann Lunelli mit der Arbeit. Im Nebel kletterte er über die Stellung auf dem Zsigmondygrat hinaus, überschritt in schwieriger Kletterei die tiefe Einsattelung davor (Zsigmondyscharte) und drang bis an den Fuß der Südspitze des Elfers vor. In den Nächten darauf wurde die Strecke gesichert, Leitern an den steilsten Stücken eingebaut, Seile gespannt, kurzum ein gangbarer Weg hergerichtet, um auch den beladenen Trägern den Übergang leichter zu machen. Nebel, Kälte und eisiger Sturm erschwerten den Alpini das Arbeiten. Immerhin hatte man einen Platz am Fuße des Elfer-Südgipfels erreicht, der als Stützpunkt für das weitere Vordringen geeignet erschien, da er nicht so weit zurücklag wie der Unterstand auf dem Zsigmondygrat.

Jetzt war es an der Zeit, das Material nachkommen zu lassen. Endlose Züge von Trägern kletterten die unzähligen Serpentinen zum Giralbajoch hinan und brachten Bretter und Pfosten für Baracken. Dachpappe, Öfen, Pelzschlafsäcke, Decken, Petroleum, Proviant und wieder Proviant. Am Giralbajoch übernahmen Alpini und die Mannschaft der dort aufgestellten Gebirgsbatterie die Lasten und schleppten sie mühevoll Stück für Stück hinauf auf den Zsigmondygrat. Was Hände hatte, half mit; Eile war geboten, um vor dem nächsten Schneefall alles in Sicherheit zu bringen.

Glücklich lag das ganze Kunterbunt neben den Baracken auf dem Zsigmondygrat. Am 12. Februar begann der Weitertransport zum neuen Stützpunkt am Fuße der Elfer-Südspitze, eine schwere, mühselige Arbeit. Alles war in Bewegung. Lunelli arbeitete mit seinen Leuten an der Wegversicherung hinüber, der Hauptteil der Mannschaft schleppte die Lasten. An einer besonders steilen Stelle, die zum Äußeren Loch abfiel, mußte das Material abgeseilt werden. Dabei verfing es sich oft im Schnee oder an einem Felsvorsprung; dann mußte ein Soldat an dem Seil, an welchem die Last angebunden war, hinunterklettern und sie wieder losmachen. Die ganze Nacht, die bitterkalt und sternenklar war, wurde gearbeitet. Frühmorgens war am Fuß der Elfer-Südspitze schon eine große Menge Material aufgestapelt, darunter eine zerlegbare Baracke, die sofort aufgestellt und zur Sicherung gegen Absturz mit Seilen am Felsen befestigt wurde.

Dieser neue Stützpunkt am Fuße des Elfer-Südgipfels erhielt den Namen Mensola. Oberhalb der Baracke lag im Grat eine kleine Felsscharte. Lunelli richtete einen Steig dorthin her, ließ im Schnee für einen Wachtposten eine kleine Höhle graben, Pelzschlafsäcke, Decken, einen Ofen, Lebensmittel und Proviant hinaufschaffen — und die erste Scharte war besetzt. Sie wurde Höhlen- oder Kavernenscharte getauft.

Etwas weiter rechts wurde die nächste Scharte erreicht. Nach den Alpini der 75. Kompagnie, die damals mitwirkten, erhielt sie den Namen 75er-Scharte.

Die Hochbrunnerschneid und die Ostwände des Elfers von der Rotwand aus

50 Meter weiter lag eine dritte Scharte im Grat, auf der noch Reste eines Zeltes gefunden wurden, das von der Sommerbesetzung herrührte. Sie erhielt den Namen Zeltscharte. (Auf dieser Scharte war im Sommer der »Elfer-August« gesessen.)

Von taktischem Wert war unter den drei Scharten bloß die Zeltscharte, da sie allein den Tiefblick auf den Sentinellapaß gestattete, der in der Luftlinie etwa 800 Meter entfernt war, während den beiden andern ein Felsgrat vorgelagert ist, der sich aus der Nordwand des Elfers loslöst. So wurden die Posten dort später wieder aufgelassen und nur die Zeltscharte besetzt gehalten, da man von da die Sentinella unter Feuer nehmen konnte. Ein Abstieg von ihr war aber ganz ausgeschlossen und der Posten oben war vorläufig nur Beobachter. Um keinen Preis durfte er sich sehen lassen, da sonst die Gefahr heraufbeschworen worden wäre, daß die Vorbereitungen des Unternehmens verraten würden. Alle Wachen waren zur Maskierung in weiße Schneeanzüge gekleidet. Überhaupt war der Tarnung aller Unternehmungen Lunellis besonderes Augenmerk zugewendet. Niemand durfte bei Tag vom Zsigmondygrat gegen den Elfer gehen, alle Transporte und Patrullen spielten sich in der Nacht ab. Die Spuren, die sie dabei im Schnee hinterließen, wurden mit Rutenbesen nachher wieder verwischt, so daß bei Tag die Schneefläche unberührt erschien. Jedes laute Wort war auf den Hochscharten verboten. Die Österreicher durften nicht wissen, was sich ober ihnen zusammenbraute.

Ein Wettersturz mit Schneestürmen und Kälte zwang Lunelli mit seinen 9 Alpini, das weitere Vordringen einzustellen und in der kleinen Baracke Zuflucht zu nehmen. Mehrere Tage blieben sie dort, von jeder Verbindung mit dem Zsigmondygrat abgeschnitten. Es sah recht kritisch aus, da schon nach kurzer Zeit der Brennstoff verbraucht war.

Endlich kam wieder besseres Wetter und es konnte weitergehen. In schwieriger Kletterei erreichte Lunelli den Zugang zu der Schneerinne, die knapp neben dem Südgipfel in einer Scharte endete. Nach harter Stufenarbeit kam er hinauf und sicherte den Zugang mit Seilen. Auf dieser neuen Scharte, die den Namen Hochscharte erhielt, wurde wieder eine Schneehöhle gegraben und mit Pelzschlafsäcken, Decken, einem Petroleumofen, Proviant, Handgranaten und Werkzeug ausgestattet. Später wurde auch ein kleiner Unterstand errichtet, der für 6 Mann Platz bot. Drei Mann blieben als Posten oben.

Der erste Ansprung war geglückt. Zum Nordgipfel schien es ganz nahe zu sein. Und doch, wie weit war es noch!

Gegen Ende Februar brach neuerlich mit elementarer Wucht die Wetterunbill über die Höhenstellungen, die jedes weitere Vordringen unmöglich machte und die Besatzung in ihren neuen, dürftigen Stellungen und schwachen Unterständen tagelang von jeder Verbindung mit dem Tal abschnitt. Freilich war die Lage nicht verzweifelt. Die Truppen waren glänzend mit Kälteschutzmitteln ausgerüstet, jeder Mann hatte seinen Pelzschlafsack mit wasserdichtem Überzug, reichlich Wollwäsche, Pelzstiefel und warme Decken, Lebensmittel waren im Überfluß vorhanden. Von Hungern und Frieren war keine Rede. Man verkroch sich in den Schlafsack und schlief die Tage und Nächte, wenn auch der Sturm pfiff und die Baracke ächzte. Den Feind brauchte man nicht zu fürchten. Über die senkrechten Ostwände des Elfers kam im Schneesturm auch der Teufel nicht.

Freilich war das Leben in dieser Höhe trotzdem kein Kinderspiel. Die kleinen Posten in den Schneehöhlen auf den Scharten waren am meisten in Gefahr. Darum wurden sie, nachdem der Schneesturm losgebrochen war, eingezogen.

Mit der Zeit aber setzte der Nachschub vom Giralbajoch aus. Mächtige Lawinen hatten alle Zugänge unpassierbar gemacht und

Panorama von der Rotwand (links) bis zum Zwölfer

wiederholt Alpiniabteilungen, die den Aufstieg versuchten, verschüttet und zurückgetrieben. Der Telefondraht war längst gerissen. Selbst aus dem Tal konnten die Maultierkolonnen nicht mehr zum Giralbajoch kommen, da die Straße von Auronzo von Lawinen verschüttet war. Die Schneehöhe war unheimlich gestiegen. Der kleine Unterstand für den obersten Posten auf dem Zsigmondygrat wurde eines Nachts von den Schneemassen buchstäblich begraben; am Morgen war von ihm nichts mehr zu sehen, nur der spitze Giebel hob sich als runder Buckel von der Schneefläche ab.

Auch die Mensola war abgeschnitten. Während Proviant reichlicher vorhanden war, begann es an Brennholz und Petroleum zu mangeln, so daß die Besatzung gezwungen war, zum Schneekochen Bestandteile des Unterstandes zu verbrennen.

Um jeden Preis mußte nun getrachtet werden, den Nachschub wieder in Fluß zu bringen. In Abständen gelang es, Material und Proviant vorwärts zu schaffen und den Höhen zuzuführen, von wo es zur Ausstattung neuer Stellungen abging, die noch weiter nördlich im Gratzug des Elfers lagen.

Lunelli hatte in diesen Tagen nach vergeblichen Versuchen, über die Westflanke durchzukommen, die ungeheuren Schwierigkeiten, die sich dem weiteren Vordringen entgegenstellten, gemeistert und über die Ostflanke einen Übergang zur nächsten Scharte rechts vom Nordgipfel gefunden. Der Weg dahin war äußerst ausgesetzt. Von der Hochscharte ging es erst 50 Meter steil abwärts, dann mußte die senkrechte Felswand, die 300 Meter tief in den Abgrund fiel, auf etwa 50

Meter waagrecht gequert werden — das schwierigste Stück trotz Seilsicherungen —, dann begann eine steile Schnee- und Eisrinne, die später mit Leitern leichter gangbar gemacht wurde; 50 Meter über diese hinauf und man stand auf der Da Basso-Scharte, 300 Meter über dem Sentinellapaß. Eine kleine Baracke, die halb in der Luft hing, halb im Schnee der Rinne steckte, wurde mit Seilen an den Felsen angemacht. Drei Mann hielten den Posten besetzt.

Noch eine zweite Scharte hinter dem Elfer-Nordgipfel wurde von Lunelli erreicht: die Salascharte. Sie lag etwa 50 Meter weiter und konnte damals nur von der österreichischen Seite erstiegen werden. Darüber hinaus erkundete Lunelli die Route für das weitere Vordringen über den Grat.

Damit war der schwierigste Teil der Elferbesetzung abgeschlossen. Trotzdem man ein gutes Stück weiter gekommen war, hatte man taktisch noch nicht allzuviel erreicht. Neben den großen alpinen Schwierigkeiten beim Zuschub über die äußerst ausgesetzten Anstiegswege wiesen diese neubesetzten Scharten noch andere Nachteile auf, die sie als Ausgangspunkte für den Angriff auf den Sentinellapaß ungeeignet erscheinen ließen. Vor allem waren sie sehr eng, nur ganz schmale Einschnitte im Grat, ohne Ausbreitungsmöglichkeiten für eine Ansammlung von Angriffstruppen und ohne Gelegenheit, Material hinter der vordersten Linie aufzuhäufen. Außerdem war der Sentinellapaß von ihnen nur unvollkommen zu beherrschen. Diese Gründe bewogen die Italiener, die Besetzung des Elfergrates noch weiter vorzutreiben, um sowohl einen besseren Einblick in die feindlichen Stellungen der Sentinella und der gegenüberliegenden Rotwand zu erreichen, als auch um einen leichteren Zugangsweg zu finden, der der Sicht des Feindes möglichst entzogen war.

Lunelli war abberufen worden, um die Angriffsgruppe auf Arzalpe für die bevorstehende Unternehmung auf den Barthgrat zu schulen; an seine Stelle trat Leutnant De Poi. Zunächst legte er einen gedeckten Zugang zur Salascharte an und erkletterte unterhalb des Nordgipfels einen Grateinschnitt, die De Poi-Scharte. Gegen das Bacherntal absteigend, erreichte er einen kleinen, der feindlichen Sicht entzogenen Felskessel, von dem aus, gegen Norden geschützt, einige kleine, nicht besonders schwierige Kamine zu einer bequemen Scharte leiteten, die dem Alpinikorporal, der sie zuerst betrat, zu Ehren Da Col-Scharte genannt wurde. Ein paar Meter weiter lag eine zweite, die Dal Canton-Scharte.

Taktisch lagen beide ausgezeichnet; sie beherrschten die Sentinella im Rücken, dazu den ganzen Barthgrat und die Hinterseite der Rotwand.

FLIEGERAUFNAHME
ROTWAND SÜDSEITE
SEXTENER DOLOMITEN SÜD-TIROL

Ein Abstieg feindwärts war wohl schwierig, aber immerhin möglich; zur Aufstellung der Sturmabteilung war genügend Raum vorhanden. So wählte Hauptmann Sala die beiden Scharten als Ausgangspunkt für den Angriff. Von hier sollte der Feuerangriff gegen die feindlichen Stellungen geleitet und der Abstieg auf den Paß unternommen werden. Der kleine Felskessel bot auch den besten Platz für die Anlage eines Unterstandes. Wegen der vielen Schneekavernen, die in den ersten Tagen der Besetzung den Alpini als Unterschlupf dienten, bekam er den Namen Kavernenkessel. Schon in den folgenden Tagen wurde ein großer Unterstand für einen halben Zug vom Zsigmondygrat herübergeschleppt, eine harte Arbeit über die Leitern und Felssteige! Alle mußten beim Transport mithelfen, trotz der mörderischen Kälte, die das Schuhleder an den Füßen gefrieren ließ und Händen und Ohren arg zusetzte. Doch es wurde geschafft. Ende März lagen 30 Mann auf dem Elfergrat und lauerten zur Sentinella hinunter.

Die letzte Scharte war erreicht. Die Österreicher hatten bisher noch nichts von dem drohenden Unheil ober ihnen gemerkt.

Während sich die Alpini auf dem eisigen Elfergrat in Höhen von 3000 Meter nach und nach gegen Norden vorarbeiteten, um von oben in die Tiefe zu stoßen, wurden beim italienischen Abschnittskommando in San Stefano die Vorbereitungen für den Sentinellaangriff von der 400 Meter tiefer gelegenen Arzalpe sorgfältig eingeleitet. Die bisher verhältnismäßig schwachen Stellungen auf Crestone die Popera wurden zu einem starken Stützpunkt ausgebaut und eine vorgeschobene Stellung am Fuße des Sasso Fuoco geschaffen, die dem Vortragen des Angriffunternehmens dienen, aber gleichzeitig im Falle des Mißlingens und eines feindlichen Gegenstoßes einen starken Rückhalt für die Verteidigung abgeben sollte. Metertiefer Schnee bedeckte das Gelände, so daß die Stellungsbauten unterirdisch ausgeführt werden konnten; ein System von Schützengräben, Maschinengewehrständen und Beobachterposten wurde in den Schnee gehöhlt, Unterstände errichtet, die 200 Mann fassen konnten. Dann gaben die reichgefüllten Magazine im Tal ihre Vorräte zur Ausstattung der Stellung her. Trägerkolonnen stiegen die gewundenen Wege von Selva piana herauf, die ausgebessert und verbreitert worden waren, und brachten Bretter und Balken, Stacheldraht und Schnellhindernisse, Berge von Munition und Lebensmitteln. Später pendelten ununterbrochen die Wagen der neu erbauten Seilbahn hinauf und hinab.

Der technischen Ausgestaltung galt die besondere Sorgfalt, namentlich der Ausbau des Telefonnetzes, das alle Stellungen von der Arzalpe über den Elfer bis zum Giralbajoch verbinden sollte, wurde mit Eifer betrieben. Vom Sitz des Armeekommandos in Auronzo gingen die Linien zum Abschnittskommando nach S. Stefano (rechte Gruppe) und auf das Giralbajoch (linke Gruppe). Vom Giralbajoch war der Draht bis auf den Zsigmondygrat gelegt und wurde mit der fortschreitenden Besetzung der Scharten im Elfergrat bis zu diesen äußersten Posten vorgetragen. Um aber das Zusammenarbeiten der Gruppen auf dem Elfer mit der Arzalpe zu erleichtern, ergab sich die Notwendigkeit, den Zsigmondygrat mit Sasso Fuoco zu verbinden.

Der Telegrafenoffizier Leutnant Gentili, der dem Unternehmen zugeteilt war, machte sich Ende März mit drei Alpini an diese Arbeit. Da die Wegstrecke in Sicht der Rotwand war, wartete er einen nebligen Tag ab, brach früh vom Zsigmondygrat auf und erreichte über die Zsigmondyscharte ohne besondere Schwierigkeit den Hängegletscher. Hier versuchten sie durch die Rinne am südöstlichen Ende des Gletschers tiefer hinabzusteigen. Seit zwei Tagen hatte es Schneesturm gegeben, viel Neuschnee war gefallen, der sich noch nicht gesetzt hatte. Trotz der großen Gefahr versuchten sie weiterzukommen. Kaum aber

Der Elfer-Nordgrat vom Vinatzerturm aus. Im Vordergrund der Barthgrat mit Sandsackbauten und kavernierten Postenständen der Italiener.
— — — Abstieg der Alpini beim Angriff auf die Sentinella.
ooo Die Besetzung des Barthgrates durch Lunelli beim Angriff.
.... Nächtlicher Aufstieg Lunellis zur Besetzung der Neuen Scharte;
= = Schneetunnel zur ital. Elferhang-Feldwache (★)
—.—.—.— Die Schneerinne, durch die der Alpino Coutandin abstürzte.

hatten sie den Abstieg begonnen, als vom oberen Ende der Rinne eine Lawine abbrach, sie verschüttete und bis ins Arzkar riß. Wie durch ein Wunder war ihnen nicht viel geschehen. Als die Lawine zum Stillstand kam, konnten sich alle vier selbst aus den Schneemassen befreien und stapften, wohl etwas zerschunden und ohne Pickel, die sie im Sturz verloren hatten, aber sonst wohlbehalten zu den Stellungen auf Creston di Popera.

Blick in das Comelico

Am nächsten Tag, an dem sich der Nebel verzogen hatte, konnte man im Arzkar die frischen Spuren sehen. Auch die Österreicher auf der Sentinella hatten sie bemerkt, ihnen aber, wie man später von den Gefangenen erfuhr, keine besondere Bedeutung beigemessen. Man war der Meinung gewesen, daß sie von einer italienischen Patrulle, die etwas weiter ins Arzkar vorgedrungen war, herrührten, und hatte an die Möglichkeit einer Verbindung zwischen Zsigmondygrat und Creston di Popera nicht gedacht. Doch waren die Italiener, die um jeden Preis vermeiden wollten, daß sich ihr Unternehmen vorzeitig verraten könnte, deswegen in Sorge und hatten verstärkte Wachsamkeit aller Posten angeordnet.

Nach ein paar Tagen stand Leutnant Gentili mit seinen Leuten wieder auf dem Zsigmondygrat und wiederholte den Versuch. Diesmal mit Glück. Der Schnee war sicherer geworden und so gelang ihm mit den schweren Trommeln des in Blei gefaßten Telefonkabels ohne Zwischenfall die Überschreitung des Hängegletschers und der Durchstieg durch die berüchtigte steile Schuster-Eisrinne, die mehr als 450 Meter lang ist und zu den längsten Schnee- und Eisrinnen der östlichen Dolomiten zählt.

So stand nun der Elfer auch mit der zweiten Angriffsgruppe in unmittelbarer telefonischer Verbindung. Vier optische Telegrafenstationen wurden noch auf dem Giralbajoch, dem Sasso Fuoco, dem Zsigmondygrat und auf Creston die Popera errichtet, auf dem Zsigmondygrat lag noch ein fünfter Ersatzapparat.

Ebenso wichtig wie die Anlage des Telefonnetzes war die Aufstellung von Beobachtern, von denen einer auf Creston die Popera, der andere auf Sasso Fuoco stand, während der dritte von der Zeltscharte aus mit seinem 45fachen Fernrohr die Rotwand und die Sentinella nicht aus den Augen ließ. Schließlich wurde noch ein tragbarer elektrischer Scheinwerfer nach Crestone di Popera gebracht, der von Sasso Fuoco aus die Sentinella ableuchten sollte und der später auf dem eroberten Paß eingebaut wurde.

Selbstverständlich war auch eine ausgiebige artilleristische Unterstützung für das Vorgehen der Infanterie vorgesehen. Zu diesem Zweck wurden nach Creston di Popera, wo schon früher ein 70-mm-Gebirgsgeschütz stand, noch 5 weitere Kanonen vom Kaliber 70 bis 87 mm gebracht und teils frei hinter Schutzschilden, teils in Kavernen aufgestellt. Aber nicht genug damit: auch auf den Elfergrat kam ein Gebirgsgeschütz, um in direktem Schuß die Rotwand und die Sentinella niederzuhalten. Es war ein 65-mm-Geschütz der Batterie Giralbajoch und kam, nachdem Hauptmann Sala und der Batteriekommandant die Stellung ausgesucht hatten, zwischen dem Zsigmondygrat und der Hochbrunnerschneid in 3000 Meter Höhe zu stehen. In nur 5 Tagen war der Transport beendet, die Munition untergebracht, ein Unterstand für die Bedienung erbaut.

In den Scharten des Elfergrates wurden zwei Maschinengewehre eingebaut, eines auf der Zeltscharte, das den Sentinellapaß frontal zu beschießen hatte und namentlich die Öffnung einer Schneekaverne unter Feuer halten sollte, das andere kam auf die Da Col-Scharte im Rücken der Sentinella- und der Rotwandstellungen, überdies ein kleiner Minenwerfer auf die Dal Canton-Scharte. Außerdem war vorgesehen, Rollbomben und Torpedos auf den Paß abzulassen.

Ende März wurde ein aus Alpini, Bersaglieri, Infanterie und Sappeuren zusammengesetztes Bataillon auf der Arzalpe für den Angriff zusammengezogen. Anfang April kam noch ein Zug Alpini zur Verstärkung Salas auf den Elfer.

Die letzten Vorbereitungen waren beendet. Ahnten die Österreicher wirklich nichts von dem drohenden Überfall?
Der Kampfabschnitt Fischleintal war ein stiller Kriegswinkel geworden. Nach den letzten Patrullengeplänkeln im Spätherbst hatte der Winter seine Schneedecke über die Stellungen bei Freund und Feind geworfen und fast jede kriegerische Tätigkeit erstickt. Lawinen und Kälte wurden der stärkere, unbarmherzigere Feind, der über die schwachen Besatzungen der Höhen und Scharten herfiel und sie in ihren dürftigen Stellungen an Leib und Leben stündlich bedrohte.

Noch aufreibender als früher war der Dienst der Wachen auf der Rotwand, der Sentinella, der Elferscharte geworden. Vollbepackt mit Verpflegung für mehrere Tage, mit Munition, dem eisernen Vorrat an Konserven, Decken und Mänteln am Rucksack aufgeschnallt, keuchten die Männer im tiefen Pulverschnee über die Anderter Alpe das weite Kar hinauf, das zum Sentinellapaß leitet. Viele Stunden dauerte der steile Aufstieg. Oben gabelte sich der Weg. Nach links zogen 10 Mann, um die Rotwandwache abzulösen, geradeaus stiegen zwölf die jähe Schnee- und Eisrinne hinauf, an deren höchstem Punkt die schmale Einsattelung der Sentinella lag. Im Zickzack, die Bergstöcke tief in den Berghang eingestoßen, der Hintermann in den Tritten seines Vordermannes, so schoben sie sich langsam in die Höhe. Wenn sie dann schweratmend endlich oben waren, die drückenden Lasten abgeworfen hatten, dann ging's ans Postenstehen, ans Schneeschaufeln, ans Holzmachen, an die ewig gleichbleibende, nie aufhörende Stellungsarbeit. Zwei Stunden draußen stehen in der scharfen Bergluft, das Gewehr vor sich auf dem Postenstand, die Augen hinausgerichtet in das Grau des Nebels oder das Dunkel der Nacht, vom Schneegestöber umweht, ankämpfend gegen die Müdigkeit und die Kälte, die durch Strohüberschuhe, Mantel und Windjacke drang, und doch hellhörig bei jedem verdächtigen Geräusch — dann vier Stunden in die Hütte auf die harten Pritschen zu bleiernem Schlaf. So war es Tag um Tag, Nacht um Nacht, endlos lang, bis wieder Ablösung kam.

Da war der Abstieg schon anders. Im Saus ging's die Schneerinne hinab, in raschen Sprüngen war das Kar durcheilt und die Retablierung begann. Sie begann mit Läusesuchen und Schlafen — einen Tag lang. Dann war es wieder aus. Jetzt ging das Bretterschleppen an, vom Tal hinauf bis zu den Stellungen, das Hochbringen der hunderterlei Bedürfnisse für die Höhenwachen; alles wanderte auf dem gebeugten Rücken der Soldaten hinauf, Dachpappe und Pfosten, Werkzeug und Nägel, Brennholz und Kohle, Munition und wieder Munition. Mehr Munition als Proviant. Fünf Tage dauerte diese Retablierung, lang genug, daß jeder froh war, am sechsten wieder nach Rucksack und Stutzen zu greifen und auf Wache zu gehen. So ging die Zeit dahin, nicht aufregend, aber aufreibend.

Das Fischleintal war ein stiller Kriegswinkel, ein braves Frontstück, das den Kommanden keine Sorgen und Ängste machte. Es war dort schon lange nichts los gewesen. So wurde es langsam zum Stiefkind, dem man nicht gerne und nicht oft etwas zu essen gibt. Mit dem, was sie hatten, mußten sich die Truppen behelfen, für ein Mehr hatten die Kommanden eine geschlossene Hand. Wozu auch? Es ging ganz gut auch so!

Niemand aber wußte draußen im Pustertal, daß die Postenhütte auf der Rotwand nur 60 Zentimeter hoch war und kaum zwei Mann recht darin Platz fanden. Selten kam ein Offizier hinaus, dessen Wort etwas galt. Die anderen schimpften und froren mit der Mannschaft.

Nach Neujahr 1916 schien es, als ob es anders werden sollte. Da kam in den ersten Jännertagen der Feldkurat Hosp mit dem Kadetten von Mörl auf die Rotwand, um der Brigade wegen der Unterbringung eines ständigen Artilleriebeobachters auf dem Gipfel zu berichten. Seitdem das Deutsche Alpenkorps im vergangenen Herbst die Dolomiten verlassen hatte, war dieser hervorragende Aussichtspunkt, der

Die Zugangswege zu den österreichischen Rotwandstellungen; das Schneefeld entspricht der Rotwandscharte, der höchste Punkt ist der Vinatzerturm

tief ins Italienische hineinschaute, vernachlässigt worden. Seine ganze Besatzung bestand aus zehn Mann, die 250 Meter unter dem Gipfelgrat in der alten Landsturmhütte hausten. Täglich ging von dort ein Doppelposten zur Spitze ab, der vom linken zum rechten Flügel hin- und herpatrullierte. Was er beim Feind beobachtete, mußte er sich gut merken, um es nach 24 Stunden dem Wachkommandanten zu melden, der es dann telefonisch ins Tal weitergab. Ganz oben unter dem Grat, an einen Felsen angebaut, lag die »Hundshütte«, die »Villa zum kalten Wint«, ein Verschlag aus dünnen, einwandigen Brettern, durch deren Fugen der Wind pfiff, 1,8 Meter lang, ebenso breit, beim Eingang 60 Zentimeter hoch, hinten 1,20 Meter. Das war der Unterschlupf für die Posten bei schlechtem Wetter. An Brennmaterial und Proviant war immer nur gerade das oben, was sich die Posten von unten mitgebracht hatten.

Von einem richtigen Beobachtungsdienst, der der Artillerie und Infanterie unschätzbare Dienste geleistet hätte, war keine Rede, es mangelte einfach am Platz für die Unterbringung dieses einen wichtigen Mannes, und bis zum Bau eines Beobachterstandes war es noch weit.

Man »behalf« sich also. Der Beobachter mußte sich in der engen Landsturmhütte einquartieren, kletterte früh hinauf zur Spitze und kehrte abends wieder »heim«.

Nicht weniger beengt war der Aufenthalt im Unterstand der Sentinellascharte. Auch dort war ein Zuwachs durch einen Mann ein vorläufig unlösbares Problem; wer tagsüber heraufkam, mußte sehen, daß er am Abend von der Stellung wieder Abschied nahm.

Trotz allem hielten die Posten die Augen offen. Schon Anfang Jänner wurden öfter Italiener zwischen dem Zsigmondygrat und der Hochbrunnerschneid beobachtet, gegen Ende Jänner ein zweites Geschütz auf der Arzalpe festgestellt, Trägerkolonnen und Materialtransporte gezählt. Den Zusammenhang mit dem in Vorbereitung befindlichen Unternehmen konnte man allerdings nicht ahnen.

Den Kampfabschnitt Fischleintal befehligte damals ein überaus tatkräftiger Offizier, der Landesschützenhauptmann Ludwig v. Scotti vom 3. Regiment, dessen Streben danach ging, aus der bisherigen Untätigkeit herauszutreten und auch die höheren Kommanden aus ihrer Gleichgültigkeit aufzurütteln und nicht erst zu warten, bis etwas geschehe, sondern eine aktive Verteidigung zu führen. Die vorläufige Beschränktheit an Mitteln und Truppen sollte durch persönlichen Einsatz jedes einzelnen wettgemacht werden; bei sich selbst machte Hauptmann Scotti dabei keine Ausnahme.

Der Kampf gegen die
Lawinen war fast so hart
wie der Kampf
Mann gegen Mann

In der Erkenntnis der Wichtigkeit, welche den Bergen um das Fischleintal für die ganze Pustertaler Front zukam, entwickelte er seinen Plan, außer der Rotwand auch den Elfer in die Hand zu bekommen, dessen Spitzen, wie man wußte, seit dem Einbruch des Winters von den Italienern verlassen waren. Seit dem Sommer 1915 war von den Österreichern auf dieser stolzen Dreitausenderhöhe, die weit hinter die Drei Zinnen und bis ins Drautal blickte, niemand oben gewesen. Den Sextener Bergführern aber, die dem Patrullenkommando zugeteilt waren, das die Höhenwache bestritt, waren alle Anstiege geläufig. Freilich konnte man nicht von heute auf morgen die Ersteigung vornehmen. Bei dem tiefen Schneebelag und den ganz unzureichenden Hilfsmitteln war an die Erkletterung von Norden über den langen Zackengrat nicht zu denken und auch von der Sentinella aus über die Ostwand war ein Versuch noch nicht zu wagen.

Der Plan aber war da, daß der Elfer erstiegen werden müsse. Wer aber wird den Wettlauf gewinnen? Wer wird früher oben sein, die Österreicher oder die Italiener?

Die Italiener hatten sich Anfang Februar wieder bei der Sentinella bemerkbar gemacht. Am 7. Februar näherten sich zwei Patrullen dem Paß links und rechts der Schneerinne, die ins Arzkar führt. Wenn auch der Sache keine übertriebene Bedeutung beizumessen war, gab sie doch zu denken. Sollten es die Italiener auf die Flanken des Passes abgesehen haben, um ihn einmal bei Nacht und Nebel von dort zu überfallen? Patrullen ins Vorgelände brachten allerdings keine Anhaltspunkte dafür. Die leeren Flanken waren aber der wunde Punkt dieser Stellung. Daher wurde ein Maschinengewehrstand oberhalb der Paßhöhe in den Felsen errichtet, der die Elferflanke bestreichen konnte, und die Gefechtsstellung in der Scharte selbst durch Sandsäcke und Schutzschilde verbessert, die Vergrößerung der Hütte ins Auge gefaßt.

Es war dringend notwendig, den Bau des Beobachterstandes auf der Rotwand zu beschleunigen. Die Raumschwierigkeiten für die Unterbringung der Bauarbeiter mußten in der Form überwunden werden, daß die Besatzung der Rotwandhütte vorübergehend vermindert wurde, um den Arbeitern den täglichen fünfstündigen Aufstieg von der Anderter Alpe zu ersparen. Was möglich war, wurde getan, trotzdem auf Schritt und Tritt Hemmschuhe gelegt waren. Fähnrich Dr. Unterkreuter, der Rotwandbeobachter, gab sein Letztes dabei her. Um die Mitte Februar hatte er sogar nach achttägiger Arbeit die Telefonleitung von der Spitze bis zur Haubitzbatterie auf den Rotwandköpfen gelegt und so die direkte Verbindung der Rotwand mit der Artillerie hergestellt.

Auch dem Elend bei der Rotwandbesatzung wurde an den Leib gerückt. Auf die Dauer war es ein unhaltbarer Zustand, diese wichtige Stellung von zwei Mann besetzt zu halten, die den ziemlich leichten Aufstieg von Feindesseite nur im obersten Teil und da auch nur bei klarem Wetter einsehen konnten. Die »Hauptbesatzung« durfte nicht länger mehr als eine gute halbe Stunde tiefer untergebracht sein. Bei einem Angriff wäre sie sicher zu spät gekommen! So wurde auch hier ein Plan ausgearbeitet, die Besatzung hinauf auf den Grat zu verlegen.

Der Gegner hatte sich ziemlich ruhig verhalten. Ein paar Artillerieschüsse auf die Sentinella und die Rotwand von der Arzalpe herauf waren etwas Alltägliches und brauchten niemanden beunruhigen. Auffallend war aber die emsige Bautätigkeit, die auf Crestone di Popera beobachtet wurde. Täglich rollte das Echo der Sprengschüsse herauf, man sah die Drahthindernisse wachsen, täglich wurden Materialzuschübe, Bretter tragende Arbeiterkolonnen auf der Arzalpe gesichtet. Sind das alles nur Wintervorsorgen?

Langsam, langsam ging das Bauen bei den Österreichern weiter, noch immer waren die Hüttenbauten kaum aus den Anfängen heraus. Vollends unterbrochen wurde jede Tätigkeit durch den gewaltigen Schneefall, der von Ende Februar bis Mitte März dauerte. Lawinen vom Elfer fegten die Hindernisse vor der Sentinella in die Tiefe, kaum waren neue ausgelegt, waren sie über Nacht im Schnee versunken oder weggerissen. Die Besatzung der Anderter Alpe hatte alle Hände voll zu tun, ihre Hütten auszuschaufeln und die Wege freizuhalten, die immer neu von Lawinen zugedeckt wurden. Zu den Höhenbesatzungen konnte tagelang kein Mensch gelangen, alle Verbindungen waren unterbrochen, die Telefonleitungen zerrissen.

In den nächsten Tagen kam das Unglück Schlag auf Schlag. Eine Riesenlawine vom Elfer stürzte vormittags über die Anderter Alpe und verschüttete und zerdrückte alle Hütten des Alpinen Detachements. Die Mannschaft, der glücklicherweise nichts geschehen war, mußte eiligst ins Tal abgezogen werden, das Gebirgsgeschütz, das oben in Stellung war, mußte hinter Felsblöcken versteckt zurückbleiben. Am Nachmittag des 5. März löste sich ober der Kommandobaracke des Kampfabschnittes, die in einem Seitental des Fischleintales stand, eine Lawine, stürzte über die Hütte und zertrümmerte sie. Drei Schwerverletzte und vier Tote lagen unter dem zerquetschten Gebälk, unter ihnen Hauptmann Scotti, die Seele des Kampfabschnittes, der einzige, der damals die Kraft und den Willen aufgebracht hätte, das kommende Unheil, das über der Sentinella schwebte, abzuwehren.

Erbarmungslos ging die Katastrophe weiter. Eine zweite Lawine fuhr auf die Anderter Alpe nieder, verschüttete sie nochmals und kam erst im Tal zum Stehen, wo sie drei Mann tötete und zwei verletzte; der ganze Schneesturz dauerte nur 8 bis 10 Sekunden. Von der Rotwandwiese, den Rotwandköpfen, überall rauschte, toste und brüllte es, kein Fleck im Fischleintal war mehr sicher. Und es schneite und schneite, als wolle es überhaupt nicht mehr aufhören. Alles war im Schnee versunken. Von den Besatzungen der Höhen wußte man nichts mehr.

Als am 11. März Major Sturm als Nachfolger Scottis den Kampfabschnitt übernahm, war die Lage beinahe verzweifelt. Seit dem 20. Februar waren die Höhenbesatzungen ohne Ablösung, ohne Proviantzuschub, im ununterbrochenen Kampf mit der entfesselten Natur, auf Schritt und Tritt vom weißen Tod bedroht. Man durfte sie aber nicht verlorengeben! Um jeden Preis mußte versucht werden, zu den Posten vorzudringen, aber es ging nicht. Immer wieder jagte der Schneesturm

Feldmesse für die Alpinitruppe auf der Forcella Popera

die Hilfsmannschaften zurück. Endlich am 14. und 15. kamen die Ablösungen durch und bezogen mit frischem Proviant für fünf Tage die Stellungen auf der Rotwand, der Sentinella und der Elferscharte, die kaum wiederzuerkennen waren.

Nach und nach, je mehr sich das Wetter besserte, kam wieder Leben in die im Schnee ertrunkene Front; zerstörte Baracken wurden abgetragen, an anderen, sicher scheinenden Punkten wieder aufgebaut, die Wege instand gesetzt, die Telefonleitungen neu gelegt, langsam arbeitete man sich wieder bis zu den Höhen vor, als ob sie frisch bezogen werden müßten. Unendlich viel kostbare Zeit war aber verlorengegangen und unwiederbringlich dahin.

Am 2. April stellten die Beobachter fest, daß der Elfer-Nordgipfel vom Feind besetzt war. Man hatte aber noch zuviel mit sich selbst zu tun, um über Gegenmaßnahmen schlüssig zu werden. Seit Scottis Tod war die Besitzergreifung des Elfers überhaupt in weite Fernen gerückt. Vorerst mußte der Rotwand aufgeholfen werden. Der bisher unbesetzte Hauptgipfel und der Barthgrat erschienen augenblicklich am wichtigsten; mit diesen zwei Punkten sollte die Postenlinie zur Sentinellascharte geschlossen werden, um wenigstens das Loch in ihrer linken Flanke zu stopfen.

Was sollen aber zehn Mann noch alles tun? Postenstehen, Schneeschaufeln, Lastenschleppen, Patrulle gehen, Wege bauen, bei Tag und Nacht arbeiten — bei allem guten Willen, es ging nicht rascher; es ging sehr langsam weiter! Was half es auch, wenn man noch so schuftete? Das Notwendigste fehlte und kam nicht herauf; so wurde man langsam gleichgültig. Die auf der Rotwand waren noch besser dran, die hatten ihren Fähnrich Unterkreuter, der, obwohl Artillerist, mehr bei den Leuten des Alpinen Detachements war als der eigene Kommandant, der im Tal saß. Aber bei den Sentinellaleuten war nicht die richtige Stimmung. Schon seit ein paar Wochen hatten sie in stillen Nächten merkwürdige Geräusche vom Elfer herunter gehört: hämmern, bohren und schlagen. Sollten die Italiener ober ihnen sein? Meldungen, die von diesen Beobachtungen berichteten, gingen zu den Vorgesetzten. Die nächsten Ablösungen hörten die gleichen Geräusche und wiederholten die Meldung an die Kompaniekanzlei.

Von dort geschah aber nichts zur Aufklärung. Es war wie ein Verhängnis. Immer unlieber gingen die Leute auf die Sentinella, als ahnten sie, daß sie auf verlorenem Posten standen.

Zur gleichen Zeit saßen drüben auf dem Toblinger Knoten die Standschützen vom Bataillon Innsbruck, unter ihnen Studenten der Akademischen Legion. Im Sommer 1915 waren sie im Sextener Abschnitt gewesen, manche unter ihnen hatten zur ersten Besatzung der Rotwand gehört und erinnerten sich noch gerne an das freie Leben der ersten Kriegsmonate, als die kleine Rotwandpatrulle und der »August« vom Elfer sich gegenseitig angeknallt hatten. Es war ein eiskalter Tag am 10. April, der Ostwind pfiff um die Ohren und hatte den Himmel grau mit hohen Wolken überzogen, doch waren die Berge nebelfrei. So richteten die Standschützen-Legionäre ihr Beobachtungsfernrohr auch hinüber zur vertrauten Rotwand, um die alte Hütte zu suchen, und drehten dann weiter zum zackigen Nordgrat des Elfer, der sich ihnen in seiner ganzen Länge darbot.

Jeder Felsturm ist zum Greifen nahe, auf und ab, wie die Schneide einer riesenhaften Säge folgen Zacken und Scharten. Da — was ist das? Ein Zelt auf einem schmalen Band, davor ein paar Alpini, fast lebensgroß, dahinter Strickleitern, Seile, Wege, am Grat seilen sich Italiener ab und verschwinden zwischen den Felsen, hinter dem Zsigmondygrat ein Unterstand, Telefonleitungen — was wollten die dort drüben? Das gibt eine schöne Meldung für heute!

Doch Standschützen nahm man als Soldaten nicht immer ernst. So wanderte die schöne Meldung mit der Stampiglie des Standschützenbataillons zum Abschnittskommando, wurde milde belächelt und verschwand in der Versenkung.

Verhängnis um die Sentinella!

Noch einmal sah eine neugierige Wache den Italienern hinter die Kulissen. Am 11. meldete Altstein, daß ein Weg vom Giralbajoch ins Innere Loch führt und von dort am Zsigmondykopf vorbei in die Elferwände leitet. Überdies wurden 100 Mann im Marsch im Inneren Loch gesehen. Hinter diesen Tatsachen vermutete man zuerst Angriffsabsichten gegen die Elferscharte, was ganz verständlich war. Es war aber auch nicht ausgeschlossen, daß der Gegner, das schöne Wetter ausnützend, damals eine größere Trägerkolonne als gewöhnlich gehen ließ. Ja, man dachte sogar an eine Unternehmung vom Elfer aus gegen die rechte Flanke der Sentinella; doch war man der Meinung, daß eine solche Aktion nur mit geringen Kräften durchgeführt werden könne.

»Durch Aufstellen eines Postens wurde dagegen schon Vorsorge getroffen.«

Die Rotwand schien im Augenblick wichtiger als der Elfer. Am 13. April meldete der Beobachter Fähnrich Unterkreuter, daß der Feind zwei neue Feldwachen von der Arzalpe aus vorgetrieben und sich in den südlichen Abstürzen der Rotwand festgesetzt habe. Die eine lag unweit der Kote 2358 (Sasso Fuoco) auf etwa 800 Schritt Schußlinie von der Sentinellascharte, zeigte Schußscharten, einen Schutzschild und weiter hinten einen kleinen Unterschlupf im Schnee; die zweite, noch näher den Abstürzen des Massivs, war direkt der Rotwandstellung zugewendet.

Da hieß es aufpassen. Vom Süden her bestanden für den Feind zwei Anstiegsmöglichkeiten, gegen eine Scharte knapp nordöstlich der Spitze, die durch einen Posten gesichert war, und gegen eine zweite, schmälere Scharte zwischen dem Hauptgipfel und der Sentinella. Diese war unbesetzt; zu ihr vorzudringen, war über die tiefverschneite, von senkrechten Wänden durchzogene Nordseite noch nicht möglich gewesen. Es sollte die nächste Aufgabe des Alpinen Detachements sein, den Weg zum Barthgrat zu erschließen und damit die Verbindung mit der Sentinella herzustellen. Wenn nur die Frühlingssonne dem Schnee hier besser zusetzen könnte, wie auf der feindlichen Südseite, die schon teilweise ausapert! Doch einstweilen war um die Sentinella nichts zu fürchten... Was wollen aber eigentlich die Italiener auf dem Elfer oben? Bloß sitzen bleiben und den Berg nicht aus der Hand geben? Oder haben sie es doch auf die Sentinella abgesehen? »Es ist ein undurchführbares Wagnis, jetzt im Spätwinter über den eisigen Firnhang abzusteigen«, erklärten ortskundige Bergführer. Damit ließen sich auch die Zweifler beruhigen, die an ein »Unmöglich« anfangs nicht glauben wollten.

Der Fähnrich Unterkreuter gab aber keine Ruhe. Am 13. April konnte er zwei Alpini in weißen Schneeanzügen am Elfer beobachten, wie sie, eine Last auf dem Rücken tragend, hinter einem Zacken beim Nordgipfel hervorkamen, an einem gespannten Seil eine Strecke querten und wieder hinter dem Grat verschwanden. Warum nur die Arzalpe so stark besetzt und ausgebaut ist? Bei hellichtem Tage sieht man die Italiener umhergehen, 10, 20 im Verlauf von ein paar Stunden, sieht, wie sie an einer Kaverne arbeiten, aus einer verdeckten Stelle Schutt und Erde in Tragkörben wegtragen und in der Nähe ausleeren. Auch im Inneren Loch ist viel Leben und Bewegung! Gestern fast 100 Mann, heute nachmittag 35, die vom Giralbajoch bergwärz wandern.

Was wollen so viele auf dem Elfer?

Der 13. war auch sonst ein lebhafter Tag. Gegen Mitternacht kam eine feindliche Patrulle vor die Feldwache auf der Rotwand. Mit Handgranaten und Infanteriefeuer schafften sich aber die fünf Mann wieder Ruhe. In der Morgenfrühe des 14. kam eine Patrulle bei der Sentinella zu Besuch, schoß ein paar Magazine aus und verschwand. Am 15. wiederholte sich der Spuk auf der Rotwand; noch in der Nacht und ein zweites Mal am Nachmittag versuchten Patrullen, die österreichischen Posten anzugehen.

Mein Gott, kleine Patrullengeplänkel, sagten die Kommanden. Nichts Besonderes.

Den nächsten Tag aber, es war Palmsonntag, der 16. April, ging der Tanz los.

Eine Stunde vor Mitternacht setzten sich am 15. April die 28er Alpini des Bataillons Fenestrelle gegen die Sentinella in Marsch. Von ihrer Ausgangsstellung beim Sasso Fuoco stiegen sie im Zickzack durch das steile Schneekar hinauf, ein Mann hinter dem anderen in langer Kette. Voran ging die Abteilung des Aspiranten Lunelli, der die Vorstöße am Elfergrat bis über den Nordgipfel hinaus ausgeführt und im März die Spezialschulung eines hochalpinen Zuges für den kommenden Angriff übernommen hatte.

Die Mannschaft war glänzend ausgerüstet und ausgebildet. Nächtelang hatte sie im verschneiten Hochgebirge Felsklettern und Seiltechnik, das unbemerkte Anschleichen im Schnee, den Überfall geübt und war in bester Form. Die kräftigen, gutgenährten Gestalten staken in weißen Schneeanzügen mit Kapuzen, trugen weiße Handschuhe und den Stutzen über die Schulter in weißem Überzug. Unter

Der Unterstand bei der
Da-Basso-Scharte
(Elfer-Nordgrat)

dem Schneeanzug war der Brotsack mit Handgranaten und Verpflegung. Geräuschlos schoben sie sich das Schneefeld hinan, bis die Spitze an der Ausmündung der Rinne stand, die von der Barthgrat-Scharte herabkam. Unter Führung Lunellis erkletterten zwei Züge vorsichtig die Felswand und besetzten in aller Stille den fast eben verlaufenden Barthgrat, die zwei anderen blieben am Fuß zurück.

Vom Elfer spähte man gespannt hinunter. Auf der Zeltscharte war das eine Maschinengewehr frontal gegen die Paßstellung eingerichtet, von der Dal Canton-Scharte lauerte das zweite. Ein kleiner Minenwerfer war in Feuerstellung auf der Da Col-Scharte. Zwei Züge Alpini standen bereit, um gleichzeitig mit dem Angriff von der Arzalpe und vom Barthgrat über den Firnhang des Elfers herabzusteigen und die Sentinella von der Flanke anzupacken. Bei Morgengrauen sah man endlich von oben die Alpini Lunellis auf dem Barthgrat — der erste Schritt war geglückt. Kurz darauf stieg beim Sasso Fuoco eine rote Leuchtrakete hoch und dann legte das Artilleriefeuer los. Was die

Rohre der sieben Geschütze hergaben, wurde auf die schmale Einsenkung des Passes gefeuert.

Der kleinen österreichischen Besatzung auf der Sentinella war die Nacht nicht recht geheuer vorgekommen. Immer wieder glaubten die Posten im verschneiten Vorfeld Geräusche zu hören, doch ließ sich im unbestimmten Grau der Nacht nichts ausnehmen. Nur ab und zu knallte ein Schuß. Da setzte mit Tagesanbruch schlagartig das Trommelfeuer ein, das im Nu den Laufgraben zerstörte und mit Schneebrocken ausfüllte.

Fast gleichzeitig peitschten die Garben der zwei Maschinengewehre vom Elfer herein und zwangen die Verteidiger, sich im geschützten Unterstand zu decken. Bloß ein Mann blieb zur Beobachtung draußen. Allmählich flaute der Hagel der Schrapnelle und Granaten ab — werden sie jetzt kommen? Aber die Alpini machten noch keine Anstalten vorzugehen und blieben in ihren Deckungen im Schnee und hinter den Felsen. Wieder setzte der Eisenhagel der Geschütze ein; wieder pfiffen die Maschinengewehre vom Elfer über die geduckten Köpfe. Die zwölf Verteidiger merkten, daß es Ernst wurde. Ein Splitter hatte die Wasserjacke ihres Maschinengewehres aufgerissen und

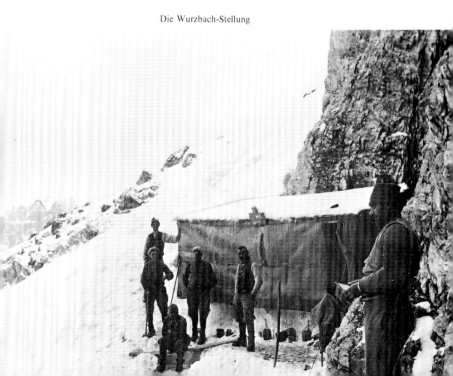

Die Wurzbach-Stellung

die Waffe unbrauchbar gemacht. Das Telefon war schon lange zerschossen. Kaum daß sie noch aus dem Unterstand heraus konnten. Woher kamen nur die Handgranaten von links herüber geflogen? Sollten die Alpini auch auf dem Barthgrat sein? Dann wird's harte Arbeit geben, gegen den Feind vorn, den Feind links und den Feind rechts!

In dieser Bedrängnis befahl der Wachkommandant dem Unterjäger Gratz, auf die Anderter Alpe hinunterzulaufen, um Munition und Verstärkung zu holen. Gratz fuhr die steile Eisrinne ab und setzte in großen Sprüngen, von den Schüssen der Gruppe Lunelli verfolgt, über das Schneefeld. Auf der Anderter Alpe alarmierte er ein paar Mann und stieg mit ihnen wieder gegen den Paß hinauf. Kaum hatten sie das Schneekar zwischen der Rotwand und dem Elfer oberhalb der Felsstufe, welche die Alpe nach oben abgrenzt, betreten, als sie vom Barthgrat gutgezieltes Feuer erhielten, das jedes weitere Vorgehen in dem offenen Gelände unmöglich machte. Es blieb ihnen nichts anderes übrig, als im Schnee Deckungen zu suchen, ebenso wie einer Ablösungspatrulle der Rotwand, die etwa 200 Schritt vor ihnen war und ins Kreuzfeuer vom Barthgrat und Elfer geriet. Untätig mußten sie zusehen, wie der Paß oben unter Feuer stand. Erst um die Mittagsstunde wurde es etwas ruhiger. Wie es wohl der Besatzung oben erging? Ob sie noch alle am Leben waren?

Das Schicksal der österreichischen Besatzung war aber besiegelt. Am Barthgrat war es Lunelli gelungen, sich so weit vorzuschieben, daß er den kleinen Unterstand, der unter der Paßhöhe an die Felsen des Elfers hingebaut war, unter gut gezieltes Gewehrfeuer nehmen konnte, so daß die Insassen im tiefsten Winkel der Baracke Deckung suchen mußten. Keiner wäre mehr lebend herausgekommen, jeder längere Widerstand schien nutzlos. Auch die beiden Züge des Leutnants Del Mastro hatten sich inzwischen zum entscheidenden Angriff entwickelt, kamen aber, da noch immer Widerstand geleistet wurde, nicht vorwärts. Um auf möglichst nahe Entfernung, ungesehen und ungefährdet an den Paß heranzukommen, gruben sie im Schnee einen Stollen, aus dem sie auf kürzeste Distanz überraschend vorbrechen wollten. Das Unternehmen mißlang aber, da der Tunnel viel zu hoch bei einem ungangbaren Felsen herauskam. Mittags schien endlich die Stellung sturmreif, der Widerstand erlahmt; ein letzter Sprung über die steile Schneehalde und die Alpini waren auf dem Paß.

Um $^3/_4 2$ Uhr nachmittags gehörte die Sentinella den Italienern.

Ein paar Minuten, nachdem Del Mastro den Paß besetzt hatte, sausten vom Elfer-Osthang die Alpini des Hauptmanns Sala in weißen Schneeanzügen herunter. An den obersten, steilsten Stücken unterhalb der Gratschneide hatten sie sich zunächst an langen Seilen, einer hinter dem anderen, herabgelassen. Dann setzten sie den Pickel ein und fuhren über die jähe Schneerinne wie eine Lawine auf die Sentinella hinunter.

Als die ersten Alpini in die Paßstellung eingedrungen waren, fanden sie im zerschossenen Graben einen Toten liegen, um ihn herum Handgranaten und verstreute Munition, von der Besatzung aber nichts. Erst nach einigem Suchen entdeckten sie ein paar Meter unter der Paßhöhe im Schnee den Unterstand der Verteidiger, die darin vor den Kugeln vom Barthgrat Schutz gesucht hatten. Für die 7 Mann gab es keinen anderen Ausweg, als sich zu ergeben. Drei waren noch im letzten Augenblick, als schon alles verloren war, ausgebrochen, über die Schneerinne hinuntergesaust und trotz des Verfolgungsfeuers

Blick aus einem Schußloch der Wurzbach-Feldwache auf die Sentinellascharte (Bildmitte) und den Barthgrat (links oben)

wohlbehalten auf der Anderter Alpe eingetroffen. Von ihnen erfuhr man die Einzelheiten des Angriffes*.

Etwa 800 Meter tiefer als die Sentinellascharte liegt die Anderter Alpe mit einigen kleinen Unterständen für die Mannschaften der Höhenwachen. Wegen der großen Lawinengefahr waren damals die Baracken geräumt und nur ein paar Mann zur Aufrechterhaltung des Telefondienstes zurückgeblieben. Wenn die Italiener weiter vorrückten, mußten sie hier herunter und konnten leicht durchbrechen, weil niemand da war, der sich ihnen in den Weg gestellt hätte. Zufällig hatten damals der Alpine Referent des Abschnittes Oberleutnant Skofizh mit dem Kommandanten der Weißlahnbatterie Oberleutnant Milla eine Aufklärungspatrulle gegen die Elferscharte unternommen. Vom Feuer der Alpini auf dem Barthgrat erfaßt, konnten sie über das offene Schneefeld nicht weiter vorgehen und mußten sich hinter den Felsblöcken decken. Als dann mittags die drei von der Sentinella geflüchteten Männer zu ihnen stießen, erkannten die Offiziere die drohende Gefahr und riegelten mit den wenigen zur Verfügung stehenden Leuten den Almboden gegen das befürchtete Vordringen der Italiener ab. Hinter Felsblöcken gedeckt, eröffneten sie ein langsames Plänklerfeuer gegen den Paß. Mehr konnte man im Augenblick nicht tun. Die Weißlahnbatterie mühte sich redlich ab, aus ihren zwei Feldschlangen Schrapnelle und Granaten gegen den Paß zu werfen, doch konnte man von den Flachbahngeschützen nichts Unmögliches verlangen. Bloß moderne Haubitzen hätten etwas ausrichten können. Aber die gab es nicht. Gespannt wartete man, was der Feind unternehmen würde.

Er unternahm nichts; er blieb auf dem Paß, auf dem Barthgrat, auf den Scharten des Elferkammes, knallte auf die Anderter Alpe hinunter, auf die Rotwand gegenüber und verkannte die Lage gründlich, in der sich die Österreicher befanden. In der Befürchtung eines Gegenangriffes richteten sie sich auf dem Paß zur Verteidigung ein und wandten ihr ganzes Augenmerk darauf, die eroberte Sentinellastellung zu halten.

Aber auch die Österreicher taten nichts. Sie konnten ganz einfach mit den paar Mann, die sie hatten, nichts unternehmen und waren froh, daß sich der Verlust der Sentinella nicht zu einem größeren Unglück der Sextener Front erweiterte. Denn auch die Rotwand stand auf sehr schwachen Füßen!

---

* Die im italienischen Generalstabswerk und dem Buch des Generals Venturi über die Eroberung des Sentinellapasses enthaltene Mitteilung, daß von der Besatzung 70 Mann flohen, ist unrichtig.

Brucknerscharte mit
Brucknerturm; das Band
in der Wand rechts ist der
»Weg« zum Nachtposten

Jede Kampfhandlung größeren Umfanges findet ihre Wertung bei Freund und Feind. Je näher der Zeitpunkt der Betrachtung zum Datum des Ereignisses hingerückt ist, desto einseitiger fällt sie aus, desto größer erscheinen die Vorteile für den, der sie errungen zu haben glaubt, desto geringer die Nachteile, die den andern treffen, je nach der Seite, von welcher die Meinung ausgeht. Was dem einen als Sieg der eigenen Waffen erscheint und als Niederlage des Gegners, mag für den Augenblick Geltung haben, wird jedoch im steten Fluß der Ereignisse, die ein Krieg mit sich führt, bald einer Umwertung unterliegen.

Die Eroberung des Sentinellapasses war ein Erfolg der Italiener*. Wie es bei Hochgebirgsunternehmungen nicht anders sein kann, war der glückliche Ausgang im Endergebnis weniger den Kommanden zuzuschreiben, deren Planlegung sich nicht mit Einzelheiten befassen

---

* Sogar der König von Italien kam am Tag nach der Eroberung des Passes nach Santo Stefano, um sich über den Verlauf des Unternehmens berichten zu lassen.

kann, als vielmehr den Kampfgruppen, die den Angriff durchführten und Überraschungen, wie sie der Bergkrieg zu Tausenden bringt, ihre Geistesgegenwart und Entschlossenheit entgegensetzten. Daß aber der errungene Erfolg nicht weiter ausgenützt wurde, daß die vereinigten Kampfgruppen der Italiener auf der Paßhöhe ihren Sieg feierten, statt ihn weiterzutragen, kämpfend in die Talniederungen einzubrechen und sich mit aller Macht auf die Rotwand zu werfen, daß das Sentinella-Unternehmen die Einzelhandlung eines beschränkten Kampfabschnittes blieb, der man außer dem örtlichen Gewinn keine größeren taktischen Folgen zubilligte — das war die schwache Seite der italienischen Kommandoführung. Das war aber gleichzeitig der Lichtpunkt für die Österreicher an dem schwarzen Palmsonntag des Jahres 1916.

Es geht um die Rotwand!

In die Tätigkeit der Kommanden im Pustertal war der Verlust des Sentinellapasses wie ein Donnerschlag gefahren. Niemand hatte an eine derart kühne Unternehmung von solchem Umfang gedacht, weder die Kommanden noch die Front — daß die Front sie nicht vorausgesagt hatte, das nahm man jetzt im ersten Schrecken höherenorts sehr übel auf. Die Front sollte die Fehler und Versäumnisse, die man ihr zur Last legte, wiedergutmachen!

Also Gegenangriff auf die Sentinella! »Artillerie sperrt die feindseitigen Zugänge. Ein Alpines Detachement führt von der Rotwandspitze aus den Hauptangriff gegen den Paß. Landsturmkompanien gehen vom Tal aus unter Artillerieschutz gegen ihn vor.«

Der Befehl der Brigade war kurz und bündig. Auf der Generalstabskarte gemessen, sahen die Angriffsräume gar nicht übermäßig groß aus. Von der Rotwand konnte man sogar in die Tiefe stoßen. Nur keine Zeit verlieren!

Am späten Nachmittag des 16. kamen auf die Anderter Alpe die ersten Verstärkungen — ein Landsturmbataillon, das Major Sturm, der Kommandant des Kampfabschnittes, selbst eiligst hinaufgeführt hatte. Die Landstürmer waren besser als nichts, aber ausgepumpt und abgehetzt wie sie waren, ließen sie sich, wo sie gerade standen, in den Schnee fallen, nur um das Gewicht der schweren Rüstung, die sie trugen, nicht mehr zu spüren. Mit diesen Leuten sollte der Gegenangriff gemacht werden? 800 Meter hinauf, über tiefen Pulverschnee, von dem sich die dunkeln Figuren wie auf dem Schießplatze abhoben! Und zum Schluß die steile Schneerinne! Da brauchten die Alpini wohl nicht mehr schießen! Mit Schneeballen konnten sie den ganzen Spuk abtun!

Major Sturm erkannte die Aussichtslosigkeit des Gegenangriffes und gab dem Kommando telefonisch einen ausführlichen Lagebericht. Alle Vorstellungen waren aber vergeblich, es blieb beim Befehl, das Kommando bestand auf dem Angriff. Da erklärte der Major, ein Offizier vornehmster Denkungsart, ein derart unsinniges Blutvergießen nicht überleben zu wollen. Er werde persönlich sein Bataillon zum Angriff führen und an der Spitze seiner Leute fallen. Doch es kam glücklicherweise nicht so weit. Die Vernunft setzte sich durch; eine sehr eindrucksvolle Beratung aller Frontoffiziere führte zu dem verantwortungsfreudigen Entschluß, den aussichtslosen Gegenangriff nicht durchzuführen und die ganz zwecklosen Blutopfer zu vermeiden.

Der einzige Gipfel, den die Italiener noch nicht hatten, war die Rotwand. Überall sonst liefen die österreichischen Stellungen auf halber Bergeshöhe oder ganz unten im Tal. Wenn jetzt die Rotwand auch noch fiel, der letzte Eckpfeiler der Sextener Front, dann sah es bös aus um den Kreuzbergabschnitt und um das Sextental. Wie auf einer Landkarte lagen die Waldstellungen rings um den Paß der Rotwand zu Füßen, jeder Weg, jeder Unterstand, jede Batterie war von oben eingesehen; die Kreuzbergfront zu halten, wäre unmöglich geworden. Mit einem Schlag war die Rotwand durch den Verlust der Sentinella zum Schlüssel des ganzen Abschnittes geworden. Die Rotwand durfte nicht fallen.

Nach der Eroberung der Sentinella sah es aber sehr kritisch auf dem einsamen Dreitausender aus. Zehn Mann waren die ganze Besatzung und die waren jetzt abgeschnitten, so daß sie nicht vor und nicht zurück konnten. Der bisherige Aufstieg, der von der Anderter Alpe heraufkam, ging ganz knapp unter der Sentinellascharte vorbei. Jetzt, wo die Alpini mit ihren Maschinengewehren oben saßen und ins Kar herunterpfefferten, konnte der Zugang von dieser Seite nicht mehr gewagt werden.

Einzig die Nordseite des Berges bot noch schußsichere Aufstiege. In steilen Karen, zerzackten Graten und jähen Schuttreißen baute sich hier der mächtige Berg von den Almböden der Rotwandwiese auf, tiefer, unberührter Schnee deckte die sonnenlosen Hänge. Wenn der alte Weg, abgesehen von zeitweiser Lawinengefahr, ziemlich harmlos war und nur ermüdendes Schneetreten verlangte, so stellte die Ersteigung von der Nordseite eine schwere alpine Aufgabe. Es blieb aber nichts übrig, der Berg mußte von dieser Seite angepackt werden.

Noch am Palmsonntag, als die Sentinella gefallen war, führte Oberleutnant Skofizh mit einigen Sextener Bergführern etwa 30 Landstürmer von der Anderter Alpe auf die Nordseite der Rotwand. Im metertiefen Schnee arbeiteten sie sich mit Schneereifen mühselig aufwärts, spurten die steilen Schneehänge, die von den Rotwandköpfen abfallen, bis zu den Wandabbrüchen hinauf. Aber senkrechte, vereiste Wände verwehrten den weiteren Aufstieg; einzig ein vereister, oben überhängender Kamin schien eine Möglichkeit, dort durchzukommen, zu bieten. Allein alle Bemühungen waren vergeblich. Die Finsternis, ein eisiger Sturm und die Übermüdung der Mannschaft ließ alle Anstrengungen in dieser Nacht scheitern.

Inzwischen war ein alter Bekannter vom Zinnenabschnitt nach Sexten herübergekommen, der aus guten und bösen Tagen die Rotwand kannte: der schneidige Feldkurat Hosp. Auch er war beim ersten

Vorstoß in die Nordflanke des Berges zurückgeschlagen worden, aber er ließ nicht locker und wiederholte tags darauf den Versuch. Die Aufstiegsrichtung war vorgezeichnet, Spuren im Schnee führten von der Rotwandwiese die verschneiten Schutthalden bis zu einem Wandabbruch empor, hörten aber dann auf: es war der Weg, den die Gruppe Skofizh am 16. eingeschlagen hatte. Wenn es gelang, die 40 Meter hohe Wandstufe zu erklettern, war der Weiterweg wohl noch gefährlich, aber nicht mehr allzu schwierig. Ein steiles Kar zog sich oberhalb weiter bis zu einem Gratrücken, der zur Kote 2673 leitete und den Übergang zum ehemaligen Geschützstand der deutschen Gebirgskanone, die im vergangenen Jahr dort oben gestanden war, wohl ermöglichte. Von dort zur Rotwandscharte war der Weg bekannt.

In diesen kritischen Tagen konnte Fähnrich Dr. Unterkreuter nicht fehlen. Auch er suchte nach einem Aufstieg auf die Rotwand, um die neue Telefonleitung zu legen, da die alte wegen der Nähe der feindlichen Sentinellascharte unbenutzbar geworden war. Bei der Burgstall-Stellung traf er mit Hosp zusammen, nach kurzer Besprechung beschlossen sie, den Aufstieg mit ihren Patrullen gemeinsam zu machen.

Recht mühselig war das Gehen, der tiefe Schnee und die schweren Lasten am Rücken ließen sie nur langsam höher kommen. Am späten Vormittag kamen sie zur Wand. Ein Kamin zog zur Rechten empor, dann gabelte er sich nach links in die freie Wand. Jetzt kam das große Fragezeichen: eine ausgebauchte, fast grifflose Stelle, die dachartig in das obere Steilkar überging und überklettert werden mußte. In allen Nischen und Tritten schillerte blankes Eis. Wird es gelingen?

Hosp geht voraus. Klirrend spritzt das Eis unter den Schlägen seines Pickels, Meter um Meter arbeitet er sich den Kamin hinauf, während Unterkreuter am Seil sichert. Endlich steht er vor dem Überhang. Keuchend sucht er nach Griffen, grimmig hackt er den Pickel in den Eisüberzug des Felsens. Umsonst! Er muß zurück! Nun versucht Unterkreuter seine Kräfte und klettert in die Wand hinaus. Wieder umsonst! Kleiner als Hosp, langt er nicht zum letzten Griff ober der bauchigen Wand. Aber der zähe Kurat läßt nicht locker. Es muß gehen! Wieder klammern sich seine Finger in die eisüberzogenen Kerben. Dezimeter um Dezimeter geht es höher. Wieder ist der Überhang da. Unterkreuter macht den Steigbaum, Hosp steht auf seinen Schultern, tritt auf seinen Kopf, schon hebt sich die Brust über den Block — aber er kann seinen langen, schweren Pickel nicht hochkriegen, um im harten Schnee ober sich die Spitze zu verankern. Die Fingerspitzen sind schon blutig aufgerissen, der Krampf packt ihn in den Füßen, in den Fingern — da bäumt sich noch einmal aller Lebenswille auf, ein

Drahtseilbahn von Bad Moos auf die Rotwandwiese; von dort ging eine Anschlußbahn auf die Rotwand bis zur Quote 2673 m

rascher Klimmzug, die blutige Hand bohrt sich tief in den Schnee, langsam kriecht der Körper nach. Die Wand ist bezwungen.

Das Folgende war nur mehr anstrengend, nicht mehr gefährlich. Unterkreuter kam am Seil nach, dann pendelten die Rucksäcke und Gewehre herauf und schließlich wurde die übrige Mannschaft aufgeseilt.

»Im Eifer der Arbeit haben wir ganz übersehen«, erzählt Hosp, »daß sich die Sonne längst hinter grauen Wolken verabschiedet hat, die uns bald umfangen und ihren Inhalt in großen, schweren Flocken auf uns ergießen. Die Uhr zeigt Mittag; die Wand hat uns also volle vier Stunden gekostet! Auch der Wind springt wieder auf und weht ganze Lagen des flaumigen Neuschnees von den Graten ober uns. Und wir stehen in dem steilen Kar ohne jeden Schutz vor einer Lawine! Sollen unsere Mühen heute umsonst gewesen sein und wir das Opfer wilder Naturgewalten werden?

Ich kann der Mannschaft die sehnlichst erwartete Konserve nicht erlauben, sondern gebe Befehl zum Aufbruch und pflüge selbst voran durch den Schnee in Spitzkehren gegen eine Gratsenke ober uns. Nur hin und wieder ist sie sichtbar, wenn der Wind die Schneefahnen peitscht, dann schließt sich wieder der graue Vorhang. Immer stärker wird der Schneefall, es tobt, wie eben nur Frühjahrsstürme in den Dolomiten toben können. Was hilft hier ein Überlegen! Jede Lawine muß uns rettungslos zu Tal reißen. Also vorwärts, aufwärts! Aber der Schnelligkeit sind Grenzen gesetzt durch die Ermüdung der Leute. Stunde um Stunde verrinnt im eintönigen Schneestapfen. Endlich treten kleine Felsstufen aus dem Schnee hervor, das Schotterbett des Kares verschwindet und in kurzem Zickzack geht es zur Gratsenke.

Die Mannschaft kommt nur mehr sehr langsam nach. Die Lawinengefahr ist vorüber, aber nun faßt uns auf dem freien Grat der Sturm. Auch hier können wir ans Essen nicht denken, in 20 Minuten seien wir im Pfeifferkar, lüge ich den Leuten vor. Es dauert zwar länger, aber die Mannschaft taucht wieder an, Schritt für Schritt geht es den steilen Grat hinauf, bis er sich mählich verflacht und in eine Art Mulde übergeht: das Pfeifferkar. Einsam ragt aus der Schneewüste die Telefonstange des Artillerieunterstandes hervor, die die Lage der Hütte andeutet. Aufatmend werfen wir alle die Rucksäcke und Gewehre in den Schnee, treten mit den Füßen einen Graben und formen aus Schnee mit den Händen Windschutzmauern. 4 Uhr nachmittags ist es geworden; jetzt schmeckt uns das Essen!

Auch das Wetter hat ein Einsehen, der Sturm hat ausgetobt, einzelne Nebelfahnen hängen an den schneeglitzernden Wänden, von der Abendsonne rot überhaucht: ein zauberisches Bild!

Aber der Wettergott kann es uns heute nicht recht machen! Gerade jetzt hätten wir zum Weitermarsch Nebel gebraucht; der Elfergipfel aber schaut, vom Winde blankgeputzt, in märchenhafter Pracht zu uns herüber und von ihm aus die Alpini mit ihrem Maschinengewehr!

Es blieb nichts übrig, als den Schutz der Nacht abzuwarten, die bald kommen mußte. Zuerst versuchte ich allein, in den Schnee des Schuttbandes, das zur Rotwandscharte hinüberleitet, eine tiefe Spur zu treten, damit die Querung rasch vonstatten gehe. Aber die Dunkelheit und das haltlos steile Gelände ließen mich bald zurückgehen. Wir mußten warten, bis der Vollmondschein das Wegstück traf, dann nahm ich zwei Mann ans Seil. In langem Gänsemarsch gingen wir vorsichtig vor, ich an der Spitze, Unterkreuter zum Schluß.

Wir hatten etwa ein Drittel des Querganges hinter uns, als plötzlich das Maschinengewehr vom Elfer zu spielen begann. Offenbar hatten sie uns von dort trotz der Schneemäntel im Vollmondlicht erspäht. Da, ein kurzer, unterdrückter Schrei hinter mir, ich wende mich rasch um und sehe einen Mann mit seiner Rüstung rücklings über den Schnee abgleiten und nach ein paar Metern im 400 Meter tiefen Abgrund verschwinden.

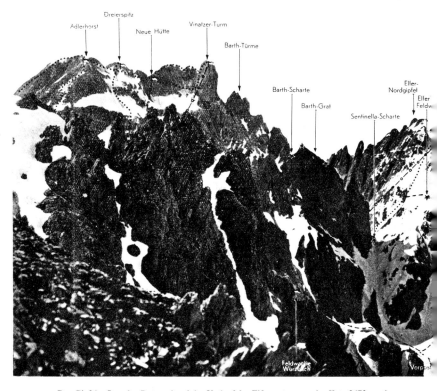

Der Gipfelaufbau der Rotwand und der Verlauf des Elfergrates, von der Kote 2673 gesehen.
Eingezeichnet: ⚑ die österreichischen Posten, ★ die italienischen Posten, ... Zugangswege und Klettersteige, — — — Schneetunnels, = = = gebohrte Felsstollen, O-O-O Drahtseilbahnen.

Die Wirkung dieses Zufallstreffers auf die Mannschaft war furchtbar, ein Angstschrei nach dem andern drang an mein Ohr. Da hieß es sofort handeln. Ich band mich vom Seil los, ließ halten und suchte nach einem Platz, um die schweren Rüstungen der Leute dort aufzustapeln. Unter einem vorspringenden Felsen hatte der Sturmwind ein Loch ausgeweht, da hinein warf ich die Rucksäcke, die ich den Leuten der Reihe nach abnahm; sie mußten unbedingt gerettet werden, da sie den Proviant für die fast abgeschnittene Rotwandmannschaft enthielten. Dann befahl ich, vorsichtig, das Gesicht zum Hang, Schritt für Schritt vorzugehen und hackte selber aus Leibeskräften an der Spitze tiefe Stufen in den harten Schnee. Unendlich langsam ging es, doch hörte man die feindlichen Kugeln immer ferner pfeifen.

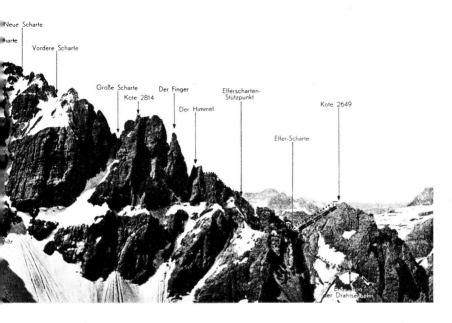

Aber horch! Sind das nicht Stimmen? Ich rufe. Vier Bergführer kommen uns von der Landsturmhütte entgegen, die die Schreie gehört hatten. Ich war froh wie eine erlöste Seele, als ich die Leute am Bergführerseil wußte und bald die Hütte sah. Die Bergführer holten sogleich die abgelegten Rucksäcke. Und dann begann ein lustiges Kochen.

Noch eine spannende Erwartung: das Telefonkabel! Hat es vielleicht eine Lawine im Kar abgerissen? Fähnrich Unterkreuter hängte den alten, vom Feind gefährdeten Draht ab und verband den Apparat mit dem neuen, den er gelegt hatte.

»Hier Landsturmhütte! Hört ihr was?«

»Ja, tadellos, hier Artilleriebaracke Schellaboden.«

»Hurrah, die Leitung funktioniert!«

Gott sei Dank, die Rotwand hatte wieder mit dem Tal Verbindung! So rasch als möglich galt es, den neuen Weg auszubauen, den Kamin mit Leitern gangbar zu machen, Seilsicherungen zu legen, um

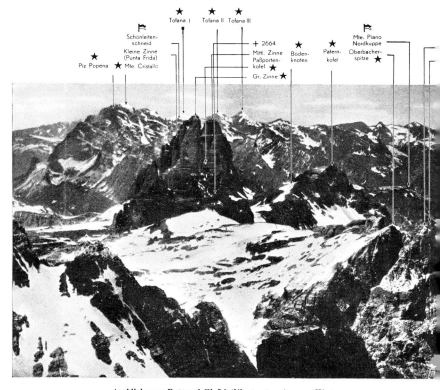

Ausblick vom Rotwand-Gipfel (Vinatzerturm) gegen Westen.

Links im Vordergrund ein Ausschnitt des Elfer-Nordwestgrates (Vordere Scharte und Kote 2814); im Vordergrund der Mitte das Altsteintal. — Der anschließende Frontverlauf gegen Südwesten ist durch die Kennzeichnung der in der Front liegenden Berge mit den Zeichen ⚑ (Österreicher) und ★ (Italiener) veranschaulicht.

den Verstärkungen, die der Rotwand zugewiesen wurden, den Aufstieg zu erleichtern.

Die Kommanden hielten noch immer an ihren Angriffsplänen gegen die Sentinellascharte fest. Jetzt gab es plötzlich Leute genug für die Rotwand. Hundert Mann sollten vom Burgstall aus aufsteigen und den Gegenangriff machen. Was verschlug es, daß oben nur für 10 Mann Unterkunft war, daß die andern in Schneelöchern biwakieren mußten? Im Gegenangriff würde ihnen schon warm werden!

Einstweilen waren aber immer noch die Italiener die regeren. Im Zuge der Sentinella-Unternehmung hatten die Alpini zwei Felsscharten in den Südabstürzen der Rotwand besetzt, die die ziemlich leichte

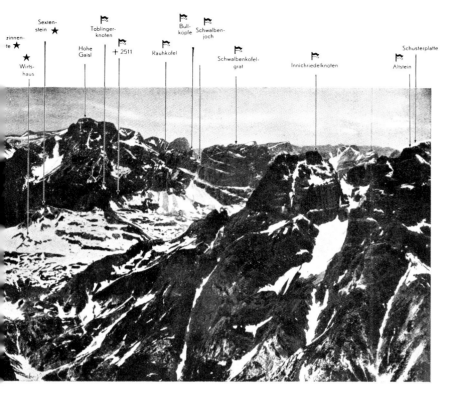

Anstiegsrinne aus dem Arzkar rechts flankierten*. Die Anstiegsrinne zieht sich, oben etwas schmäler werdend, hoch hinauf bis in einen Felskessel unter dem Gipfelgrat. Kurze Schutterrassen und leichte Felsen führen von dort auf den Grat.

Diese Rinne wählten die Alpini am 17. April zum Angriff. Leutnant Calvetti ging mit acht Mann von der B-Scharte aus und hielt sich im Aufstieg ganz knapp an den Felsen rechts. Er hatte schon die große Rinne hinter sich und kletterte jetzt lautlos die kleinere Rinne unterhalb des Felsturmes höher, der später den Namen Sildturm (Torre Trento) bekam. Ein gefrorener Wasserfall versperrte aber den Weiterweg; so mußte er nach links ausweichen und kam ohne Deckung in die Felsen. Aber da hatte ihn schon der Rotwandposten erspäht. Ein Schuß — Leutnant Calvetti ist ins Bein getroffen, ein Alpino stürzt ab; von den Kugeln und Handgranaten der Verteidiger verfolgt, ziehen

---

* Die neuen Wachen erhielten von den Italienern die Namen B-Scharte und C-Scharte. Die Österreicher nannten sie Arzkarfeldwachen.

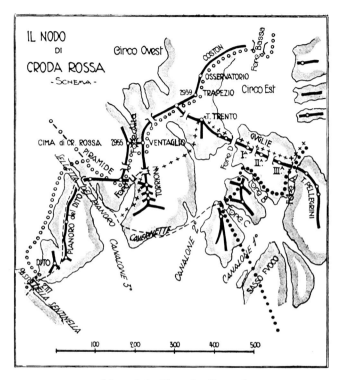

Schematische Karte der Rotwand
aus dem italienischen Werk „Guerra per Crode" von Giov. Sala und Antonio Berti.
..... Die italienische Front vor der Besetzung der Sentinellascharte (16. April 1916).
— — — .... Die italienische Front nach der Besetzung der Sentinellascharte.
— — — + + + Die italienische Front im August 1916. o o o o Die österreichische
Front vor dem 16. April 1916. o — o — o o o o Die österreichische Front nach dem
16. April 1916.

Übersetzung:

Canalone 1, 2, 3 = Anstiegsrinnen 1, 2, 3
Cavernette = „Höhlen", ital. Stellungskommando
Cima di Croda Rossa — Vinatzerturm (Polar)
Circo Ovest = Rotwandscharte
Coston = Nordost-Grat
Dito = Betende Moidl
Forc. (Forcella) Alta = Polarscharte
Forc. B = linke Arzkarfeldwache
Forc. Bassa = Brucknerscharte
Forc. C = rechte Arzkarfeldwache
Forc. D = Besoffene Feldwache

Forc. U = U-Scharte
Guglie = Nadelgrat
Osservatorio = Adlerhorst
Passo della Sentinella = Sentinella-Scharte
Pianoro del Dito = Barthgrat
Piramide = Barthtürme
Selletta del Pianoro = Barthscharte
T. (Torre) Trento = Sildturm
Torrioni = Südturm
Trapezio = Dreierspitz
Ventaglio = Spitzengrat.

sich die andern eiligst zurück und landen, über Geröll und Schnee rutschend und kollernd, zerschlagen und zerbeult im Arzkar.

Erreicht hatten sie nichts. Sie hatten nur dazu beigetragen, den österreichischen Kommanden zu zeigen, daß es jetzt auch bald der Rotwand an den Kragen gehen würde.

Am 18. April kam nach mühevollem Marsch ein Alpines Detachement von fast hundert Mann mit mehreren Offizieren auf die Rotwandscharte*. Da es keine Unterkünfte gab, gruben sie sich im tiefen Schnee Höhlen und vermachten sie notdürftig mit Zeltblättern. Dann wurden die Angriffsmöglichkeiten gegen die Sentinellascharte erkundet. Der Hauptgipfel der Rotwand war bisher noch nicht besetzt. Der Standschützenleutnant Goller, der mit Sepp Innerkofler im vergangenen Sommer manche Patrulle mitgemacht hatte, erkletterte ihn über verschneite Bänder und steile Rinnen und konnte von ihm auf den Barthgrat herunterblicken, der seinen ebenen Schneerücken fast 200 Meter tiefer unten ausstreckt. Aber wie konnte man dorthin gelangen? Senkrechte Wände brachen vom Gipfelturm in tiefe Felsscharten ab, dann zackten wieder neue Dolomitentürme mit lotrechten Wänden hoch, um sich neuerlich in schmale Scharten niederzusenken. Eine Klettertour ersten Ranges für den Sommer, wenn die Felsen nicht eiskalt waren, daß die Finger in den Griffen erstarrten, eine Klettertour für erprobte Alpinisten, die mit dem leichtesten Gepäck Stunden erforderte. Und hier sollten hundert Mann in schwerer Rüstung zum Gegenangriff vorgehen? Bei Tag wurden sie vom Elfer wie die Fliegen abgeschossen, bei Nacht und Nebel stürzten sie auch ohne Schuß zu Tode!

Wußte überhaupt jemand vom Kommando, der den Angriff befahl, wie es hier oben aussah?

Während die Männer auf der Rotwand in ihren Schneelöchern froren, die orkanartigen Stürme, wie sie die Frühjahrswende bringt, um die Grate und Felstürme sausten, während die Italiener ihre eroberte Stellung fieberhaft ausbauten und ihr Artilleriefeuer von allen Seiten immer stärker auf die Rotwand legten, spielte der Draht zwischen der Front und dem Kommando im Pustertal, gingen Meldungen und Berichte ab, in denen das Wort »unmöglich« mehr als einmal vorkam. Den Worten der berggewohnten kampferprobten Männer von der Front mußte das Kommando schließlich doch Glauben schenken. All-

---

* In der Nacht vom 16. auf den 17. April war es einer Standschützenpatrulle gelungen, noch auf dem alten Weg an der Sentinellascharte vorbeizuschleichen und die Rotwandscharte zu erreichen. Die Besatzung betrug im ganzen 22 Mann.

mählich wurde es stiller um den geplanten Gegenangriff. Der Akt wurde zu den andern Akten gelegt, um vielleicht später fröhliche Auferstehung zu feiern.

Augenblicklich galt es, der Rotwandbesatzung das Leben auf dem schneestarrenden Berg zu ermöglichen, und Proviant war das erste, was dringend not tat. Am 19. April führten Oberleutnant Skofizh und Feldkurat Hosp eine Trägerkarawane von 20 russischen Kriegsgefangenen hinauf, Russen aus der Tiefebene, gutmütige Kerle, aber elend ausgerüstet und bekleidet.

Bis zum Kamin, in dem bereits ein Kletterseil hing, ging es ganz gut; als aber die Russen vor der senkrechten Wand standen und die ersten angeseilt werden sollten, entstand eine richtige Meuterei. Da half aber kein Mitleid. Der erste wurde zum Aufziehen fertig gemacht, während ihm ein Wachsoldat das geladene Gewehr vor die Brust hielt, Hosp kletterte den Kamin hinauf und zog den Mann mit Leibeskräften hoch. Unter Stöhnen und Gebeten, vom Angstschweiß patschnaß, schwebte der Russe langsam in die Höhe. Endlich stand er oben neben dem Kuraten, der ihm aufmunternd die Schulter klopfte: »Dobro! Dobro!« Da verzog sich das breite Kalmückengesicht zu einem Lachen. Es war doch nicht gar so gefährlich, wie es ausgesehen hatte!

Mancher aber bekam es doch mit der Angst zu tun, wenn er aufgehißt wurde und keinen Boden unter sich spürte. In der Luft schwebend ging er in die Knie, betete mit gefalteten Händen zur heiligen Mutter Maria und jammerte dazwischen: »O Gospodin Obalaitant, kapute, kapute!«

Aber auch das ging vorüber. Glücklich waren alle samt den Traglasten aufgeseilt und der Aufstieg im Schneekar begann. Auf dem Seitengrat durften sie rasten und legten das Gepäck neben sich in den Schnee. Da gab einer der Gefangenen, der einen Schwarmofen trug, seinem Rucksack einen kleinen, unauffälligen Stoß, daß er in tollen Sprüngen über die Wände sauste. Die andern zeigten nicht übel Lust, das Beispiel nachzumachen. Jetzt mußte man Ernst zeigen. Dem Kleinsten wurde sein Gepäck abgenommen und dem trotzigen, starken Kerl aufgeladen. Vor dem Gewehrlauf des Wachsoldaten, der ihn nicht aus den Augen ließ, mußte er nun weitergehen. Nachmittags war das Pfeifferkar erreicht. Die Besatzung hatte wieder genug zu essen!

Die nächste Sorge galt dem Berg. Es durfte nicht mehr so wie bisher bleiben, daß auf dem ganzen Gipfelgrat nur zwei Posten saßen, daß die verhältnismäßig leichten Anstiegsrinnen der feindlichen Seite nicht ständig beobachtet blieben; es war auf die Dauer unhaltbar, daß der Hauptgipfel, der den Grat um 25 Meter überhöhte und flankierte, un-

Die Ostflanke des Elfers

besetzt war, es war auch nicht mehr zu verantworten, daß die Rotwand als Stellung sich selbst überlassen blieb. Sie mußte enger in die Verteidigung der Sextener Front eingebaut werden, nicht, um ihr zu helfen, wenn es einmal losgehen sollte, sondern um den Wert des Berges der übrigen Front nutzbar zu machen. Die Rotwand war das Auge, das kilometerweit in die Anmarschtäler Italiens hineinschaute, dem nichts entging, was der Feind im Umkreis unternahm. Die Rotwand war der Wächter der Sextener Front, der nicht von seinem Platze weichen durfte.

Die Rotwand war der letzte Berg im Abschnitt, den die Italiener noch nicht hatten.

So ging man nun daran, die Rotwand wehrhaft zu machen. Mannschaft war genügend da, die Offiziere schneidig und zielbewußt. Die Kommanden machten wieder freundliche Gesichter und die Magazine in der Etappe öffneten ihre Tore.

Schon wenige Tage nach dem Fall der Sentinella war es eine beschlossene Sache, einen Minenwerfer, Musketen und sogar ein Gebirgsgeschütz auf die Rotwand zu stellen; Sappeure und Pioniere arbeiteten am Leiterweg des Russenkamins, stellten Baracken zusammen, begannen den Boden zu sprengen und zu ebnen, wo die neuen Unterkünfte erstehen sollten. Unter dem Druck der Verhältnisse ging es wirklich vorwärts, trotzdem der Nachwinter mit beißender Kälte und wilden Schneestürmen mächtig einsetzte. Im wütenden Orkan war es unmöglich, auf dem neu besetzten Hauptgipfel zu verweilen; bloß stundenweise kam der Doppelposten vom Spitzengrat herüberpatrulliert und erst einige Tage später gelang es, ein Polarzelt aufzuschlagen, unter dem die Besatzung (anfangs vier Mann) Tag und Nacht über verblieb.

Auch der Minenwerfer machte seine Reise auf die Rotwand zweimal. Das erstemal fuhr er in einer Lawine wieder zu Tal, mußte gesucht und ausgegraben werden. Schließlich landete er doch auf dem Gipfel. Rascher war das Gebirgsgeschütz oben. Es bezog die gleiche Stellung bei Kote 2673, die das deutsche Geschütz im Vorjahr eingenommen hatte, und war am 28. April feuerbereit.

Freilich stand die Stellung noch immer auf sehr schwachen Füßen. Die Mannschaft lag noch zum Großteil in Schneehöhlen oder biwakierte in Zelten, und es war ein Wunder, daß das feindliche Artillerie-

Kaverniertes Gebirgsgeschütz auf Quote 2673

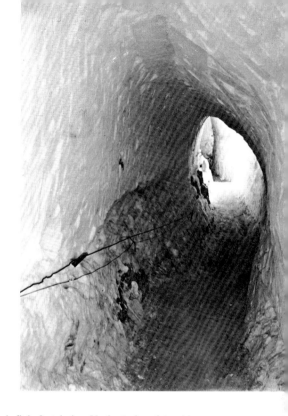

Die Postenstände konnten
oft nur durch Schneetunnels
erreicht werden

feuer, das zeitweise stark einfiel, fast keine Verluste brachte. Aber es kam jetzt System in den Aufbau, wer jetzt auf der Rotwand stand, wußte, daß er nicht mehr auf verlorenem Posten war.

Die Italiener hatten inzwischen mit der ihnen eigenen Raschheit den Sentinellapaß ausgebaut. Sechs Tage nach der Eroberung stand schon eine Gebirgskanone oben, die von 60 Mann in einer Nacht von der Arzalpe hinaufgeschafft worden war. Im Schnee wurden Schützenstellungen angelegt, ein dicker Sandsackwall mit stählernen Schutzschilden zog sich quer über die Paßhöhe und ein Stück gegen den Elfer hinauf, eine dreifache Hindernisreihe mit Tretminen davor schützte vor einer Überrumpelung. Die Unterstände für die Mannschaft setzte man hinter die senkrechten Wände der »Betenden Moidl«, wo sie für das Artilleriefeuer nicht erreichbar waren. Später bohrte man die Felsen an und sprengte querdurch einen Stollen für das Gebirgsgeschütz, das bald gegen die Rotwand, die Anderter Alpe und ins Fischleintal zu schießen begann; für die Besatzung erstellte man eine größere Wohnkaverne. Auch der Scheinwerfer, der an der Sentinella-Unternehmung teilgenommen hatte, war bald auf der Paßhöhe eingebaut und suchte mit seinem Lichtkegel neugierig die Anderter Alpe und die Zugangswege zur Rotwand und zur Elferscharte ab.

Mitten auf dem Elfer-Osthang setzten sich die Italiener mit einer Feldwache fest, um die linke Flanke der Paßstellung überhöhend besser zu schützen und allfälligen feindlichen Patrullen das Loch zwischen der Sentinella und der Elfer-Nordspitze zu verrammeln. Überall kläfften ihre Maschinengewehre aus den dicken Sandsackbauten heraus, sobald sich drüben auf der Rotwand etwas zeigte. Wenn dann einmal das österreichische Gebirgsgeschütz mit ein paar Granaten dreinfuhr, daß die Sandsäcke flogen, so verschlug das den Alpini nicht viel. In der nächsten Nacht schleppten sie wieder Schanzkörbe und Schutzschilde herbei und am Morgen zeigte sich die Sandsackburg den Blicken der Österreicher noch viel stärker als früher.

Systematisch arbeiteten sich die Italiener auf dem Nordgrat des Elfers vor. Von der Dal Canton-Scharte ausgehend, besetzten sie die Fünfzehner-Scharte, eine taktisch ausgezeichnete Stellung, die noch tiefer im Rücken und der Flanke der Rotwand lag als alle bisherigen und die Bewegungsfreiheit der Österreicher auf ihrem Berg empfindlich störte. Nach und nach wurde sie zu einem starken Stützpunkt ausgebaut, in dem auch der Artilleriebeobachter saß, der mit seinem Fernrohr bis zum Bahnhof von Innichen hinunterspähen und die Zahl der täglich vorbeifahrenden Züge genau melden konnte.

Eine alpine Glanzleistung der Italiener war die Aufstellung eines Gebirgsgeschützes und eines großen Scheinwerfers auf der Fünfzehner-Scharte. Wenn man die Schwierigkeit des Weges vom Sentinellapaß aus kennt, die steilen, mit Eis durchsetzten Rinnen, die fast 250 Meter hoch zum Kamm ansteigen, dabei bedenkt, daß der Transport bei Nacht mit außergewöhnlicher Schnelligkeit durchgeführt werden mußte, weil er bei Tag ungedeckt war und zielsicher von der Rotwand hätte beschossen werden können, wird man diesem Unternehmen seine Bewunderung nicht versagen.

Am Elfergrat war ein langes Seil befestigt, das bis zur Sentinellascharte hinunterhing. 60 Infanteristen und einige Artilleristen waren bereitgestellt. Unter den Kommandorufen des Offiziers ging ruckweise Rohr und Lafette höher; mit einer Hand hielten sich die Leute am Seil, mit der anderen zogen sie an den Stricken, die die Geschützteile hielten. Die steile Schneerinne wollte kein Ende nehmen, erst knapp vor Morgengrauen waren die vordersten unterhalb der Punta del Pastrano angelangt, von wo der Weg in einem ausgesetzten Quergang nach rechts abbiegt. Höchste Eile ist geboten, rasch werden Rohr und Lafette im Schnee eingegraben. Da kommt auch schon die Sonne hinter dem Karnischen Kamm herauf. Nur dünne Nebelfetzen verhüllen noch die Rotwand, dann zerteilen sie sich und gegenüber den 70 Mann, die dichtgedrängt im Schnee stehen, kommt der feindliche Berg hervor. Schon fallen Schüsse, zwei Mann stürzen verwundet ab, dann rennen alle um ihr Leben und rutschen und kollern die Schneerinne, durch die sie heraufgestiegen sind, hinunter, bis sie im Arzkar liegen bleiben. Mit mehr oder weniger philosophischer Ruhe konnten sie sich jetzt betrachten, nachdem sie sich wieder gesammelt hatten: zerschunden waren sie von der sausenden Fahrt, zerrissen und zerstoßen, — aber sie lebten!

In zwei aufeinanderfolgenden Nächten führten Alpini den Transport vorsichtig und ohne Zwischenfall zu Ende.

Nicht weniger schwierig war die Besetzung der »Neuen Scharte« im Zug des Elfer-Grates, die noch weiter nördlich liegt. Am 2. Mai setzte sich eine Patrulle von 20 Mann unter Führung Lunellis, der nach der Eroberung der Sentinellascharte im Abschnitt Rotwand—Elfer weiter tätig war, nach Einbruch der Nacht von der Sentinella aus in Bewegung. Im Zickzack stiegen sie den Osthang des Elfers empor, den hartgefrorener Firn bedeckte, und mußten ungefähr in der Höhe der Neuen Scharte in der Richtung auf sie rechts abbiegen. Dieser Quergang war recht bös, blankes Eis lag auf den Felsen, jeder Tritt mußte mit dem Pickel vorsichtig ausgehauen werden. Sorgsam wurden Seile ausgelegt und mit Seilringen an den Felsen befestigt, bis es schließlich der Patrulle noch in der Nacht gelang, die Neue Scharte zu erreichen und sich dort einzurichten.

Bei der Seilarbeit glitt ein Alpino namens Coutandin aus und stürzte lautlos die fast 300 Meter hohe Eisrinne ab, die im Sentinellakar ober der Anderter Alpe ausmündet. Schwerverletzt blieb er liegen, wurde am Morgen von den Österreichern geborgen und ins Spital nach Innichen gebracht. Er lebt heute noch.

Die Regsamkeit der Italiener auf dem Elfer konnte auf die Rotwand nicht ohne Rückwirkung bleiben. Dem offensiven Vorgehen des Feindes war aber nur mit einer aktiven Verteidigung zu begegnen. Die eigenen Stellungen halten, war die einzige Gegenoffensive. Damals besuchte Hauptmann Bilgeri, der Alpine Referent des Landesverteidigungskommandos, den Berg. Der Ruf der Rotwand war sogar bis an diese hohe Stelle gedrungen. Das Ergebnis war ein ausführliches Programm zur Ausgestaltung der Stellungen, das Oberleutnant Skofizh ausarbeitete, der das Kommando über die Rotwand übernommen hat-

Der Leiternaufstieg zum
Maschinengewehrstand
ober der Feldwache
Wurzbach (2673 m)

te. Alpine Mannschaft — gute Ausrüstung — klagloser Zuschub — Baracken und Kavernen — Wege und Kampfstellungen waren die Hauptpunkte, die es enthielt. Es gab ungeheuer viel zu bessern und zu bauen, sollte nicht die Rotwand das ständige Sorgenkind des Abschnittes werden.

Die Mannschaft: es waren berggewohnte Leute, die Jäger und Schützen vom Alpinen Detachement 6; durch die Wetterunbilden bei der überstürzten Besetzung nach dem Fall der Sentinella war aber eine Menge krank abgegangen. Die Zuweisung einiger Abteilungen des ruthenischen Landwehr-Infanterieregiments Nr. 36 — das Regiment war in allen bisherigen und künftigen Kampfhandlungen ein Versager —

war ein böser Fehlgriff, der nur aus der Not an Mannschaften zu erklären ist. Gleich am 3. Mai desertierten zwei Ruthenen, die auf der Rotwandspitze als Posten aufgeführt waren, zum Feind, ließen ihre Gewehre liegen und seilten sich durch die Schlucht zur italienischen Feldwache in der B-Scharte ab. Kaum eine Stunde später kam schon eine Alpinipatrouille, um den vermeintlich leeren Posten anzugehen und die Gipfelstellung zu besetzen. Als sie auf kaum hundert Schritte herangekommen waren, wurden sie glücklicherweise bemerkt und durch Musketen- und Infanteriefeuer vertrieben. Das starke Artilleriefeuer der Italiener unmittelbar darauf war gleichfalls den zwei ruthenischen Überläufern zu verdanken. In einer so heiklen Felsenstellung, wie es die Rotwand war, wo ein einzelner Posten den Ausschlag geben konnte, durften nur ganz zuverlässige Leute stehen, die sich bewußt waren, daß sie dort oben die eigene deutsche Heimat verteidigten. Doch waren die deutschsprachigen österreichischen Soldaten damals schon recht selten. Wo es noch deutsche Regimenter gab, wachte man mit Argusaugen über jeden Mann und gab nur mit Widerstreben jemanden ab. Die Rotwand aber konnte nur deutsche Verteidiger brauchen, sie mußte sie bekommen und erhielt sie auch.

»Der Vampir mit den Flügeln prunkt — Verpflegung ist ein wunder Punkt!« So sang einst der Rotwanddichter der Akademiker-Standschützen. Die Verpflegung war wirklich ein wunder Punkt! Es gab noch genug zu essen, bis aber der Proviant vom Tal heraufkam, zog sich ein Leidensweg hin. Im Tal unten standen die Magazine mit Vorräten mehr oder minder reich versehen. Jeden Tag, wenn es dunkel zu werden begann, traten Trägerkarawanen vor ihnen an: Landstürmer, Russen, die berühmte Landwehr vom 36. Regiment, die hier wenigstens keine Schlachten verlieren konnte, und übernahmen die zugeteilten Lasten mit Brot und Fleisch, Mehl und Speck, Kohle und Brennholz und dem Tausenderlei, das die Stellung sonst brauchte. Dann wandelten sie in langer Reihe die Zickzackwege zur Rotwandwiese hinauf, rasteten ausgiebig, sandten einen saftigen Fluch gegen die schwarzen Felswände, die sich ober ihnen aufbauten, und stapften und stolperten in der Dunkelheit den schmalen Steig zur Russenleiter, durchs Schneekar bis zur Geschützstellung auf Kote 2673. Dort warteten schon fiebrig die Rotwandler, die noch vor dem Hellwerden zur Scharte und auf den Gipfel kommen mußten, fluchten, wenn sich die Träger verspätet hatten, und sprangen dann mit der kostbaren Last hinauf in ihre Stellungslöcher.

Nacht für Nacht das gleiche Spiel, Nacht für Nacht war alles auf den Beinen vom Tal bis zur höchsten Spitze. Anderswo schnurrten

Die »Strada degli Alpini«, der Zugangsweg der Italiener vom Giralbajoch zum Elfer. Im Durchblick die Elferscharte mit dem Punkt 2649; heute ist der Alpiniweg ein beliebter, versicherter Klettersteig.

Seilbahnen hinauf und hinab, anderswo ersetzte die Maschine Menschenkraft. Auch die Rotwand sollte ihre Seilbahn bekommen, vorläufig von der Rotwandwiese aus bis unter die Abstürze der Kote 2673.

Die Hütten und Unterkünfte waren noch recht kläglich. Solange der Schwerpunkt der Stellung die Rotwandscharte war, mußten dort größere Baracken aufgestellt werden. Die alte Landsturmhütte genügte schon lange nicht mehr, weiter oben im Schneefeld der Scharte, das auch in heißen Sommern nicht ausapert, erstand ein Unterstand für 50 Mann und eine kleine Hütte für das Stellungskommando. Die alte Hundshütte auf der Spitze, die »Villa zum kalten Wint«, wich einem größeren Bau, der zwölf Mann faßte, weiter rechts neben der Scharte, die sich vom Dreierspitz absetzte, sollte die »Neue Hütte« gebaut werden. Auch für den Gipfelturm, der den Namen »Polar« bekam zum Gedenken an die kalten Sturmnächte im Polarzelt, das anfangs dort stand, war eine Unterkunft vorgesehen. Mehr und mehr entwickelte sich die Stellung beim Gebirgsgeschütz der Kote 2673, »Wurzbach« genannt, zur Rotwandetappe. Dorthin kamen die Transporte vom Tal herauf und mußten aufgeteilt werden, dort schliefen später die Träger, die nachts die Lasten von der Seilbahn holten und weitertrugen. Auch dort wuchsen Baracken, kleine Magazine und Küchen aus dem Schnee und dem Schotter.

Und dann die Stellung selbst! Der Posten stand hinter einem Felsen, ein paar Sandsäcke vor sich, vielleicht noch ein Schutzschild. Kam ein Gruß von den Kanonen drüben, dann hieß es, den Hals einziehen und warten, bis der Splitterregen aufgehört hatte, bis der Vogelschwarm der Schrapnellkugeln vorbeigerauscht war. Zuviel hatte man auf die Hoffnung gebaut, daß nicht jede Kugel treffe. Man mußte aber mit jedem Mann geizig haushalten — ein Deutscher ließ sich nicht so leicht ersetzen — und ging daran, die Postenstände wenigstens kugel- und splittersicher zu bauen. Zu Kavernen langte es noch nicht.

Wie in einem dreistöckigen Haus lagen die Verteidigungsstellungen der Rotwand untereinander. Auf den höchsten Spitzen und Scharten des Gipfelgrates saßen, weit auseinandergezogen, die Posten der Alten Hütte, der Neuen Hütte und des Polar. Ein Stockwerk tiefer, auf der Rotwandscharte, lag das Gros mit dem Stellungskommando, mit zwei Posten am Rand der Abstürze gegen das Sentinellakar und einem in entgegengesetzter Richtung am Ostrand, der zum Kreuzberg hinabschaute und einige Minen betreute, die man dort gelegt hatte. Dann kam wieder ein Stockwerk tiefer Wurzbach mit dem Geschütz und einer Feldwache gegen das Sentinellakar. Was noch tiefer unten lag, das lange Wegstück zur Rotwandwiese, stand im Schutze der Nachbarstellungen des Burgstall und der Anderter Alpe und bedurfte keiner eigenen Wachen.

Es war viel zu arbeiten, aber es mußte getan werden. Der Gegner saß ja auch nicht still in seinen Felsscharten, sondern war rührig wie immer. Lunelli und seine Alpini begannen sich wieder zu regen.

Von der Scharte, die den Spitzengrat der Rotwand vom Polar trennt, führt eine Eisrinne südwärts steil hinab; links von ihr fällt ein brüchiger Felsgrat in steilen Absätzen in der Richtung auf den Südturm ab, senkt sich aber vor dessen lotrechter Nordkante in eine Scharte, die etwa 60 Meter unter dem Gipfel des Polarturmes liegt. Am gleichen Tag, an dem Leutnant Calvetti den ergebnislosen Angriffsversuch auf die Rotwand unternahm, also einen Tag nach dem Fall der Sentinella, ging Lunelli mit sechs ausgesuchten Kletterern, vom Nebel gedeckt, die Steilschlucht an, die zu der genannten Scharte hinaufführt. Die erste Felsstufe überwand er, über der zweiten lagen die Eismassen eines gefrorenen Wasserfalles. Da er nur zwei Seile und wenige Strickleitern bei sich hatte, der Aufstieg aber viel besser gesichert werden mußte, um Soldaten in voller Rüstung das Emporklettern zu ermöglichen, ließ er vom weiteren Durchstieg ab, um erst das notwendige Kletterzeug herzurichten. Erst mußte der Aufstieg vollständig gesichert werden, bevor die Österreicher die Besetzung merkten.

In seiner Abwesenheit aber gelang es am 29. April den Leutnanten Castagnero und Martini mit einer Patrulle, die zweite Felsstufe zu überwinden, in schwerer Kletterei die freie Wand rechts davon zu erklimmen und eine Strickleiter anzubringen. Jetzt war es nicht mehr schwer, die Scharte zu erreichen. Von da kletterte die Patrulle durch die Eisrinne weiter gegen die Polarscharte. Es schien, daß sie unbesetzt war. Kaum aber waren die Alpini nur mehr wenige Meter unter ihr, zeigte sich unerwartet der österreichische Posten. Im Schreck der Überraschung verlor ein Alpino den Halt und riß im Sturz die zwei Offiziere bis zur U-Scharte — so wurde sie von den Italienern genannt — mit, ohne daß sich aber einer ernstlich verletzt hätte. Ohne Proviant und Munition, wie sie waren, konnten sie sich aber auf der Scharte nicht behaupten. Nachts stiegen sie zu Tal und schnitten die Strickleiter ab, die über die zweite Steilstufe hing, um dem Feinde die Verfolgung zu verwehren.

Am folgenden Tag war Lunelli mit Material und Mannschaft da. Die Nacht war eisig kalt, alle Seile waren steif gefroren, von oben polterten Steine und Eisstücke herab, ab und zu krachte eine österreichische Handgranate in die Eisrinne. Trotzdem gelang es dem zähen Italiener, den Aufstieg über die zweite Steilstufe zu bewerkstelligen und ihn in den folgenden Nächten durch Leitern und Sicherungsseile zu verbessern.

Am 3. Mai besetzte Leutnant Martini die Scharte, die von den Italienern U-Scharte genannt wurde. Mit einer Abteilung Kletterern, ein paar Mineuren, die Stellungsmaterial und einen Telefonapparat trugen, erkletterte er vorsichtig die dick vereisten Strickleitern, während die österreichischen Posten, die wohl etwas ahnten, Leuchtkugeln abschossen und Handgranaten in den dunkeln Abgrund schleuderten. Martini ließ im Schnee einen Schützenstand und eine Schneehöhle ausgraben, auf dem Grat links von der Scharte stellte er einen Posten auf. Hier standen sich Österreicher und Italiener am nächsten gegenüber. Was hier die Italiener in alpiner Hinsicht geleistet hatten, war mehr als Kletterfertigkeit, das war schon beinahe Akrobatik. Der Durchstieg durch die Rinne geht fast senkrecht 130 Meter in die Höhe und erforderte zur Wegbarmachung 18 Leitern und 20 Seile.

Weitere Annäherungen an die Rotwandstellungen unternahmen die Alpini einstweilen nicht; wohl kamen noch im Mai und Anfang Juni kleine Patrullen durch die Rinne von der Arzalpe herauf, sie schnupperten aber bloß ein wenig herum und verschwanden, sobald sie Feuer bekamen.

Dagegen verlegten sich die Italiener emsig auf das Bauen. Auf dem Barthgrat schanzten sie eifrig, auf der Sentinella war Hochbetrieb. Wo ihre Fortschritte aber von Woche zu Woche fühlbarer und bedrohlicher wurden, das war am Elfergrat. Kaum hatten sie sich in der Neuen Scharte eingerichtet, sah man sie schon auf der nächsten, niedrigeren, der Davantischarte, die noch weiter nach Norden vorgeschoben war. Auch da blieben sie nicht sitzen und machten Anstalten, sich der Kote 2814, eines charakteristischen mächtigen Felskopfes, zu bemächtigen, der als letzte Erhebung vor der österreichischen Elferscharte lag, sie flankierte und stark überhöhte. Wenn der Feind sich dort auch festzusetzen verstand, hatte die Elferscharte kein gutes Leben mehr, aber auch die Rotwand nicht, denn von der Kote 2814 war die ganze Hinterfront eingesehen, alle Wege, auch einzelne Unterstände bekamen Flanken- und sogar Rückenfeuer!

Die Elferscharte stand damals noch in den ersten Anfängen eines taktischen Ausbaues. Zuerst nur von zehn Mann besetzt, wurden die Mannschaften verstärkt, je mehr sich die Italiener auf dem Grat vorarbeiteten, links und rechts der Scharte wurden Posten vorgeschoben, der unternehmungslustige Kommandant kroch ins Vorfeld, auf die Felsen gegen die Kote 2814, auf die Rückfallkuppe 2649; man erkannte, daß sich hier etwas machen ließ. Ernstlich dachte man daran, die Kote 2814 in die Hand zu bekommen und ließ am 12. Mai eine Kletterpatrulle unter der Führung des Standschützenleutnants Goller ab; sie erreichte den Einstieg zur tiefeingeschnittenen Scharte südlich der Kote (die Große Scharte der Italiener); Goller erkletterte die Südwestwand bis etwa 25 Meter unter dem Gipfel, mußte aber dann zurück.

War damit alles getan? Hätte man nicht in der nächsten Nacht wieder kommen, wieder probieren und an den Felsen arbeiten sollen? Und wenn es noch ein paar Nächte Mühe und Plage gekostet hätte, es wäre wert gewesen, den Gipfel zu erreichen. Doch wieder machte der Mangel an Ausrüstung eine gute Sache zunichte. So begnügten sich die Österreicher mit einer schriftlichen Meldung: »Die Patrulle kehrte von der Rekognoszierung auf Kote 2814 zurück und meldet, daß ein Beziehen einer eigenen Feldwache auf 2814 wegen der ungeheuren alpinen Schwierigkeiten unmöglich ist«. — (Grenz-Unterabschnittskommando an Brigade, 13. Mai 1916.)

Die Brigade aber hatte doch ein ungutes Gefühl wegen des Wortes »unmöglich« und gab die Meldung mit einer redaktionellen Verbesserung an die vorgesetzte Stelle weiter: »Leutnant Goller und 1 Mann erkletterten die Kote 2814 und stellten fest, daß ein feindlicher Aufstieg dorthin unmöglich sei.« — (Situationsmeldung 13. Mai 1916 an das Divisionskommando.)

Jetzt hatte man seine k. u. k. Ruh!

Sogar der Italiener ließ die Kote in Ruh, denn er ging jetzt aufs Ganze!

Angriff auf die Rotwand

Der Monat Juni brachte an der ganzen Dolomitenfront eine Offensive der Italiener, deren Heftigkeit und Hartnäckigkeit alle bisherigen Erfahrungen übertraf. Ruffreddo und der Mte. Piano waren am heißesten umstritten, da sie dem Ziel des Angriffes, dem Pustertal bei Toblach, am nächsten lagen. Aber auch an den andern Frontstücken ging es überall lebhafter als sonst zu, überall begannen Patrullengefechte und Unternehmungen aufzuleben und überall schlugen Feuerüberfälle in die Stellungen ein, um Kräfte zu binden und Unruhe zu stiften.

Mit ihrer Offensive war es den Italienern diesmal Ernst. Der Kommandant der angreifenden 1. Infanteriedivision, General Caputo, erließ folgenden Tagesbefehl an seine Truppen:

»Am 4. Tag unseres Angriffes fühle ich das Bedürfnis, Euch mitzuteilen, daß ich mit Euren Leistungen sehr zufrieden bin. Noch ist aber der Feind von seinen Stellungen nicht geworfen, aber schon mußte er einige Positionen gegenüber der rechten Flanke des 50. Infanterieregimentes räumen. Dies bedeutet den Anfang seines Rückzuges. Wir müssen unbedingt und rastlos bei unseren Angriffen beharren, damit dem Feind ja keine Zeit gelassen wird, neue Verstärkungen in die von uns unbedingt zu nehmenden Verteidigungslinien zu bringen.

Es wäre wirklich beschämend, wenn eine so starke Division wie die unsere sich in ihrem zum Ziel gesetzten Vormarsch durch die heutige Verteidigungslinie des Feindes aufhalten ließe, durch eine Verteidigungslinie, hinter der heute einige hundert mit dem Gebirgskrieg nicht vertraute Infanteristen stehen, die bereits durch unser Bombardement, durch das Erscheinen unserer großen Truppenmacht, durch die Vergangenheit und die letzten Mißerfolge in Galizien entmutigt sind. Denn sicherlich ist die Nachricht von den Niederlagen in Galizien den Frontsoldaten schon bekannt geworden ...

Wenige Kilometer von hier befindet sich die Ortschaft Toblach, durch die zum großen Teil die Truppenzüge vom Trentino nach Polen kommen. Liebe Kameraden, eben gegen dieses Toblach will ich die unter meinem Kommando stehende Division bringen. Unerläßliche Bedingung dafür aber ist, die uns gegenüberliegenden feindlichen Stellungen zu nehmen ...

Kameraden, nie vielleicht in dem gegenwärtigen Krieg hatte eine italienische Division eine so wichtige Aufgabe, so reich an zu erwartendem Ruhm wie jene, die mir und Euch anvertraut ist. Mit fester Zuversicht will ich mein Ziel um jeden Preis erreichen.«

Sollte sich auch beim Kreuzberg etwas rühren?

Das Artilleriefeuer auf die Rotwand und auf die Elferscharte war seit Junibeginn ungewöhnlich stark, ohne aber viel zu erreichen. Am 5. Juni bemerkte man Bewegungen vom Giralbajoch gegen das Äußere Loch, am 6. gingen 3 Züge Alpini gegen die Elfersande vor, die Weißlahnbatterie des Oberleutnants Milla aber faßte sie, als sie sich kaum recht entwickelt hatten, und trieb sie zurück. Im Angriff hatten sie noch nicht viel gelernt! Am 7. gab es nichts Außergewöhnliches. Trotzdem lag etwas in der Luft. Zur Vorsicht hatte man die Elferscharte, wo Fähnrich Tichy das Kommando führte, mit 30 Mann verstärkt.

Am 8. aber ging's los. Um $^1/_2$ 4 Uhr früh arbeiten sich die Alpini in doppelter Übermacht sprungweise vor, ungeachtet des Infanteriefeuers kommen sie näher und näher. Im Nu ist die Weißlahnbatterie alarmiert. Eine Schrapnellage nach der andern saust den Angreifern entgegen, Maschinengewehre und Schützenfeuer räumen gewaltig auf. Trotz aller Schneid, mit der sie vorgehen, voran die Offiziere, kommen sie nicht durch. Um 5 Uhr flaut das Feuer ab, aber eine Stunde später rennen die Italiener nochmals an. In mehreren Schützenlinien greifen sie an, schon sind sie über die Kote 2814 hinaus, nicht lange und sie stehen knapp vor und oberhalb der Scharte, die kein einziges Drahthindernis schützt. Aber wütendes Feuer der Verteidiger schlägt ihnen entgegen, hier kommen sie nicht durch! Gegen 8 ziehen sie sich langsam zurück, die Toten bleiben vor den Stellungen liegen, die Überlebenden decken sich hinter den Felsblöcken, die im Angriffsraum verstreut sind. Erst im Schutz der Nacht können sie ganz zurück.

Das Ergebnis des Angriffes war eine Schlappe, die den Italienern 30 bis 40 Mann blutige Verluste und 4 Gefangene kostete. Es waren Alpini der 28. Kompanie des Bataillons Fenestrelle, Piemonteser Bauernburschen, die in den Bergen zu Hause sind, in den Leuten des Alpinen Detachements aber ihre Meister gefunden hatten. Die eigenen Verluste betrugen 4 Tote und 7 Verwundete, fast durchwegs Kopfschüsse.

Die Rache für den abgeschlagenen Angriff ließ nicht lange auf sich warten. Oberbachernjoch, Büllelejoch, Giralbajoch begannen auf die Elferscharte zu dreschen, Hochbrunnerschneid, Arzalpe und der Kreuzberg vergalten es der Rotwand. Am selben Abend versuchte eine Alpinipatrulle, die Rotwand anzugreifen, verschwand aber im Dunkel der Nacht.

Wann gilt es der Rotwand?

Ende Mai war das Alpine Detachement Nr. 7 des Oberleutnants Bruckner auf die Rotwand verlegt worden, eine hochalpine Kompanie, die schon manche dicke Suppe ausgegessen hatte. Im April hatte sie nach der Sprengung des Col di Lana den Verbindungsgrat gegen den Mte. Sief besetzt und wochenlang das mörderische Artilleriefeuer ausgehalten, das von allen Seiten auf den Gratstützpunkt und die rückwärtigen Stellungen niedertrommelte. Anfang Mai hatte sie sich mit den Alpini auf Forame eine Zeitlang herumgeschlagen. Jetzt lag sie auf der Rotwand.

Der 16. Juni war ein schöner Frühsommertag, man dachte an nichts Böses, das tägliche Artilleriefeuer war schon zur Gewohnheit geworden. Die kritischen Stunden der Nacht und des Morgengrauens, die verdoppelte Wachsamkeit verlangten, waren vorbei; jetzt konnte wohl nicht mehr viel kommen!

Um 9 Uhr schickte die italienische Artillerie ihre Morgengrüße: es waren die alten Bekannten; erst bellte die Hochbrunnerschneid von vorne, dann kam die Arzalpe von links, und das Oberbachernjoch von rechts ließ auch nicht lang auf sich warten. Merkwürdig nur, daß sie gar nicht aufhören wollten, sondern immer ärger feuerten! Was wollten sie nur heute? Da kamen aber noch ein paar Neue: die Papernscharte begann zu schießen, die Batterien auf Collesei schickten Lage auf Lage herauf und vom Kreuzberg gurgelten schwere Fünfzehner heran. So arg hatten sie es noch nie getrieben. Schlag auf Schlag krepierten die Schrapnells und Granaten, Scharen der weißen Wölkchen lagen im Himmelsblau.

Stunde um Stunde ging der Eisenhagel auf den zitternden Berg nieder; ein Feuerring hatte ihn eingekreist. Heute galt es der Rotwand!

Auf der U-Scharte unterhalb des Hauptgipfels standen dichtgedrängt Alpini der 29. Kompanie des Bataillons Fenestrelle zum Vorbrechen bereit, sobald das Artilleriefeuer die Stellung niedergekämpft haben würde. Seit 6 Stunden trommelten die italienischen Geschütze auf die feindlichen Posten und Unterstände, jetzt schien es an der Zeit zu sein! Hoch oben und in der Ferne platzten die Schrapnells. Um 3 Uhr nachmittag endlich: »Vorwärts!« Ein Seil und Stufen im Eis erleichtern das Vordringen gegen den Gipfelgrat; sie klettern wie die Katzen, nebeneinander, hintereinander, hastig, aber überlegt. Schon sind die vordersten auf dem Gipfelturm, in Nu sind die andern nach, suchen nach einem Abstieg, stellen Schutzschilde auf. Da peitscht ein Schuß herüber. Der vorderste Alpino wirft die Arme hoch und stürzt in mächtigem Salto rücklings über die Kante des Turmes. Wieder

Feldmesse in der Kaverne

knallt es, wieder reißt es einen der Angreifer zusammen, und jetzt beginnt es sich rühren. Aus den Felslöchern und Klüften kommen die Verteidiger herausgekrochen, Handgranaten in der erhobenen Faust, den Stutzen im Anschlag, und schießen und werfen auf die Italiener. Dann fetzen die Musketen von der Flanke herein ...

In wenigen Minuten ist alles vorbei. Ein Alpinioffizier ist schwer verwundet, drei Viertel der Angreifer sind außer Gefecht versetzt. Mit knapper Mühe kommen die spärlichen Reste zurück.

War es nicht Wahnsinn, am hellichten Tag die Rotwand anzugreifen? Das stundenlange Vorbereitungsfeuer der Italiener, die 3000 Granaten und Schrapnelle, die sie verschossen hatten, kosteten den Österreichern 4 Tote und 8 Verwundete, ein Zehntel der ganzen Besatzung; die übrigen überstanden es in den Unterkünften und Deckungen. An die Vernichtung der Besatzung durch das Trommelfeuer war nicht zu denken. Je länger aber das Feuer dauerte, desto sicherer wartete man auf den Angriff, der, des Überraschungsmomentes beraubt, zum Scheitern verurteilt war. Massen lassen sich im Felskrieg nicht so einsetzen, daß Welle um Welle die Gräben stürmt. Ein Scharfschütze aber wiegt ganze Abteilungen auf.

Alpini im Aufstieg zu ihren Stellungen

Auch der Rotwandangriff wurde von einem Mann zerschlagen, dem Landesschützen Bartholomäus Orler, der von seinem Posten auf dem Polarturm die entscheidenden Schüsse auf die Alpini abgab, die fünfzehn Schritte vor ihm aufgetaucht waren. Damit war dem Angriff die Spitze abgebrochen.

Allerdings war die Abwehr kein Kinderspiel. Der Gegner ging sehr schneidig vor, man sah, daß es ausgesuchte Leute waren, die sich glänzend im Gelände zurechtfanden. Die Artillerie schoß beängstigend genau. Von der österreichischen war keine Hilfe zu erwarten, da sie nur Ziele beschießen konnte, die bei diesem Angriff nicht maßgebend waren, und weder die Sammelräume des Feindes noch seine Batterien erreichte, noch weniger aber im Angriffsraum selbst mit Sperrfeuer wirken konnte. So war es wirklich nur das Verdienst des Alpinen Detachements Nr. 7, das in der Stellung von Oberleutnant Dr. Schönbichler befehligt war, wenn der Feind mit blutigen Köpfen abziehen mußte.

Die Kommanden geizten nicht mit ihrem Lob. Die Brigade, die Division waren der Anerkennung voll, das Korpskommando schickte eine Dankdepesche, das Landesverteidigungskommando ließ sich genauen Bericht geben, bis zum Kaiser drang die Kunde von dem glücklich abgewehrten Angriff. Anfang August kam eine Depesche der kaiserlichen Kabinettskanzlei:

»Seine k. u. k. Apostolische Majestät haben den Gefechtsbericht über die Kämpfe um die Rotwandspitze mit Allerhöchstem Interesse zur Kenntnis genommen und geruhen hinsichtlich der vielen Beweise schönster militärischer Tugenden Allerhöchst Ihrer anerkennenden Befriedigung Allergnädigsten Ausdruck zu verleihen.«

Jetzt durfte die Rotwand sicher sein, daß ihre Aschenbrödelzeiten endgültig vorbei waren.

Ausbau der Fronten

Unendlich viel war dem Kommandanten des Alpinen Detachements, Oberleutnant Bruckner vom Kaiserschützenregiment III, zu danken, der seine Aufgaben nicht im beengten Gesichtskreis einer Kompanie löste, sondern weit darüber hinaus dachte und handelte. In klaren, logisch begründeten Meldungen an die Kommanden entwickelte er seine Anschauungen und Pläne über den strategischen und technischen Ausbau der Rotwand, über die artilleristische Schwäche der eigenen Front und ihre Stärkung, er verlangte Minenwerfer, Geschütze, Maschinengewehre, Scheinwerfer, und, als ginge es mit einem Zauber zu, er bekam, was er verlangte. Zum erstenmal stand ein Programm nicht bloß auf dem Papier, sondern kam ungekürzt zur Ausführung. Bruckner war überall, bald bei den vordersten Posten auf der

Italienische Soldaten vor
ihrem Unterstand

Sentinellascharte mit
Eingang zur Geschütz-
kaverne; darüber
Madonnenstatue und
Gedenktafeln

Rotwand, bald bei den Kommanden, die er für seine Pläne zu gewinnen wußte. Mancher hohe Herr schnaufte keuchend in die Hochgebirgsstellungen hinauf, aber nur so bekamen die Gewaltigen »dort hinten« eine Ahnung, wie es wirklich in den Felsen zuging, was wirklich not tat und gebraucht wurde.

So begann es sich auf der Rotwand zu rühren, je mehr der Sommer fortschritt und mit dem Winterschnee aufräumte. Jetzt kam der Seilbahnbau in Schwung. Statt einer gestückelten Trasse, wie sie im Frühjahr vorgesehen war, spannte sich das Drahtseil von der Rotwandwiese über das Schneekar bis an die senkrechte Wand unter der Kote 2673. Von da war es bis Wurzbach nicht mehr allzuweit. Eine zweite kleine Bahn (Handaufzug) verband die Rotwandscharte mit dem Hauptgipfel, dem Polarturm, und versorgte diese schwierigste Stellung mit allem, was gebraucht wurde.

Auf Wurzbach wurden geräumige Unterstände erbaut, das Gebirgsgeschütz wurde kaverniert, der »Notweg«, der bereits seit dem

Frühjahr geplant war und die immer beschossene Querung des Grates zwischen Wurzbach und der Rotwandscharte auf der östlichen Gratseite umging, gebaut und mit Drahtseilen gesichert; feste Holzleitern führten an den senkrechten Wandabstürzen hinter der Wurzbach-Feldwache wieder zum alten Weg empor. In die letzten Gratzacken kam ein Maschinengewehrnest und ein Scheinwerfer zur Bestreichung des flachen Kares, das den letzten Aufstieg aus dem Sentinellakar bildet.

Das Hauptgewicht aber wurde dem Ausbau der Gipfelstellungen gewidmet. Der östlichste Posten war »Adlerhorst«, etwa 15 Mann, die ihre Wachen links und rechts der Ausstiegsrinne aus dem Arzkar aufstellten, eine neue Feldwache mit 12 Mann, die »Neue Hütte«, kam in die Scharte zwischen dem Dreierspitz und dem Verbindungsgrat gegen den Polar, auf dem Polar selbst entstand eine Unterkunft links der Schneescharte und ein Posten auf dem Gipfelturm, der, später noch stärker ausgebaut, mit Minenwerfern, Granatwerfern, Musketen und Bomben dem Gegner auf den tiefergelegenen Scharten recht unangenehm wurde.

Sobald es die Mittel gestatteten, ging man daran, Kavernen anzulegen, um die Besatzung vor dem Artilleriefeuer zu schützen, das im Ernstfall, wie es das Vorbereitungsfeuer zum Juniangriff bewiesen hatte, den Berg von allen Seiten zudecken konnte. Die ersten Anfänge wurden damit auf der Rotwandscharte gemacht, die damals noch als der Schwerpunkt der Stellung angesehen wurde und für Reserven und Depots sichere Unterkunftsräume brauchte. In der Wandstufe ober dem Schneefeld, die zum letzten Aufbau des Gipfels leitet, krachten bald die Sprengschüsse, langsam fraßen sich die Bohrer in den harten Dolomitkalk; Woche um Woche sah man die Fortschritte wachsen, wurden die zwei Löcher im Fels für die künftigen Mannschaftsbehausungen größer und tiefer. Mit der bloßen Muskelkraft der Mineure, die hier arbeiteten, ging es zwar nur Schritt um Schritt in den Leib des Berges hinein, die vielen hundert Kubikmeter harten Felsgesteins kosteten viel Schweiß. Aber der Anfang war gemacht und die Zeit war auszunützen.

Denn wann kam der nächste, noch mächtigere Angriff auf die Rotwand?

Der italienische Posten auf der U-Scharte unter dem Polarturm, von dem der Angriff seinen Ausgang genommen hatte, mußte energisch bekämpft werden. Mit Handgranaten wurden die Schutzschilde zerstört, die Seile und Strickleitern zerfetzt, von den Posten wurde einer abgeschossen, einer stürzte ab. Auch den Kamin, in dem die

Italiener zur Scharte emporkletterten, bewarfen die Österreicher mit Handgranaten und Steinbrocken, so daß die feindliche Besatzung von ihren tieferen Stellungen ganz abgeschnitten war und tagelang ohne Lebensmittel und Verbindung blieb. Ihre Lage wurde immer gefährlicher, die Stellung geradezu unhaltbar, so daß sich die Italiener bereits mit ihrer Räumung vertraut machten.

Aber die zähen Alpini gaben nicht so leicht nach. Südlich des Polarturmes erhebt sich hinter der U-Scharte der »Südturm« aus den Abstürzen der Rotwand, ein massiger Fels mit senkrechten Wänden, den in drei Vierteln seiner Höhe ein schmales Felsband fast waagrecht schneidet. Wenn man hier hinaufgelangte, war man vor den Handgranaten, die einem in der U-Scharte auf den Kopf fielen, sicher, saß aber den Österreichern doch dicht am Leib! Oberleutnant Castagnero vom Alpinibataillon Fenestrelle wagte sich an die Ersteigung; mit ausgesuchten Kletterern und Trägern stieg er durch die furchtbaren Wände empor, erreichte die U-Scharte von Osten und brachte der ausgehungerten Besatzung Proviant.

Dann erstieg er zur Ermittlung einer Ersatzstellung mit 3 Mann das Band des Südturmes. Das letzte schwierige Stück zum Gipfel wurde später von Lunelli mit Eisenstiften und Mauerhaken bezwungen und mit einer Strickleiter gangbar gemacht. Es dauerte nicht lange und die Alpini hatten ihren Unterstand auf dem Südturm, so daß sie die U-Scharte getrost räumen konnten; es dauerte nicht lange und ihre Stutzen krachten gegen die Rotwandposten. Der Südturm sollte den Österreichern später noch manches aufzulösen geben!

In Sommer besetzten die Alpini neue Stellungen: die D-Scharte* zwischen dem »Nadelgrat« und dem Sildturm, später den Sildturm selbst, deren Wert im Flankenschutz der von dort voll eingesehenen Südturm- und Schartenwachen lag.

Lunelli leitete diese neuen Unternehmungen. Er befehligte eine Spezialabteilung von 120 Mann, die in 4 Züge eingeteilt waren: die

---

* Von den Österreichern »Besoffene Feldwache« genannt. Die Bezeichnung rührt von folgender Begebenheit her: Eines Tages kletterten Lt. Sild und Lt. Ebner im Nebel auf dem Brucknerturm umher, der gegenüber der italienischen Wache in freier Sicht lag. Plötzlich verschwand der Nebel und die beiden Offiziere mußten sich damit vertraut machen, bis zum Einbruch der Nacht regungslos auf dem Turm liegen zu bleiben. Da zeigte sich drüben ober der Sandsackmauer ein Kopf, dann noch einer, Rufe wurden laut, es dauerte nicht lange, so stand die ganze italienische Besatzung auf der Brustwehr, schrie und sang und winkte. Ohne daß ein Schuß fiel, konnten jetzt Sild und Ebner vom Brucknerturm herunterklettern und die eigene Stellung erreichen. Was den Anlaß zu diesem Freudenausbruch der Italiener gegeben hatte, blieb unbekannt. Vielleicht hatten sie damals wirklich einen besonders guten Tropfen verkostet.

Italienische Zelte und Unterstände an der Fünfzehnerscharte

»arrampicatori«, die die Aufgabe hatten, die zu besetzenden Stellungen zu erklettern, die »legatori«, die die Seile an den Wänden und in den Kaminen legen mußten, die »scalatori«, die die Strickleitern und Holzleitern befestigten, und die »portatori«, die das Material, das die Kampftruppe brauchte, Munition, Verpflegung, Barackenteile usw., hinauftrugen. So konnten in kürzester Zeit die schwierigsten Felsstellungen besetzt und gesichert werden.

Das Felsgelände, in dem sich die Neubesetzungen abspielten, war überaus schwierig. Von der D-Scharte führt zum Sildturm ein Kamin empor, der an seinem oberen Ende in ein Felsschartl mündet, von wo eine Wand zum Felsband und zur Spitze des Turmes hinüberleitet. Schon bei der ersten Erkundung hätte es durch Absturz beinahe ein Unglück gegeben, wenn nicht der vorankletternde Alpino seinen Kameraden am Seil gehalten hätte. Ende Juni war die D-Scharte ständig besetzt.

Ende August führte Lunelli eine Patrulle durch die Südostabstürze der Rotwand unter den österreichischen Posten vorbei und kletterte, die Felswände querend, in der Richtung auf die zwischen dem Dreierspitz und dem Sildturm eingeschnittene Scharte zu. Man befürchtete nämlich die Besetzung des Sildturmes durch die Österreicher, die von dort die italienischen Stellungen des Südturmes flankierend beschossen hätten.

Die eigentliche Besetzung der Spitze des Sildturmes* erfolgte am 3. September in der Nacht, an der sich außer Lunelli noch der Kommandant der D-Scharte, Oberleutnant Scotti, beteiligte. Beide hatten durch den Kamin das Felsschartl am oberen Ende bereits erreicht und

---

* Von den Italienern Torre Trento genannt. Die Bezeichnung Sildturm erfolgte auf Befehl des Abschnittskommandos zu Ehren des Rotwandkommandanten Oberleutnant Dr. Hannes Sild.

Scotti erbot sich, dort zu bleiben und die Seile und Strickleitern, welche die Mannschaft trug, aufzuseilen. Lunelli stieg in der Wand höher und ließ die anderen folgen. Auf dem Grat angelangt, wartete er. Die Österreicher hatten wohl Geräusche gehört, schossen Leuchtraketen ab und knallten herüber. Rasch mußte der Postenstand ausgesucht werden. Während die Seile gespannt wurden, berichtete ein Alpino bestürzt, daß, als er gerade mit einem Bündel Strickleitern durch den Kamin emporkletterte, an ihm vorbei ein menschlicher Körper in die Tiefe gesaust sei. Lunelli kletterte zum Felsschartl zurück — es war leer. Oberleutnant Scotti war entweder von einem Schuß getroffen oder durch einen Fehltritt abgestürzt! Im Schneefeld unterhalb des Turmes lag er tot. Lunelli barg den Leichnam.

In dem kleinen Felsschartl blieb ständig ein Posten, auf die Spitze kam ein Nachtposten. Der schwierige Weg von der D-Scharte wurde mit Leitern erleichtert und seitlich der Scharte ein kleiner Unterstand für die Besatzung gebaut.

Auf dem Elfergrat nahmen die Alpini ihr Vordringen nach Norden wieder auf und ließen nicht ab, sich schrittweise mit der ihnen eigenen Kunst des Einnistens in Schluchten und auf Felsnadeln dem Feind zu nähern. Mitte Juni erkletterten sie mit Strickleitern die tiefeingeschnittene »Große Scharte« südlich der Kote 2814, in den darauffolgenden Nächten von dort aus die Spitze, wobei sie auf der feindwärtigen Ostseite aufstiegen. Kurz darauf wurde ein Anstiegsweg auf der uneingesehenen Westseite gefunden, auf einem querlaufenden Felsband im unteren Teil ein Stützpunkt gebaut, auf einem zweiten Querband im oberen Drittel der Wand ein zweiter Posten aufgestellt und die Spitze mit einem Sandsackbau gekrönt.

Sie waren oben und hatten die schwierige Wand mit Seilen, Eisenstiften und Strickleitern gebändigt. Jetzt hatten sie sich in den Fels verbissen, von dem sie auch das Störungsfeuer der österreichischen Batterien, das ihnen Tag und Nacht zusetzte, nicht mehr vertrieb. Ein weiteres Glied in der Umklammerung der Rotwand war gefügt.

Rotwand und Elferscharte waren jetzt auf Gedeih und Verderb miteinander verbunden. Fiel die Elferscharte, dann durfte sich Tag und Nacht kein Kopf drüben auf der Rotwand regen, dann wurde es eine Kunst, die Spitzenstellungen zu halten. Fiel aber die Rotwand, dann war alles verloren, dann konnte es nur Stunden dauern, daß auch die Elferscharte ihren letzten Schuß tat, oder Tage, bis sie ausgehungert war. Dann waren aber alle Talstellungen im Fischleintal, auf der Anderter Alpe nicht mehr zu halten, die ganze Front gegen den Kreuzbergpaß wäre aufgerollt worden.

Nach den erfolglosen Sommerangriffen erkannten die Italiener, daß weitere Unternehmen kaum mit einem Erfolg rechnen konnten. Daher widmeten sie die Monate nachher bis in den Winter hauptsächlich dem Ausbau ihrer Stellungen. Sie saßen zum Teil an ganz neuen Punkten, die erst im Frühjahr oder noch später besetzt worden waren, vielfach waren auch die älteren Stellungen schlecht oder ungenügend ausgebaut. Es ging ihnen nicht viel anders als den Österreichern, die auch erst nach dem Fall der Sentinellascharte die Befestigung ihrer Stellungen so richtig in die Hand genommen hatten. Nur waren die Italiener durch den Reichtum ihrer Mittel und die örtliche Lage weitaus im Vorteil. Während bei den Österreichern um jede Sprengpatrone, um jedes Brett gekämpft werden mußte, während die Zuteilung technischer Truppen zu den Kampfverbänden beinahe ins Reich der Sage gehörte, hatte der Gegner unter Mangel an Mann und Material, soferne die Organisation klappte, nie zu leiden. Technisches Material lag in Hülle und Fülle in den Depots aufgestapelt, technische Truppen, Sappeure, Mineure, Seilbahn- und Telegraphentruppen waren ausgebig zugewiesen und wurden bei besonderen Unternehmungen in verstärkten Verbänden bereitgehalten. Darin bestand auch des Rätsels Lösung, daß eine Stellung, wenn sie von den Italienern genommen worden war, beinahe über Nacht ausgebaut wurde, eine gute Verteidigungsanlage hatte, Drahthindernisse oder spanische Reiter — und aus was für einem Draht! — bekam, daß Schutzschilde zwischen den dicken Sandsackmauern staken, Maschinengewehrnester die Stellung flankierten, daß eine Baracke dastand, die im Handumdrehen in einer Kaverne verschwand, daß in kürzester Zeit ein Aufzug oder gar eine motorische Seilbahn den Lastenverkehr vermittelte.

Freilich waren sie dabei auch von der Natur begünstigt. Fast alle ihre Stellungen lagen nach Süden offen — die Front lag im Norden —, waren der Sonne zugekehrt, in trockenem, warmem Fels, von dem der Schnee viel früher wegaperte als auf der österreichischen schattigen Nordseite, die bis in den Hochsommer weit hinauf Schneebelag hatte und aus allen Spalten und Rissen im Fels das ewige Tropfwasser rinnen ließ.

Die technische Stärke der Italiener lag im Weg- und Straßenbau und in allem, was mit Bohren und Sprengen zusammenhing. Die schöne, breite Kreuzbergstraße von Padola herauf, die in gleichmäßiger sanfter Steigung, glatt und hart wie ein Parkett zur Paßhöhe führt, war ein Werk der Friedenszeit. Jetzt bauten sie gegen Selva Piana eine breite Straße quer durch den herrlichen Hochwald, hinter dessen Wipfeln die Spitzen der Felsberge rund um die Arzalpe herabschauten.

Der schmale Viehsteig auf die Arzalpe und auf Creston di Popera wurde ein bequemer Fahrweg, auf dem Muli unschwer zur Höhe kamen.

Auf den Almböden stand eine kleine Etappenstadt. Von hier gingen alle Zuschübe für die Stellungen des Abschnittes »Popera« weiter, hier war die geschäftige Umschlag- und Umladestation zwischen dem Tal und den Bergstellungen. Eine motorisch betriebene Seilbahn brachte den Bedarf der Truppen von Selva Piana hier hinauf, die Weiterbeförderung erfolgte anfangs mit Maultieren und Trägern. Zu Beginn des Sommers aber lief bereits eine Seilbahn vom »Laghetto« zur Sentinella, die nur den einen Fehler hatte, daß ihre Anlage die ersten Lawinen nicht überstand. Bei ihrem Bau im Sommer aber hatte man noch nicht so weit gedacht.

Der taktische Ausbau der italienischen Stellungen selbst aber erfolgte im Sommer 1916 noch nicht in dem Grade, wie man auf österreichischer Seite angenommen hatte. Wohl hörte man Tag und Nacht die Bohrarbeiten, wohl donnerten ohne Unterlaß die Sprengschüsse, die Vielheit der feindlichen Arbeitsstellen täuschte aber einen Arbeitsfortschritt vor, der in Wirklichkeit erst im nächsten Jahr erreicht wurde. Von dem Spektakel galt das meiste den Wegbauten, die großenteils über schwierige Strecken führten, viel den Herstellungsarbeiten für Barackenplätze, aber nur verhältnismäßig wenig der Anlage von Wohnkavernen für die Besatzungen. Bloß die Sentinella hatte es etwas besser, dort war neben der Geschützkaverne eine mittelgroße Mannschaftskaverne ausgesprengt worden. Sonst aber hauste man in leichten Holzbaracken, Bretterbuden, die mit Dachpappe überzogen waren; ein ganzes Dorf stand am Fuße des Sasso Fuoco, fast ebensoviele Hütten hinter dem Sentinellapaß am Fuße des Barthgrates und bei den »Cavernette«, wo sich das italienische Rotwandkommando befand. Wie Schwalbennester klebten die Hütten hoch oben in den Wänden des Südturms, auf der B-, C- und der D-Scharte.

Genau genommen, bot also das Leben anno 1916 den Italienern auf der Rotwand nicht mehr Annehmlichkeiten als den Österreichern, nur mit dem Unterschiede, daß manche Härte drüben durch die reichere Verpflegung und die längeren Ruhezeiten aufgewogen wurde, Vorteile, die den Österreichern nicht geboten werden konnten.

Augenscheinlich legten die Italiener auf den Elfer mehr Gewicht. Dort lauerten aus jeder Scharte Maschinengewehre, das Gebirgsgeschütz auf der Fünfzehner-Scharte spuckte seine Granaten eifrig zu den Österreichern hinunter, und es dauerte nicht lange, so begannen Minenwerfer zu arbeiten, eine Waffe, in der die Italiener am Elfer das Übergewicht hatten und die wichtiger werden sollte als die Artillerie.

Italienisches Zeltlager

Gegen die Minen, die lautlos und im steilsten Winkel aus der Luft herabkamen, war man anfangs machtlos. Unterstände, die als artilleriesicher galten, konnten vor den Minen nicht bestehen, auf Zugangswegen und in toten Räumen, die sonst nie ein Schuß traf, krepierten mit ohrenzerreißendem Krach die schlanken, flügeltragenden Stahlzylinder und streuten die messerscharfen Splitter umher. Verhältnismäßig groß waren die Verluste an Mannschaft und die Zerstörung von Baracken und Verteidigungsanlagen, bis man sich der neuen Waffe angepaßt hatte.

Die Rotwand hatte vor feindlichen Minen noch Ruhe; darin hatten die Österreicher das Übergewicht; dafür bekam sie ihr »tägliches Brot« von den Geschützen der Hochbrunnerschneid, der Arzalpe, des Papernkofels und von den Zinnen herüber, 50, 60, 100 Schuß im Tag, oft auch mehr*. Es war aber offensichtlich nur Beunruhigungsfeuer, das die Batterien auf der Weißlahn und der Rotwandwiese den Italie-

---

* Einer Schrapnellkugel fiel im Sommer der tüchtige Fähnrich Dr. Benatzky zum Opfer, ein paar Wochen darauf fand Fähnrich Herold durch Kopfschuß den Tod.

nern auf dem Barthgrat, der Sentinella oder den Scharten auf dem Elfergrat mit gleicher Liebe vergalten.

Ab und zu kletterten Patrullen in den Südabstürzen der Rotwand umher, die eigenen brachten als Beute Schutzschilde, Seile, Eispickel und sonstige Trophäen ein, die feindlichen begnügten sich zu rekognoszieren. Ein einziges Mal, am 2. August, sah es aus, als ob die Italiener wieder etwas Größeres vorhätten. Am Abend erzielte der österreichische Minenwerfer einen Volltreffer in die Feldwache im Arzkar. Darauf begannen die feindlichen Geschütze durch vier Stunden ein lebhaftes Feuer zu eröffnen, das erst schwieg, als eine Alpiniabteilung über das Band südlich des Hauptgipfels gegen diesen vorrückte. Die Wachsamkeit der Posten aber verdarb ihr die Lust weiterzugehen. Die beiden Artillerien ließen es sich jedoch nicht nehmen, an diesem »angebrochenen Abend« bis in die Morgenstunden des nächsten Tages die Nachtruhe zu stören.

Ende August überraschte Oberleutnant Bruckner im Verein mit dem Kampfabschnittskommandanten Major Sturm die höheren Stellen mit einem bis ins kleinste ausgearbeiteten Angriffsplan gegen Barthgrat, Sentinella und Elfer, der den Ring, der sich um die österreichischen Stellungen immer enger zusammenzog, sprengen sollte. Es lag auf der Hand, daß der Druck des Feindes, den er namentlich von seinen überhöhenden Stellungen ausübte, mit der Zeit nicht schwächer, sondern noch stärker werden würde; so schien die augenblickliche Lage der Durchführung dieses kühnen Unternehmens günstig, solange auf der Rotwand die eigene Überlegenheit bestand und auf dem Elfer der Gegner nicht noch stärker eingebaut war.

Die eigene Besatzung betrug damals auf der Rotwand 240 Mann, denen 2 Granatwerfer, 4 Musketen, 4 Maschinengewehre, 1 Gebirgsgeschütz und ein Infanteriegeschütz zur Verfügung standen. Auf der Elferscharte lagen 100 Mann mit 2 Granatwerfern, 3 Maschinengewehren und 1 Infanteriegeschütz. Es bedurfte daher nur verhältnismäßig kleiner Verstärkungen, um den Angriff durchzuführen und im Falle des Gelingens die neuen Stellungen zu halten.

Der Plan sah eine gründliche artilleristische Mitarbeit vom 37-mm-Infanteriegeschütz bis zum 30,5-cm-Mörser vor. Das Ziel war so weitgesteckt und so wichtig, daß der Erfolg nicht durch Sparsamkeit in den Mitteln in Frage gestellt werden durfte.

Nach einem irreführenden Wirkungsschießen von 7 Batterien gegen die Elfer-Sande, das Äußere und Innere Loch und bei gleichzeitigem Niederhalten der italienischen Geschütze auf dem Oberbachernplateau, der Hochbrunnerschneid und Creston di Popera sollte von der Rotwandstellung aus der Barthgrat überrumpelt werden. War dies gelungen, sollte der 30,5-cm-Mörser aus dem Innerfeldtal seine Bomben auf die Sentinella schmettern, der ganze Elfergrat und Elferhang von den im Westen und Osten stehenden Batterien mit Trommelfeuer belegt werden und Sperrfeuer die feindlichen Anmarschwege vom Giralbajoch her und aus dem Arzkar zudecken. Gleichzeitig sollte sich der Infanterieangriff entwickeln. Eine Gruppe ($^3/_4$ Kompanie mit einem Maschinengewehr) hatte von der Rotwandscharte aus die Sentinella zum Ziel, drei andere Gruppen, zusammen $1^1/_4$ Kompanien mit 3 Maschinengewehren, hatten von der Anderter Alpe aus die Elfer-Osthangwache, den Nordgipfel und die »Fünfzehner-Scharte« zu nehmen. Eine Reserve von $1^1/_2$ Kompanien stand zur Verfügung der Elfergruppe.

Nach der Eroberung der feindlichen Stellungen war eine Besatzung von 50 Mann für den Barthgrat, 100 Mann für die Sentinella und 100 Mann für die Elferwachen vorgesehen. 300 Träger sollten zum Nachschub von Proviant, Munition und Stellungsmaterial bereitstehen, die zugewiesene Artilleriemunition sollte für ein zwölfstündiges Dauerfeuer aller 25 Geschütze reichen (etwa 5000 Schuß).

Gut Ding braucht Weile und bis ein Urteil über den Angriffsplan vom nächsthöheren Kommando herabgelangte, vergingen 14 Tage. Dann kamen die Wenn und Aber, die Vorhalte wegen des großen Artillerieaufwandes.

Später, im September und Anfang Oktober, als der Herbst im Hinterland die Wälder zu färben begann, in den Felsen der Sextener Dolomiten aber alles schon in Frost und Schnee erstarrt war, kam der Vorschlag von hoher Stelle, den Barthgrat eventuell allein zu nehmen und zu behaupten, da die zur Durchführung des ganzen Unternehmens notwendigen Kräfte gegenwärtig nicht vorhanden waren.

Da legte man den Plan ohne weitere Trauerkundgebung ad acta!

Schneesturm kommt auf! Blick von der Rotwand auf Papernkofel, Neunerkofel und Brucknerturm. Aus dem Wolkenmeer ragt die Cima Longarin im Cadore.

Der Winter

Unerwartet früh und heftig überfiel der Hochgebirgswinter die beiden Gegner in ihren Felsenstellungen. Weder die Österreicher noch die Italiener waren auf den vorzeitigen Beginn der Schneeperiode gefaßt und vorbereitet. Schon am 18. September fiel ein Meter Neuschnee, der die Verbindung aller Stellungen mit einem Schlag unterbrach und sie von ihrem Lebensnerv, der Seilbahn, abschnitt.

Die Drahtseilbahn von der Rotwandwiese auf die Kote 2673 der Rotwand war eben erst halb fertiggestellt worden; nur die eine Trasse war im Betrieb, von der zweiten das Zugseil wohl gespannt, aber das Tragseil noch auf der Erde ausgelegt. So ging natürlich der Zuschub in die Stellungen, die fast von allem entblößt waren und erst die Anfänge eines richtigen Ausbaues zeigten, ungemein langsam vor sich. 14

Minuten bergauf, 14 Minuten bergab, knapp zwei Wagenladungen kamen so in der Stunde auf den Berg.

Am Abend des 18. kam oben der letzte Wagen an, dann mußte der Betrieb eingestellt werden. Der Verkehr zu Fuß wurde unmöglich, alle Steige waren verweht und zugedeckt. Den nächsten und folgenden Tag dauerte das Unwetter mit ungebrochener Heftigkeit an. Im tobenden Schneesturm unternahm die Schartenbesatzung noch einen letzten Vorstoß nach Wurzbach, um Brennstoff und Lebensmittel heraufzuholen. Dann verkroch sich alles in die Hütten. Die Feldwachen und Spitzenstellungen waren sich selbst überlassen, Ablösungen unmöglich. Nach zwei Tagen mußte aber doch versucht werden, die Verbindung zwischen Scharte und Wurzbach wieder anzubahnen: mehr als 24 Stunden arbeitete die Mannschaft an einem Schneetunnel, der im metertiefen Schnee zur Feldwache vorgetrieben wurde und den Zuschub von Verpflegung und Brennstoff ermöglichte. Die Spitzenstellungen aber blieben noch weiter abgeschnitten. Erst als nach einigen Tagen starker Frost einfiel und das Wetter aufklärte, konnte man daran denken, die Aufstiegswege zur Spitze auszutreten und die arg zusammengeschmolzenen Vorräte zu ergänzen.

Wenn auch dieser verfrühte Wintereinbruch nur von verhältnismäßig kurzer Dauer war und die Herbstsonne, soweit es ihre abnehmende Kraft vermochte, mit den gefallenen Schneemengen noch aufräumte, war es doch eine sehr ernste Mahnung, die Arbeiten zur Überwinterung zu beschleunigen. Eine große Erleichterung im Zuschub brachte die Fertigstellung der Seilbahn Bad Moos—Rotwandwiese, die von Mitte Oktober an zweigeleisig verkehrte und den nächtlichen Aufmarsch der Trägerkarawanen überflüssig machte. Einige Wochen später wurden die Bahnen vom Fischleintal auf die Anderter Alpe und die Anschlußbahn von dort auf die Elferscharte dem Betrieb übergeben.

Es war um keinen Tag zu früh. Die Stellungen brauchten Baumaterial, Bretter, Dachpappe, Kanthölzer, Werkzeug, Zement, Stacheldraht, sie brauchten Munition für die Stutzen, die Maschinengewehre und Musketen, Gewehrgranaten, Minen und Handgranaten, sie brauchten vor allem Verpflegung für die hungrigen Mägen der Besatzung, Fleischkonserven und Kaffee, Speck, Zwieback, Zucker, Tabak und schließlich Brennholz und Holzkohle, Petroleum und Kerzen.

Doch war's ein langer Weg vom »Brauchen« bis zum »Bekommen«. Der Stellungskommandant, der seinen Wunschzettel schrieb, der Kompaniekommandant, der noch manches hinzufügte, mußten sich gewöhnlich mit Engelsgeduld wappnen. Wenn der Anforderungs-

Feldwache Wurzbach unterm Schnee, im Winter 1916/17

zettel, mit frommen Wünschen versehen, hinausgeflattert war zu den mittleren und höheren Kommanden und die Gefahrenzone glücklich überwunden hatte, in der Papierflut der Stäbe unterzugehen, tauchte er nach einiger Zeit zerrupft und gemindert wieder auf und statt 20 Rollen Dachpappe gab's 8, statt 80 Brettern nur 40. Dann begann von neuem der Dienstweg, Berichte, Begründungen, Berechnungen, neue Anforderungen wurden verlangt, Pläne und Skizzen schlecht und recht vorgelegt, Papier wurde in Massen erzeugt, registriert, hin und her geschickt — bis endlich der Frontoffizier seinen Pickel nahm und wie ein rächender Gott von seinem Berg ins Tal hinabstieg und seinen Mut auch vor den Verwaltern der begehrten und so spärlich zugeteilten Güter bewies. Dann bekam die Seilbahn wieder zu tun, Träger schnauften unter ihren Lasten zu den Stellungen und dann ging es wieder an mit dem Hämmern und Nageln, Betonieren und Bohren. Die kurze Zeit bis zum endgültigen Wintereinbruch galt es auszunützen.

Schwer aber lastete die Sorge um die Bereitstellung von Notvorräten für die Höhenbesatzungen auf den Kommandanten. Mochte die Stellung schwach oder gar nicht ausgebaut sein, so waren doch Männer da, die im Kleinkrieg der Verteidigung Meister waren, auch wenn sie statt aus Kavernenlöchern frei hinter Felsen feuern mußten. Moch-

Die Nordwände des
Einserkofels aus dem
Fischleintal

ten auch die Unterkünfte aufs äußerste beengt sein, nur aus dünnen Brettern erbaut, mit einer Lage Dachpappe gedeckt, so boten sie doch zur Not Schutz gegen Kälte und Nässe. Aber gegen hungrige Mägen half auf die Dauer keine noch so große Begeisterung.

Auf dem Papier war die Zuteilung der Wintervorräte sorgsam ausgeklügelt: 2 Kaffeekonserven, 1 Fleischkonserve, 200 g Zwieback, 140 g Zuspeise (Mehl, Polenta, Gemüse), 60 g Zucker, 15 g Fett, 50 g Speck, 10 Zigaretten oder entsprechend Rauchtabak durfte der Mann im Tag verbrauchen. Es war nicht zuviel, immerhin konnte man davon auch in der zehrenden Hochgebirgsluft bei Kräften bleiben. Bei der 200 Köpfe zählenden Besatzung der Rotwand im Spätherbst 1916 (in dieser Zahl sind auch die zugeteilten Träger, Sappeure, Mineure, Artilleristen und Seilbahnmannschaften inbegriffen) ergaben sich daraus sehr ansehnliche Mengen, zumal die Auffüllung der »Lawinenvorräte« auf 30 Tage vorgesehen war. Zu ihrer Unterbringung wurden Depots errichtet, die mit schweren Schlössern geschützt waren, so daß Menschen mit normalen Hemmungen nicht zu den Kostbarkeiten kamen. Nach und nach wurden diese Höhenmagazine aufgefüllt, verhältnismäßig am besten die tiefergelegenen auf Wurzbach und Scharte, die der Endstation der Seilbahn am nächsten lagen, spärlicher die höchsten Posten auf dem Spitzengrat, die Alte und die Neue Hütte, wo der Platz zur Unterbringung größerer Mengen fehlte, obwohl sie dort ebenso oder noch nötiger waren. Besser gestellt war die Polarstellung, der mit einem Handaufzug von der Scharte der Zuschub zuging.

Trotzdem hing alles an einem Faden; solange die Seilbahn von Rotwandwiese arbeitete, brauchte man das Schlimmste nicht befürchten. Was aber, wenn sie einmal einen Schaden hatte?

Der richtige Hochgebirgswinter, der 8 Monate des Jahres ausfüllte, stellte sich in der zweiten Novemberhälfte mit einem Vorspiel ein. Vom 19. an begann es dick zu schneien, bald ruhig und gleichmäßig, bald in Begleitung wilder Stürme. Schon nach dem ersten Tag waren die Fußwege zu den Stellungen zugedeckt und der Verkehr unmöglich. Am dritten Tage waren alle Bemühungen, die Steige und Postenstände durch Ausschaufeln freizuhalten, zwecklos geworden, meterhoch türmten sich die Schneemassen und selbst auf dem Steig an der Westseite des Verbindungsgrates zwischen Wurzbach und der Scharte, der recht luftig und schmal die kleinen Wandeln querte, ging man wie in einem tiefen Schützengraben. Jeden Augenblick kam von den Gratzacken oberhalb ein Schneerutsch herunter, der die mühsame Schaufelarbeit wieder zunichte machte und den Graben meterweit auffüllte. Schließlich war die Schneehöhe so gewachsen und gleichzeitig die Lawinengefahr so erhöht, daß man darangehen konnte, von Wurzbach zur Feldwache einen Tunnel im Schnee vorzustoßen. Im lockeren, leichten Schnee ging die Arbeit flott vor sich, so daß am 23. nachmittags der Durchstich erfolgen konnte. Wohl mußte man durch den Stollen noch stellenweise kriechen, da sich der frische Schnee rasch senkte und den Durchgang verengte. Aber je mehr neuer Schnee fiel und auf die unteren Lagen mit seinem Gewicht drückte, desto fester wurden die Wände und desto breiter konnte der Stollen werden. Im Verlaufe des Winters wurde der Tunnel immer länger ausgebaut, so daß man schließlich fast bis zur Scharte unterirdisch gehen konnte, eine ungeheure Erleichterung für die Abwicklung des Trägerverkehres, der im Blickfeld der Sentinella und des Elfers sonst nur bei Nacht einsetzen durfte, jetzt aber zu jeder Tageszeit je nach Bedarf abgewickelt werden konnte.

So ging es diesmal in den Stellungen und auch bei der Seilbahn noch glimpflich ab.

Anfang Dezember aber trat Schlechtwetter ein, das in seiner zeitlichen Ausdehnung und Stärke beinahe zur Katastrophe geführt hätte. Die Schneemassen, die damals ununterbrochen fielen, kann man sich nicht vorstellen. Zerfurchte Felshänge wurden zu glatten Schneefeldern, aus denen kein Stein mehr ragte; von allen Seiten, von den kleinsten, harmlosesten Felsköpfen kamen die Schneerutsche und Lawinen, keine Hütte, keinen Postenstand gab es, die nicht mehrmals verschüttet wurden und mühsam wieder ausgegraben werden mußten. Ungeheure Schneelasten lagen auf den Dächern der Unterstände, die krachten und zitterten, daß jeden Augenblick ihr Zusammenbrechen zu befürchten war. Meterweise wurden die Rauchfangrohre immer wieder frisch auf das zugewehte Abzugsloch der Kochherde aufgesetzt, um den Abzug des Rauches freizuhalten; am nächsten Tag war trotzdem

Verschneite Stellungen (Wurzbach) mit Stollenloch (rechts unten)

wieder alles verstopft und der beißende Qualm vom Feuern mit nassem Holz suchte durch die Ofentüre seinen Ausweg.

Das wichtigste Rüstzeug der Besatzung war damals nicht mehr der Stutzen, sondern die Schaufel. Jeder Schritt vor die Hütte mußte erzwungen werden, die Wachposten waren nur mehr Schneeschaufler. Der Krieg war eingeschlafen, zugedeckt von der erbarmunglosen weißen Decke, die sich über Freund und Feind gebreitet hatte und alles Leben zu ersticken drohte.

Am 6. Dezember ging vormittags nach längerem Schneefall eine Lawine von den Felsköpfen oberhalb Wurzbach über alle Unterstände, verschüttete sie und hüllte sie im Nu in Finsternis. Zum Glück waren sie tief in den schotterigen Hang eingebaut, so daß die Lawine bloß über die Dächer fuhr, einen Teil der Schneemassen auf dem ebenen Vorplatz ablagerte und dann ihren weiteren Weg durch die Schlucht nahm, die gegen die Burgstall-Stellung abfiel. Einige Mann der Besatzung, die gerade Schnee schaufelten, wurden begraben, konnten sich aber bald befreien: einer war von den Schneemassen erstickt worden. Die Ausgrabungsarbeiten wurden sofort begonnen, doch sah man die Zwecklosigkeit, die Baracken freizuschaufeln, ein und stach nur Licht- und Luftöffnungen durch den Schnee, während die Zugänge und Verbindungswege von einer Hütte zur anderen tunneliert blieben. Von diesem Tage an lebte die Besatzung von Wurzbach bis zum Frühsommer 1917 unterirdisch im Schnee.

Auch der gefährliche Weg zur Seilbahn konnte tunneliert werden; erst auf dem Gratrücken trat man wieder ins Freie. Böse sah es bei der Bergstation der Seilbahn aus. Jetzt zeigte es sich, wie ungünstig die Trasse angelegt war. Von der Rotwandwiese schwang sich das Seil in einem Bogen 500 Meter hoch frei zum ersten Bock auf, der am untern Ende des Kares stand, zu dem die 40-Meter-Holzleiter emporführte. Ein zweiter Bock stand etwas höher oben, etwa auf dem halben Weg zur Bergstation. Hier lief die Bahn nur etwa 8 bis 10 Meter über dem Boden. Die Bergstation selbst war am Fuß der senkrechten Felswand angebaut, die von der Kote 2673 abfiel. Die starken Schneestürme der letzten Wochen hatten das Kar tief zugeweht, Lawinenstürze, die von den Seitenwänden alle ins Kar flossen, hatten die Schneedecke weiter verstärkt, so daß schon im November vom zweiten Bock an die Wagen der Bahn im Schnee schleiften. Durch die Wetterkatastrophe des Dezember aber kam die Spitze des 8 Meter hohen Seilbahnbockes selbst 3 bis 4 Meter unter den Schnee und die Seile lagen etwa 6 Meter unter der Oberfläche. Das bewährte Tunnelierungsverfahren wurde auch hier versucht. Die Arbeit war durch Lawinen ungeheuer gefährdet, da

Zugeschneiter Seilbahnbock der Drahtseilbahn von Rotwandwiese nach Wurzbach

das Kar geradezu eine Falle darstellte, aus der es kein Entrinnen gab. Trotz aller Mühe und Plage kamen die Arbeiten nicht recht vom Fleck, da Schneewehen alles zunichte machten. In der kalten, klaren Nacht vom 9. auf den 10. gelang es endlich, die Seile halbwegs auszuschaufeln. Nachmittags kam der erste Wagen vom Tal mit Proviant und Kohle, mit hellem Jubel von der Besatzung begrüßt; war sie doch schon den 6. Tag abgeschnitten! Fieberhaft wird getrachtet, die Ladungen in Sicherheit zu bringen, viel zu langsam läuft der Verkehr! Doch nach ein paar Stunden stockt er schon. Ein beißender Sturm erhebt sich, im Nu ist zugeweht, was Dutzende von Händen in stundenlanger Arbeit freigelegt hatten. Die Bahn ist wieder und jetzt endgültig begraben.

Wieder schneite es ganz unvorstellbar, daß man die Schneedecke vor seinen Augen wachsen sah. Wurzbach wurde von neuen Lawinen zugedeckt, die aber jetzt nichts mehr ausrichten konnten. Die Luftlöcher waren bald freigemacht. Am 12. schlug die Schicksalsstunde der Bahn. Eine Lawine drückte die Kopfstation ein, die Bedienungsmannschaft suchte ihr Heil talwärts, da ein Aufsteigen nach Wurzbach in der Sturmnacht unmöglich war, wurde aber am Ende des Kars von einer Lawine erfaßt und über die Leiter in die Tiefe geschleudert. Viel später erst fand man die Leichen der Verunglückten.

Jetzt war der Lebensfaden der Rotwand zerrissen.

Solange eine Stellung zu essen hatte, wurde das Abgeschnittensein vom Hinterland nicht allzuschwer empfunden. Hinterland war ja gleichbedeutend mit Tagesrapporten, dienstlichen Telefongesprächen, eintönigen Meldungen über Munitionsverbrauch, Feuergewehrstand, Verpflegsstand, Schußzahlen, Temperaturgraden, die das Gemüt der Kanzleischreiber »hinten« in helles Entzücken versetzten. Wenn nun einmal der Telefondraht nach hinten durch eine wohlwollende Lawine zerrissen wurde, so lag für die Stellung noch lange keine Gefahr vor und auch ohne die täglichen Evidenzen ging der Krieg weiter. Man war ohnehin gewohnt, in den Rotwandstellungen immer fest auf seinen eigenen Füßen zu stehen. Helfen mußte man sich ja immer selbst! So waren Mann und Offizier gar nicht böse, daß die Brigade einige Zeit hindurch nicht wußte, ob es früh 15 Grad unter Null hatte oder nur 8 Grad. Böse aber wurden sie, als sich die Vorräte der Lawinendepots von Tag zu Tag merklich lichteten.

Bald wurde Schmalhans Küchenmeister. Das Konservengulasch wurde immer dünner, Kaffee und Tee hatten eine verwechslungsfähige Farbe angenommen. Der Koch mußte verzweifelte Kunststücke erfinden.

Als man am 14., nach zehn Tagen, wieder zum erstenmal ins Tal hintersah, das auch tief unter dem weißen Schneemantel lag, erschien alles so unendlich weit entfernt, als wäre es eine fremde, unbekannte Welt.

Doch es half nichts; man durfte die Hände nicht untätig in den Schoß legen. Immer wieder wurde versucht, zur eingeschlafenen, begrabenen Seilbahn zu gelangen. Mehrmals abgeschlagen, glückte es endlich doch, über die lawinendrohenden Hänge ins Kar zu kommen und die Tunnelierungsarbeiten an der Seilbahntrasse aufzunehmen. Meter um Meter wurde in den Schnee gebohrt; wer entbehrlich war, mußte mithelfen. Trotzdem dauerte es drei Tage, bis man durch war und die zerdrückte Station wieder halbwegs instand gesetzt hatte. Endlich ging wieder das Signal zur Talstation, vorsichtig, ruckweise erst bewegten sich die Seile, langsam schlurfte der Wagen durch den finstern Stollen. Dann geht's mit Hurrah ins Freie. In 14 Minuten ist der Talwagen da. Dann geht's ununterbrochen auf und ab: Proviant und Kohle, Proviant und Kohle.

Die Rotwand hat wieder zu essen!

Noch viel böser hatte die Wetterkatastrophe den exponierten Höhenwachen der Rotwand mitgespielt. Am linken Flügel des Spitzengrates lag die »Alte Hütte«, in der Mitte, etwa 200 Schritt von ihr entfernt und in fast gleicher Höhe die »Neue Hütte«, am äußersten rechten Flügel auf dem turmartigen Gipfelkoloß die Polarstellung. Die einzige Verbindung von der Scharte aus wurde mit dem Handaufzug zum Polar aufrechterhalten, die beiden andern Wachen aber waren untereinander und mit der Scharte schon am ersten Schneetag ohne Verkehrsmöglichkeit. Der Artilleriebeobachter Fähnrich Winkler, der damals auf der Neuen Hütte saß, schilderte diese Tage sehr anschaulich.

»Am 4. Dezember kam die letzte Post, dann fiel Nebel ein und es begann zu schneien. Am nächsten Tag schneite es weiter, erst leise, dann immer stärker, bis gegen Abend ein wütender Schneesturm losbrach, der jede Wegverbindung unterbrach und die Stellung ganz zudeckte.

Jetzt sind wir in der Mausefalle. Von unten ist nichts zu erhoffen, wir müssen sehen, wie wir mit den eigenen Vorräten das Leben möglichst lang fristen. Auf der Alten Hütte haben sie für 5 Tage Essen und Holzkohle, wir auf der Neuen Hütte für 10 Tage Proviant, aber nur für 5 Tage Brennstoff, auf dem Polar dürften Vorräte für 14 Tage liegen. Üppig dürfen wir also nicht werden. Wer weiß, wie lange wir abgeschnitten bleiben?

Am 6. wütet der Schneesturm ungeschwächt weiter, es fallen solche Schneemengen, daß die Alte Hütte nicht mehr zu sehen ist. Die ganze Besatzung ist durch Kohlengase ohnmächtig geworden, endlich ist es den armen Teufeln doch noch gelungen, sich soweit aus dem Schnee herauszuarbeiten, daß sie wieder Luft bekommen. Wir können nur hinüberschauen, aber nicht helfen.

Am 7. ist von einer Besserung des Wetters noch nichts zu merken. Langsam wird die Lage kritisch. Die Alte Hütte hat nur mehr für 3 Tage zu leben — dort sind 13 Mann — wir noch für 8 Tage Proviant; aber nur 3 Tage zu heizen! Hier hausen wir 22 Mann hoch im engen Unterstand. Es bleibt nichts übrig, als die Tagesrationen zu verkleinern, denn es ist nicht abzusehen, wann uns wieder Nachschub erreicht. Auch die dreizehn von der Alten Hütte können wir nicht einfach verhungern lassen. Wenn es schon ganz arg zugeht, muß man zu ihnen hinüber!

Also den Riemen noch enger schnallen! Auf jeden Mann entfallen pro Tag 50 Gramm Zwieback und auf je 4 Mann eine einzige Konserve. Sonst haben wir nichts, kein Brot, keinen Kaffee. Aber vier Männer darf man nicht mit einer Konservenbüchse allein lassen, wenn sie ausgehungert sind wie Wölfe! Daher werden Zwieback und Konserven schön zusammengetan, in Schneewasser aufgekocht und jeder erhält um 3 Uhr nachmittag seine Portion zugeteilt, einen mageren Schöpflöffel gelbbrauner Brühe, mit Wasser reichlich gestreckt und mit ein paar Fettaugen darauf. Diese Menageverteilung ist das Ereignis des Tages, sie kommt nur einmal, immer um 3 Uhr. Abends gibt es nichts, zum Frühstück auch nichts. So leben wir schon 3 Tage, heute ist der 9. und noch keine Hoffnung.

Der 10. ist vergangen. Heute ist der 11. Wir können aus dem vielen Schnee kaum mehr herausschauen. Jetzt haben wir auch nichts mehr zu heizen. Mit dem Proviant ist es ein Verhängnis: ein Teil der Konserven ist verdorben! Am ärmsten ist die Alte Hütte dran, die am schwächsten beteilt war. Zum Glück hatten sie ihre Kohlengasvergiftung, da waren die Leute ohnehin so fertig, daß sie zwei Tage keinen Appetit hatten!

In dieser Lage kommen uns die tollsten Ideen. Einer beginnt davon zu reden, von den Italienern Lebensmittel zu holen, die sicher besser verpflegt sind als wir. Auch wäre der Gang zu ihnen noch leichter auszuführen als in unsere eigenen Stellungen über die verwehte Nordwand hinunter. Immer fester setzt sich dieser unsinnige Plan in den Köpfen fest, und hätte sich nicht die Frage des Rückweges ergeben, wer weiß, ob nicht ein paar mit ihren letzten Kräften den tollen Versuch gewagt hätten.

Am 12. haben wir buchstäblich nichts mehr. Ganz wenig hat sich das Wetter gebessert, es weht zwar noch stark, aber zeitweise reißt der Nebel auf. Es gilt, die Lage auszunützen und einen Ausfall mit unseren letzten Kräften zu machen. Von der Alten Hütte können wir keine Hilfe erwarten, die hat selbst nichts und braucht unsere Unterstützung, also hinüber zum Polar! In zwei Stunden schaffen wir die Verbindung über das zugewehte Felsband und die furchtbar steile Eisrinne, die zur Polarstellung leitet. Auch dort sieht es traurig aus, aber wir bekommen doch etwas. Mit 17 Säcken Holzkohle und 93 Konserven, einer Handvoll Mehl und ein paar Brocken Zwieback kriechen wir keuchend zurück. Mit Aufbietung der letzten Kräfte schaffen wir 33 Konserven und 3 Säcke Kohle zur Alten Hütte hinüber. Uns bleiben 60 Konserven, 14 Sack Kohle, das wenige Mehl und der Zwieback. Wir sind todfroh, wenigstens das geschafft zu haben.

In der Nacht geht wieder ein fürchterlicher Schneesturm los, der die allerletzte Verbindung mit den tieferen Stellungen vernichtet; der Seilbahnaufzug auf Polar wird verschüttet, 2 Mann sind tot, einer schwer verletzt. Also zwei Esser weniger!

Die Nacht wird immer furchtbarer. Wir sind vom Schnee ganz zugedeckt, der Rauchfang verweht. Alle leiden wir schwer unter den Kohlengasen. Es ist kaum noch zu ertragen. Die Hütte ist 3 Meter breit, 4 Meter lang und fast 3 Meter hoch. In diesem Raum hausen 22 Mann mit ihrer Ausrüstung, in diesem Loch wird gekocht und liegen Handgranaten und Munition aufbewahrt. Stehen kann nur einer, der Koch, alle andern müssen enggedrängt auf den zwei übereinanderliegenden Pritschen liegen. Eine grauenhaft stinkende, feuchtwarme Luft legt sich schwer auf die Brust, nur ab und zu schlägt dampfend ein kalter Luftzug von außen herein, wenn ein Posten hinausgeht und der abgelöste durchfroren hereintrampelt.

Die Kohlengasvergiftung ist sehr stark, viele sind so arg benommen, daß sie auf Zuruf oder Schütteln überhaupt nicht reagieren. Erst in frischer Luft kommen sie wieder zu sich.

Am 13. verbrauchen wir für uns 22 Mann 5 Gulaschkonserven und fast ein Kilo Zwieback. Das mußte für den ganzen Tag langen. Die Alte Hütte war verschwenderischer, sie brauchte 6 Konserven.

Am 14. früh ist drüben auf der Alten Hütte nur mehr ein Sack Holzkohle, wir haben noch zwölf. Der Schneesturm, der vom 13. auf den 14. wütete, war geradezu ungeheuerlich. In kurzer Zeit fiel eine derartige Schneemenge, daß 3 Meter Neuschnee zum Altschnee dazukamen. Die ganze Bude kracht und zittert, wir fürchten jeden Augenblick, daß sie eingedrückt wird, dabei haben wir kein Holz, um Stützungen vorzunehmen. Die Alte Hütte geben wir schon verloren und glauben nicht mehr, daß sie solchen Naturgewalten standhalten könnte. In der Früh ist die Sicht etwas besser, von der Alten Hütte aber sehen wir nicht das geringste. Dabei ist die Telefonleitung, die am Vortag noch in Ordnung war, durch eine Lawine vom Dreierspitz zerrissen und damit diese letzte Verbindung vernichtet.

Wir müssen aber, koste es, was es wolle, zur Alten Hütte hinüber, um die Leute zu befreien, weil wir doch noch glauben, daß sie am Leben sind. Vom 1. bis 14. waren sie mehr als ein dutzendmal verschüttet worden; so hatten sie gelernt, mit den Verhältnissen zu rechnen und unterhielten nur wenig Feuer, um es sofort mit Schnee zu dämpfen, wenn eine Lawine über das Dach fuhr. Eine einzige Schneeschaufel steht uns zur Verfügung. Obwohl der Weg hinüber fast eben geht und die Entfernung nur 200 Schritt beträgt, brauchen wir volle zwei Stun-

Die Drahtseilbahn auf die Rotwand mit der Bergstation unterhalb Wurzbach (2673 m)

den. In gemeinsamer Bemühung werden die Leute befreit, sie sind wohl benommen, aber sonst wohlauf. Von unserer Kohle schaffen wir 4 Säcke hinüber, auch etwas Mehl und eine Kleinigkeit Zwieback. Viel können wir ja nicht teilen, weil wir selbst fast nichts haben.

Mit vereinten Kräften suchen wir dann am Nachmittag den Polar zu erreichen, um von dort eine kleine Zubuße zu holen, denn die Besatzung dort hat noch für ein paar Tage Proviant. Wir waren damals einer auf den andern angewiesen und hätten die letzte Konserve untereinander geteilt, eine Kameradschaft, die nicht mehr zu überbieten war. Aber trotzdem wir uns 3 Stunden abplagen, mißlingt der Versuch, es ist ganz unmöglich durchzustoßen.

Wieder folgt eine schreckliche Nacht. Der zermürbende Kampf zieht sich nun schon durch viele Tage hin, wir haben gehungert, gefroren, aber alles muß ein Ende nehmen. Vollkommen verlassen, stecken wir auf dem äußersten Posten, in einem Winter, wie ihn so furchtbar noch niemand erlebt hat.

Wieder wird der Plan erörtert, zu den Italienern durchzubrechen, aber seit Tagen haben wir von ihnen auch nichts mehr gehört. Vielleicht haben sie ihre Stellung überhaupt geräumt? Dann wären wir erst recht in der Patsche gesessen. So wird der Plan wieder aufgegeben. Wir müssen uns aber irgendwie helfen. Der Weg zur Scharte über die Nordwände war seit 10 Tagen unpassierbar. Wäre es nicht reiner Selbstmord gewesen, hätten wir den Vorstoß hinunter gewagt, auch auf die Gefahr hin, daß ein Teil der Stellung von der Besatzung entblößt wird. Denn die Italiener hätten bei diesem Wetter auch nicht heraufkommen können.

Am 15. aber versuchen wir den Durchbruch zum Polar, solange die Leute noch halbwegs bei Kräften sind. In aller Frühe beginnen wir die Arbeit, die wir tags zuvor wegen Aussichtslosigkeit aufgeben mußten;

nachmittags sind wir glücklich auf dem Polar. Alle 35 Mann arbeiten am Freimachen des Weges. 10 Konserven haben wir an diesem Tag aufgegessen. Aber 100 Fleischkonserven und 100 Kaffeekonserven können wir heimtragen — die Kaffeekonserven kannten wir nur mehr vom Hörensagen. So haben wir jetzt fürstliche Vorräte, auf der Alten Hütte 57 Konserven und 4 Sack Kohle, bei uns gar 105 Konserven und 8 Sack Kohle.

Noch am selben Tag sind wir wieder eingeschneit, höchste Zeit also, daß wir die Vorräte ergänzt haben. In der Nacht auf den 16. tobt wieder ein unglaublicher Schneesturm. Bei Tag klärt es auf, doch ist es fürchterlich kalt (— 25° C). Trotzdem müssen wir nochmals versuchen, zum Polar hinüberzukommen, um den schon ganz entkräfteten Leuten endlich eine stärkere Ration zu geben. Es gelingt! Aber der Polar ist selbst schon arm wie eine Kirchenmaus, bloß 30 Konserven können wir bekommen.

Am 16. sehen wir zum erstenmal wieder zur Scharte hinunter und können beobachten, wie man dort Anstrengungen macht, zu uns zu gelangen. Sie wußten, daß wir so gut wie keine Notverpflegung oben hatten, und dachten, daß wir schon seit Tagen ohne Nahrung seien.

Die Schneehöhe beträgt 7 bis 8 Meter; die Offiziersbaracke auf der Scharte, die noch unbewohnt ist, steckt so tief im Schnee, daß man sie nicht findet, trotzdem zwei Mann 8 Meter tief graben. Unsere größte Angst ist, daß in der Nacht, wenn sich erfahrungsgemäß immer die ärgsten Stürme austoben, wieder Schlechtwetter einfällt. Es bleibt aber glücklicherweise bei der Besserung, und so können wir am 17. mittags wieder zum Polar gelangen, der mit der Scharte die Seilbahnverbindung aufgenommen hat. Das Ergebnis unseres Bittganges ist aber wieder mager, bloß eine einzige Tagesverpflegung können wir heimbringen.

Und wieder bricht eine bange Nacht an. Aber das Wetter hält auch am 18. aus, wieder holen wir uns vom Polar eine Tagesration, dazu sogar Kaffee! 432 Portionen fassen wir, eine himmlische Menge. Der Jäger Kleinlercher trägt sie herüber. Angekommen ist aber keine einzige Portion; Kleinlercher stürzt ab, sich selbst kann er noch durch Zufall halten, seine Kappe und der Kaffeesack aber wandern zur Sentinella hinunter.

Das Wetter ist klar und kalt, trotzdem aber die Lawinengefahr sehr groß, da ungeheure Schneemengen lockerster Beschaffenheit die Hänge bedecken. Jeder Gang zur Alten Hütte ist ein Wagnis. Über der Dreierspitze hat sich eine riesengroße Schneewächte von 20 Meter Länge gebildet, die drohend über dem Hüttenweg liegt und auch den

Abstieg zur Scharte gefährdet. Jeden Augenblick müssen wir mit dem Abbrechen rechnen. Um nicht Menschenleben zu gefährden, bringen wir sie künstlich zum Abgehen. Wir richten ein Maschinengewehr auf sie ein und wirklich gelingt es, sie mit einer Kugelserie zu durchschneiden und zum Abgleiten zu bringen.

Jetzt müssen wir endlich auch dem Gedanken nähertreten, den Durchbruch zur Scharte zu versuchen, denn der Polar ist an Lebensmitteln auch schon bald erschöpft. Am 18. abends, wenn das Wetter klar bleibt, soll es angepackt werden. Gemeldet haben sich der Oberjäger Vinatzer, der Jäger Lacedelli, ein sehr braver Bursche, und 4 Mann. Schweren Herzens folgen wir der Patrulle unsere einzige Schaufel aus, die für uns Goldwert hat. Wenn wir sie nicht mehr zurückbekommen, wird unsere Lage auf der Spitze noch verzweifelter. Sonst haben wir ja kein Werkzeug und mit den Händen kann man nicht Schnee schaufeln! Um 9 Uhr abends marschiert die Patrulle ab, von 4 Mann der Alten Hütte begleitet. Keinem Menschen ist soviel Glück auf den Weg entboten worden wie diesen 10 Braven, die ihr Leben aus ehrlicher Kameradschaft aufs Spiel setzten. Stunden haben sie sich abgemüht. Um Mitternacht treffen sie wieder bei uns ein, so erschöpft, daß sie sich kaum mehr auf den Füßen halten können. Es war vergeblich!

Zu allem Unglück war an diesem Tag auch die Seilbahn auf dem Polar wieder gebrochen.

Am 19. wird der Versuch wiederholt, zur Scharte durchzukommen, diesmal haben wir Glück! Es ist aber auch die allerhöchste Zeit. Länger hätten wir nicht mehr ausgehalten. Proviant holen wir uns für einen Tag, dazu zwei Schaufeln, die uns mehr wert sind als weiß Gott was! Auch am 20. bleibt die Verbindung zur Scharte offen. Bloß verflucht wenig Fleisch bekommen wir. Die Seilbahn auf den Polar ist noch immer gebrochen. Nachmittags gelingt es, die Telefonverbindung mit Polar notdürftig herzustellen.

Trotzdem wir uns in diesen Tagen alle Mühe geben, unsere Vorräte zu ergänzen, sind wir sehr schlecht daran. Der Brennstoff ist ganz verbraucht, der Proviant zusammengeschmolzen. Wir spüren es schon sehr, daß auch die Schartenstellung unter Zufuhrschwierigkeiten stark zu leiden hat. Unser Glück ist, daß sich das Wetter nicht verschlechtert. Trotzdem bangen wir von einer Nacht zur andern, daß nicht wieder ein Schneesturm losbreche; ein zweites Mal hätten wir nicht mehr durchhalten können.

Am 21. ist das Wetter schön, es ist kalt, im Tag liegt dichter Nebel. Wir bieten fast unsere ganze Besatzung auf, um einen ordentlichen

Nachschub durchzuführen, namentlich um den Brennstoff zu ergänzen, denn der letzte Sack ist schon aufgebraucht. 17 Körbe und 9 Säcke Holzkohle bringen wir herauf. Heute wird auch ein Teil der Mannschaft abgelöst.

Am 22. erfolgt normaler Zuschub für einen Tag. In der Nacht auf den 23. ist endlich die Seilbahn auf den Polar instand gesetzt worden, aber wieder kommt nur eintägiger Nachschub; Fleisch so wenig, daß nur 5 Deka pro Kopf entfallen. Mittags gibt's nur Suppe, abends leeren schwarzen Kaffee. Endlich kommt ein Vorrat von 230 Kaffeeportionen, die erste nennenswerte Ergänzung unserer mageren Speisekammer. Unheimliches Glück haben wir mit dem Wetter!

In der Nacht zum 24. bekommen wir Schweinefleisch, Zigarren, Zigaretten, einen Geldbeutel, 34 Paar Socken und eine Unterhose — die Weihnachtsgaben für 35 Mann. Auch einen Christbaum haben sie uns geschickt. Den haben wir aber gar nicht in die Hütte hereingetragen, sondern vor der Tür liegengelassen und später zu den Italienern hinuntergeworfen. Das gleiche Schicksal erleidet der Christbaumschmuck. Bloß die Christbaumkerzen haben wir uns behalten.

Für die Nacht auf den 25. ist vom Kommando erhöhte strengste Aufmerksamkeit anbefohlen. Wir kümmern uns nicht viel um den Befehl. Die Italiener sind sicher genau so froh wie wir, daß sie überhaupt noch leben. Zum erstenmal haben wir wieder mit ihnen Verbindung, nachdem wir seit Tagen nichts von ihnen gehört und gesehen haben. Wir leuchten mit einer Taschenlampe zu ihnen hinunter und rufen, worauf der Posten Antwort gibt, ohne daß wir ihn aber verstanden hätten. Wir wünschen noch fröhliche Weihnachten und schießen zwei Leuchtraketen ab, doch rührt sich nichts mehr.

Die Christbaumkerzen haben wir aufgeteilt, statt auf dem Christbaum brennen sie jetzt bei den einzelnen Lagerstätten. Die ganze Gesellschaft sucht dabei Läuse.

Am 25. Dezember werde ich endlich abgelöst und gehe ins Tal. Auch die Mannschaft kommt gleich nach Weihnachten herunter. Vergessen sind die furchtbaren Hungertage.«

*

Nicht weniger hart hatten die Italiener unter dem Winter 1916/17 zu leiden. Der erste gewaltige Neuschneefall überraschte am 20. September die 28. Alpinikompanie des Bataillons Fenestrelle, die beim Schneefeld im Äußeren Loch lagerte. Eine Lawine stürzte über die Unterstände und begrub 15 Mann, die aber alle bis auf einen lebend geborgen werden konnten. Eine zweite Lawine riß 3 Alpini von der

Italienische Offiziersmesse

»Fünfzehner-Scharte« in die Tiefe, von denen einer tot, der andere schwer verletzt auf der Elfersande geborgen wurde, während der dritte über die Wand bis ins Bacherntal getragen wurde und zu Tode stürzte.

Dadurch gewarnt, zogen sich die Reserven auf das Giralbajoch zurück und Sicherungsmaßnahmen gegen die Wintergefahren wurden durch den Sappeuroberleutnant Oglietti eilig in die Wege geleitet. Die Hochstellungen im Elfergebiet hatten besonders unter der räumlich weiten Aufteilung der vielen Posten, dem langwierigen Nachschub über die weiten Strecken vom Giralbajoch her und den Schwierigkeiten des hochalpinen Felsgeländes zu leiden. Daher entschloß man sich, die höchsten Stellungen bei der Mensola und auf dem Zsigmondygrat aufzugeben und dafür die anderen für die Überwinterung gut vorzubereiten. Die Kote 2814 blieb auf dem oberen und dem unteren Band besetzt, die »Große Scharte« bekam Minen, die vom oberen Band betätigt werden konnten. Auch die »Fünfzehner-Scharte« wurde behauptet, der Posten sogar verstärkt, der Zuschub von der Sentinella aus vorgesehen.

Jede Nacht zogen, solange das Wetter noch gut war, Trägerabteilungen mit Baumaterial, Reserveproviant für drei Monate, Brennstoff und verschiedenen Wintersachen zu den Posten hinaus. In allen Stellungen begann der Bau von Unterständen; sobald sie fertig waren, kamen die Kavernenbauten im Fels daran. In Dezember war der Ausbau vollendet, die Stellungen hatten reichlich Lebensmittel, so daß sie den Winter gut überstehen konnten. Wenn auch die Besatzungen auf

28. Alpini-Kompanie

2814 und auf der Fünfzehner-Scharte oft 10 bis 14 Tage abgeschnitten waren, so brauchten sie ihre Felslöcher nicht verlassen, wenn es schneite und stürmte und die Lawinen durch die Schluchten der Elferwände donnerten. Während des ganzen Winters hatten sie keinen einzigen Lawinentoten.

Viel böser aber räumte der Winter bei den Italienern im Rotwandgebiet auf. Die Unterkünfte waren nur ganz leicht gebaut und standen vielfach in Lawinenstrichen. Der weiße Tod hielt fürchterliche Ernte. Anfang November folgte ein Unglückstag dem andern. Die Seilbahn von der Arzalpe zur Sentinellascharte wurde vollkommen vernichtet, die Unterstände auf Sasso Fuoco, auf der Sentinella, bei den »Cavernette«, dem italienischen Rotwandkommando, weggefegt. Am 12. November allein fanden 17 Mann den Lawinentod; ihre Leichen aperten erst im August 1917 im Arzkar aus.

Wintervorsorgen waren fast keine getroffen worden. Die Lebensmittel reichten knapp, Brennholz und Petroleum gingen aus. Die leicht gebauten Unterstände ächzten so unter der Schneelast, daß die Besatzung, Freiwillige aus dem Cadore, die Lagerpritschen zerlegten und damit das Dach zu stützen versuchten. Die Schneefälle im Dezember begruben die Baracken 6 Meter tief, zerdrückten sie, so daß die Besatzung der »Cavernette« ihre Zuflucht in einer natürlichen Felshöhle nehmen mußte, die mit Zeltblättern notdürftigst abgeschlossen wurde. Bei der beißenden Kälte gab es eine Menge Erfrierungen und die Kletterabteilung Lunellis mußte zur Ablösung herangezogen werden. Auf der Sentinella mußte die vielköpfige Besatzung den ganzen Winter über eng zusammengepfercht in der lichtlosen, dumpfen Kaverne zubringen.

Von den Wachen auf den Scharten wußte man wochenlang nichts. Für sie gab es in den Steilschluchten, durch die die Lawinen fegten, kein Vor und kein Zurück. Mit einer halben Fleischkonserve im Tage, die sie nicht einmal aufwärmen konnten, mußten sie ihr Leben fristen. Ein vierfacher Kampf war auszufechten: gegen den Feind, der ihnen mit seinen Minenwerfern arg zusetzte, gegen die Lawinen, gegen das Verhungern, gegen das Erfrieren.

Als die ersten Sonnenstrahlen im neuen Jahr den Sieg über Nebel und Stürme davontrugen, beleuchteten sie die Zerstörungen und das Elend. Der Winter war der Sieger über Freund und Feind geblieben.

Langsam löste das neue Jahr die Erstarrung, in der sich die gegenseitigen Fronten befanden. Im metertiefen Pulverschnee waren Unternehmungen gegen den Feind unmöglich gewesen. Im Februar aber gelang dem Rotwanddetachement eine hochalpine Neubesetzung, die den linken Flügel der Rotwandscharte, die bisher beim Minenposten am Rand der Ostabstürze geendet hatte, vorverlegte und die Sicherung wesentlich verstärkte.

Vom Sextental aus sieht man an der Ostseite der Rotwand etwa in gleicher Höhe wie die Rotwandscharte einen Felszahn aufragen, neben dem eine lange, senkrechte Schnee- und Eisrinne fast 300 Meter tief niedergeht. Der Felszahn schien unbesetzt zu sein, was sich hinter ihm barg, war unbekannt. Leutnant Tichy, der tapfere Verteidiger der Elferscharte beim Angriff am 8. Juni, ging daran, mit einigen ausgewählten Leuten die Scharte daneben zu besetzen. Von der Rotwandscharte ausgehend, bahnte er sich im tiefen Schnee knapp an der senkrechten Wandstufe den Weg und querte in schwerer Kletterei an ausgesetzten Felswänden, die gegen Schellaboden abfallen, zwei Eisrinnen, die von der Rotwandspitze herunterkommen, und erreichte nach vielen Stunden Arbeit über schmale, verwehte Bänder die Scharte. Sie war leer. Zu Ehren des Detachementskommandanten Oberleutnant Bruckner bekam sie den Namen »Brucknerscharte«. Fürs erste wurde als Notunterkunft eine Schneehöhle ausgegraben, darin ein Zelt aufgeschlagen und ein Posten von vier Mann hineingelegt.

Der österreichische Posten Brucknerscharte (rechts oben) mit dem Brucknerturm. Im Hintergrund die scharfe Kante des Neunerkofels. Von der Scharte aus überblickten die Österreicher die gegenüberliegenden italienischen Stellungen der A-Scharte und der D-Scharte und den Creston Popera.

Eine neue, ungewohnte Welt zeigte sich den Erstersteigern. Statt des Blickes aus der Vogelschau, wie ihn die Gipfelstellungen auf die niedrigeren italienischen Posten gaben, baute sich gegenüber der neubesetzten Scharte hinter einem weiten Schneekar ein abenteuerlich zerzackter Grat auf, der Nadelgrat (Guglie), an den sich an seinem nördlichen Ende in lotrechter Wand das mächtige Gipfelmassiv der Rotwand anschloß. 200 Meter weiter oben mußte dort irgendwo der äußerste Posten des Adlerhorstes stehen. Hinter den Nadeln des Grates traten Hochbrunnerschneid und Zsigmondygrat hervor, links unten sah man Teile von Creston di Popera, gegen den Kreuzberg zu war die Scharte durch den Felszahn, der Brucknerturm getauft wurde, herrlich gedeckt.

Taktisch lag die neue Stellung hervorragend. Von links und rechts unzugänglich, von vorne leicht zu verteidigen, flankierte sie die Südabstürze der Rotwand, in denen sich die Italiener festgesetzt hatten, so daß sie sich dort gegen zwei Fronten sichern mußten: gegen die Gipfelposten ober ihnen und gegen die neue Stellung der Brucknerscharte.

Brucknerscharte und Brucknerturm. Wo in der Schneerinne Licht und Schatten zusammentreffen, stand anfangs der 12-cm-Luftminenwerfer; später wurde neben der Hütte ein Aufstellungsplatz ausgesprengt.

Es war verwunderlich, daß sich die Italiener die Besetzung hatten entgehen lassen. Die Rotwand wäre in die böseste Lage geraten, wären sie den Österreichern zuvorgekommen. So aber hatte Leutnant Tichy verteufeltes Glück: Als seine Patrulle vorsichtig die Schneewächte durchbohrte, die die Scharte krönte, und durch das Loch ins Vorgelände schaute, sah sie vor sich Alpini, die gerade Anstalten machten, von der gegenüberliegenden D-Scharte herüberzukommen. Sie mußten aber Lunte gerochen haben und gaben Fersengeld. Die Unsern hatten sich umsonst auf den Empfang gefreut.

Die nächsten Wochen waren dem Ausbau der Brucknerscharte gewidmet, der gefährliche Weg wurde verbreitert und versichert, eine kleine Hütte für die auf 12 Mann vermehrte Besatzung errichtet, Schützenstände gebaut und sogar auf dem Brucknerturm Nachtposten aufgezogen. Der Winter hatte noch seine schwere Hand auf den Bergen liegen, immer wieder mußte bei den Ablösungen und Materialzuschüben der Weg frisch eröffnet werden. Doch die harte Arbeit lohnte sich in der Zukunft.

Im Anschluß an die Besetzung der Brucknerscharte unternahm Leutnant Tichy mit dem Stabsoberjäger Christl Vinatzer, dem tapferen Wachkommandanten der Polarstellung, eine schneidige Patrulle. Von der Brucknerscharte stiegen die beiden durch die schmale Eisrinne ab und landeten nach vielstündiger Kletterei über die furchtbar steile Nordwand bei den Schützengräben der Feichtenstellung. Die Verbindung mit der 500 Meter tieferen Nachbarstellung war gelungen, die Unmöglichkeit eines feindlichen Vorstoßes über die plattigen Wände vom Neunerkofel her festgestellt worden. Wiederholt wurde die Patrulle nicht mehr.

Das Leben aber ließ sich dieses Jahr ganz erträglich an. Der Feind gab Ruhe, Schneestürme, die der scheidende Winter noch immer heraufführte, konnten den Hütten und Stellungen, die metertief unter der Oberfläche lagen, nichts mehr anhaben und schienen nur dazu gut, die Übung im Schneeschaufeln wachzuhalten. Ein Schneetunnel verband jetzt durchgehend die Rotwandscharte mit Wurzbach, und wenn die Zeit lang wurde, dann ging man auf einen Plausch zum Nachbarn auf Besuch. Wer zuviel Überschuß an Kraft in sich verspürte, der packte die Bretteln und zog seine Bögen auf dem engen Gelände der Rotwandscharte oder der Kote 2673, neckte den Feind in offener Schußfahrt und fröhlichem Winken oder stieg wie Loimer Bert, der Rotwanddoktor, ausgerechnet im wütendsten Schneesturm mit Pickel und Schaufel zur Spitze hinauf, weil bei schönem Wetter »eh a jeda Tolm auffikralln ka«.

Dann freute man sich aufs Essen, den ledernen Rindsbraten mit »Stacheldraht«, die Polentatorte mit Weinübergruß und trank dazu Unmengen von Kaffeegebräu und Tee. Nachmittag kam die Briefzensur. Da sandte der Hias seiner Mirz und der Wastl seiner Burgl herzinnige Grüße aus Eis und Schnee und fragte, wie es daheim sei, ob der Vater schon habe einrücken müssen und ob die Bleß schon gekalbt habe. Mancher ganz Schlaue aber ließ von Freundeshand seinen Heldentod verkünden, wenn ihm die alte Gspusi schon zuwider war und ein naher Urlaub neue Genüsse verhieß. Und indem daß der liebwerte Kamerad schmerzerfüllt den Blei in die Hand nahm, um die arme Braut zu trösten, suchte der gefallene Held in der letzten Nummer des »Erzählers« nach einer nahrhaften Kellnerin im Innsbrucker »Breinössl«*.

Später gingen die Meldungen ab, die Posten wurden abgegangen, Rapport gehalten; so stieg der Abend langsam nieder. Wer Dienst hatte, schlurfte mit Leuchtpistole und Pickel aus dem Unterstand hinaus.

* Bekanntes Gasthaus.

Der sogenannte Polargipfel mit Unterständen und Kavernen

Das Leben ließ sich ertragen. Das Rotwanddetachement war auf fast 300 Mann angewachsen, so daß die Mannschaft regelmäßig abgelöst und im Tal der Erholung zugeführt werden konnte. Lang entbehrte Urlaube wurden angetreten, man durfte wieder unter Menschen und versuchen, den rauhen Kriegsmann auf ein paar Tage abzustreifen. Auch die Etappe lockte mit kurzen Abstechern, die Division in Bruneck veranstaltete sogar ein Skirennen, aus dem sich Leutnant Ebner im Langlauf und Leutnant Tichy im Patrullenlauf zusammen mit den Brüdern Vinatzer Preise holten.

Es gab Kommandierungen in Spezialkurse für Minenwerfer, Handgranaten, Flammenwerfer, für Gas, für Sturmtruppen und technische Sachen, für Skilauf und hochalpines Bergsteigen. Die Leute gingen gerne, wenn sie einen »Schwindel« rochen, der sie acht Tage oder länger in ein Tiroler Stadtl mit Weinstuben und holden Frauen führte. Es herrschte beinahe Friedensbetrieb hinter der Front, man las andächtig die »Befehle«, die in pünktlicher Folge verfaßt wurden, vertiefte sich in theoretische Abhandlungen über den Gebirgskrieg und die Bekämpfung der Lawinengefahren und versuchte sogar, in die Geheimnisse einer neu erfundenen Schleiersprache einzudringen, in der eine Unternehmung zur »Belustigung«, ein Gefecht zum »Geschäft« wurde, der Infanterist zum »Sportler« avancierte und die Handgranaten sich in »Äpfel« verwandelten. Wenn sich aber der Schleiersprachlehrer auszutoben begann mit »praktischen« Beispielen und fließend zu sprechen anhub: »Expreß Bierlieferung behandeln! Zugabe auch allen andern Fässern vom eigenen Geschäftslokal in die fremde Wohnung. Zugleich Kraxlerbelustigung mit einem Paket Tabak. Branntwein nehmen sie mit. Aktien steigen. Wir brauchen heute abend Äpfel und Bohnen!« — dann übersah man den Ernst der Sache und nahm rasch einen Schluck Etappensäure.

So kam der Frühling ins Land und langsam, langsam stieg er auch auf die Berge. Der Schnee wurde morsch, mächtige Grundlawinen rauschten zu Tal, immer länger und wärmer schien die Sonne, nach und nach aperte aus, was die furchtbaren Schneestürme des langen Winters metertief zugedeckt hatten. Der Winterschlaf war zu Ende, jetzt konnte der Krieg wieder beginnen. Man war gerüstet.

Dreischusterspitze. Der Weg links führt von der Rotwandscharte auf die Brucknerscharte.

Kaiserjägerleutnant
Dr. Hannes Sild
(aus »Die Kämpfe in
den Felsen der Tofana«
von Dr. G. Burtscher)

Hochgebirgskompanie 19

Ende April ging das Kommando des Alpinen Detachements der Rotwand — später hieß es Hochgebirgskompanie 19 — in neue Hände über und Leutnant Dr. Hannes Sild vom 1. Kaiserjägerregiment übernahm die Verteidigung des Berges. In Galizien im Jahre 1915 für die Einnahme Tarnows mit der Goldenen Tapferkeitsmedaille ausgezeichnet, hatte er seit Beginn des Jahres 1916 ein Alpines Detachement im Travenanzestal befehligt und die bösen Kämpfe nach der Sprengung der Punta di Bois (Castelletto) mitgemacht. Als ausgezeichneter Alpinist, der die Ost- und Westalpen und den Kaukasus kannte, als pflichtgetreuer, tapferer Offizier war er, wie selten einer, der richtige Führer für die schwierige Stellung, der die Zügel fest in der Hand zu halten verstand.

Man brauchte solche Männer auf der Rotwand. Denn wenn nicht alle Anzeichen trogen, mußte man im Sommer wieder mit Angriffen rechnen. Überläufer vom Kreuzberg hatten ausgesagt, daß bei günstigen Schnee- und Wegverhältnissen die Rotwand angegangen werden sollte; Ende Mai kam die erste italienische Patrouille vom Südturm her gegen den Polar. War sie nur ein Vorläufer?

Die Tätigkeit der Italiener hatte überall wieder begonnen; jede Woche blickten drohend neue Schußlöcher für Kavernengeschütze gegen die Rotwand; am Papernkofel, der unangenehm flankierte, schien unterirdisch eine ganze Batterie zu stehen. Mitte Juni schoß sich ein neuer Fünfzehner von Pian de Cavallo ein, auf Creston di Popera stand ein neues Geschütz, der Fünfzehner vom Büllelejoch rührte sich wieder und zwei neue schwere Minenwerfer begannen die Stellungen zu beschießen. Auch die Maschinengewehre auf dem Elfer, die sich dort oben wohl sehr sicher fühlten, tackten auf alle Wege herüber, daß sich kein Kopf zeigen konnte und die Besatzung in ihren Hütten eingesperrt blieb.

Tat und Nacht dröhnten Sprengschüsse bei den italienischen Wachen, am Fuße des Polarturmes rumpelte es mächtig. Bauten sie dort bloß Kavernen oder wollten sie den Gipfel in die Luft sprengen?

Wann wird es losgehen?

Allzu bange brauchte man aber nicht sein. Die Hochgebirgskompanie der Rotwand war eine erstklassige Truppe aus berggewohnten, kampferprobten Söhnen der deutschen Alpenländer, aus Kaiserjägern, Kaiserschützen, Neunundfünfzigern, die nicht bald etwas ins Bockshorn jagen konnte. Die Besten von ihnen standen in den vordersten Posten auf dem Spitzengrat, auf dem Polar, der Brucknerscharte. Aber auf alle konnte man bauen, wenn es wieder einmal scharfe Luft geben sollte. Nicht minder zuverlässig waren die Bosniaken, die der Kompanie zugeteilt waren, prächtige, baumlange Kerle aus der Herzegowina und dem bosnischen Karst, die stolz das Edelweiß auf ihrem Fes trugen, wie die Katzen kletterten und bei jeder Patrouille dabei waren. Um eine Handvoll Zigaretten gingen sie durchs Feuer für den Gospodin Laitnant.

Es war ein eigenes Standesbewußtsein bei Mannschaft und Offizieren der Hochgebirgskompanie, ein gewisser Stolz, ihr anzugehören und nicht als bloße Nummer in einem großen Verband zu dienen. Es war auch eine Art Verbundenheit des Menschen mit der Stellung, der man alles Schlechte nachsagte, die man aber doch gern hatte, weil man Jahr und Tag in ihr lebte, weil man sah, wie sie wuchs und besser wurde, weil jeder Schaufelstich, jeder Pickelschlag für die eigene Kompanie getan war und ihr zugute kam. Dieses Bewußtsein verband Mann und Offizier in echter Kameradschaft bei Not und Gefahr, und alle vertrauten sich willig der Führung an.

Der Führer mußte der Herrgott der Kompanie sein, den man fürchtete und liebte, aber auch ein Herrgott, der wie bei der Schöpfung der Welt aus nichts etwas zu schaffen wußte. Das Nichts aber war im Jahr 1917 bedrohlich immer näher und näher an die Front herangekommen, und hatte man früher darben müssen, wenn sich niemand gekümmert hatte, so begann jetzt die Not, weil bald nichts mehr da war.

Erschütternd ist der Bericht über die wirtschaftliche Lage bei der Armee im Feld, den das Armee-Oberkommando damals herausgab.

Was verschlug's, daß der Soldat Wäsche, Bekleidung, Schuhwerk brauchte?

»Auf den Bedarf von $7^1/_2$ Millionen Garnituren Kalikowäsche besteht ein Abgang von $4^1/_2$ Millionen, der nur zum Teil in Baumwollgewebe gedeckt werden kann. Von $4^1/_2$ Millionen Winterwäsche besteht ein Abgang von fast 3 Millionen. Ein Teil dieses Abganges dürfte seine Deckung durch das Ergebnis des allgemeinen Angebotzwanges und durch die Vorräte der Armee finden, zur weiteren Streckung wurde in Aussicht genommen, Wolleibchen nicht mehr zu erzeugen und der Mannschaft an deren Stelle eine Ärmelweste zu geben. Eine restlose Aufbringung der Winterwäsche aus Baumwolle ist nicht wahrscheinlich.

Auf den Bedarf von Hosen und Blusen besteht ein Abgang von $2^1/_2$ Millionen Garnituren, zu dessen Deckung nur ein geringfügiger Vorrat an Leinen- und Baumwollmonturen und die Vorräte der Armee zur Verfügung stehen. Der Ausfall an Schafwolle muß durch Kunstwolle ersetzt werden. Bei dem verhältnismäßig großen Bestand an Hadern und Lumpen und unbrauchbaren Sorten kann gerechnet werden, daß genug Kunstwolle zur Verfügung steht, um den Ausfall an Schafwolle zu decken.

Betreffs des Schuhwerkes kann ein Vorratsstand nicht angegeben werden; derzeit herrscht ein derartiger Mangel, daß das Kriegsministerium nicht in der Lage ist, die gerechtfertigten Anforderungen an Bergschuhen zu befriedigen.

Diese Situation zeigt, daß ein Durchhalten nur bei äußerster Ausnützung des Materials möglich sein wird. Was speziell Wäsche anbelangt, müßte letzten Endes zur Requisition der im Privatbesitz befindlichen Vorräte an gebrauchter Wäsche Zuflucht genommen werden.«

Was verschlug's, daß der Soldat Holz und Kohle zum Heizen und Kochen brauchte?

»Die auf ein erschreckendes Minimum gesunkene Brennholzerzeugung des Hinterlandes, die durch den Kohlenmangel stark gesteigerte Nachfrage nach Brennholz, der große Verbrauch desselben für chemische Zwecke (Pulverfabriken) sowie zur Holzverkohlung (Munitionsfabriken) schließen jede Aussicht, die Armee in den Wintermonaten mit größeren Brennholzmengen zu versorgen, vollständig aus.«

Und so ging es weiter. »Die Eisenproduktion ist im ersten Halbjahr 1917 gegenüber 1916 um 13 Prozent gesunken, bei einzelnen Betrieben muß im 2. Halbjahr mit einem erneuten Ausfall von 20 Prozent gerechnet werden. Die Ursachen dieses Rückganges liegen in erster Linie in der abnehmenden Einzelleistung, bedingt durch Unterernährung, dann in den Produktionsrückgängen bei der Kohlenförderung. Dem Rückgang steht ein ständig steigender Verbrauch gegenüber, so für Munition und Artilleriematerial, Voll- und Feldbahnen und Befestigungsanlagen. Dieser Bedarf beträgt 81 Prozent der Gesamtproduktion. Zur Einschränkung des Eisenbedarfes sind folgende einschneidende Maßregeln ergriffen worden: weitgehende Einschränkung des Privatverbrauches; Einstellung jeder nicht Kriegszwecken dienenden Bautätigkeit; Einschränkung aller militärisch nicht unbedingt notwendigen Straßen-, Wasserleitungs- und Hochbauten. Der Straßenbau muß auf unumgänglich notwendige Strecken eingeschränkt werden, statt eiserner Türschlösser sind hölzerne Türverschließer zur verwenden, statt eiserner Öfen gemauerte russische...«

»Beim Train ist die Situation kritisch, die Ursachen liegen in der unbehebbaren Futternot. Bis 1. Juni 1917 sind 45.000 Pferde an Hunger und Entkräftung umgestanden. Eine Erhöhung der gegenwärtig selbst als Existenzminimum unzureichenden Hartfuttergebühr wird angestrebt, aber kaum erreicht werden, da wegen des Mangels an Brotgetreide wahrscheinlich die ganze Maisernte als Menschennahrung verwendet werden muß. Das Armee-Oberkommando wird daher zu einer radikalen Verringerung des Pferdebestandes bei der Armee im Felde schreiten.«

»Die Personenautos bei der Armee im Felde wurden auf die Hälfte des bisherigen Standes verringert. Dadurch ist zwar eine Streckung des Bedarfes an Luftbereifung erzielt, aber auch so kann das Auslangen mit der vorhandenen Bereifung nur bis Ende Februar 1918 gefunden

Der Gipfelgrat der Rotwand. - Vorne die Neue Hütte mit dem Seilaufzug, darüber der Spitzengrat und oben die Unterstände auf dem Vinatzerturm. Im Hintergrund die Drei Zinnen, der Paternkofel und rechts unten die Nordostabstürze des Einsers ins Altsteintal.

werden. Auch die Ersatzbereifung (Lederdecken mit Füllmasse) kann nur im beschränkten Ausmaße zugeführt werden. Das Armee-Oberkommando ist bemüht, mit allen Mitteln den Personenautoverkehr im Hinterland wegen der Gumminot auf ein Minimum zu beschränken.«

Es war nicht leicht, Kompanieführer zu sein, wenn man vor solchen Tatsachen stand, und es gehörte viel diplomatisches Geschick, Umsicht und ein starkes Rückgrat dazu, alles das zu erreichen, was eine kämpfende Truppe im Hochgebirge brauchte. Trotz der schweren Zeiten aber hatte die Hochgebirgskompanie keinen fühlbaren Mangel zu leiden. Um die Geldbeträge, die als Ersatz für die verringerten Nahrungsrationen ausbezahlt wurden, kaufte man in der Etappe Zubußen aller Art, hauptsächlich Frischgemüse und Obst; der Proviantoffizier durfte nicht ruhen und rasten, damit Kriegsbegeisterung und Vaterlandsliebe durch volle Mägen erhalten blieb, damit die Abgänge an Schuhwerk, Monturen und Wäsche immer wieder gedeckt wurden.

Das Material für die Stellungen, das auf dem gewöhnlichen Weg der Anforderung und Zuweisung auch immer spärlicher floß, mußte »anderweitig« beschafft werden. Da war das tote Werk Haideck eine Fundgrube für trockene, dicke Bretter und Pfosten, Eisentraversen für Kavernenstollen, Panzertüren für Schußscharten und Kavernen. Alles wanderte auf der Seilbahn, die Hochbetrieb hatte und bald zweigleisig verkehrte, in die Stellungen hinauf, wenn sich auch das Drahtseil unter der Last einer langen Eisentraverse manchmal bedrohlich spannte.

Es mußte aber so sein, denn Leutnant Sild wußte, was auf dem Spiele stand. In der letzten Zeit hatte der Gegner nichts unversucht gelassen, um sich vom Südturm aus näher an die österreichischen Stellungen, besonders gegen den Polar, heranzuarbeiten. Der Südturm war schon früher der Ausgangspunkt des Feindes für seine gefährlichen Angriffsversuche gewesen. Sollte man da noch länger zuschauen, bis sich wieder etwas zusammenbraute? Ließ sich nicht eine Überrumpelung in den frühen Morgenstunden durchführen und der lästige Posten überraschend ausheben? Überraschung war allerdings im Felsgelände die Vorbedingung des Gelingens, jede andere Möglichkeit, um etwas auszurichten, war ausgeschlossen.

Im Morgengrauen des 26. Juni wurde das Südturm-Unternehmen mit mehreren kleinen Patrullen durchgeführt. Stabsoberjäger Christian Vinatzer und 5 Mann sollten durch die Südschlucht absteigen, um den Südturm herumklettern und der feindlichen Wache in den Rücken fallen. Über den Südgrat hatte sein Bruder Vinzenz mit drei Mann von vorne den Posten anzugreifen, eine dritte Patrulle sollte sie von links umfassend angehen. Kleine festhaltende Gruppen saßen auf dem Vorplateau des Polarturmes und am Grat, um mit Minenwerfern und Maschinengewehren die anderen italienischen Wachen niederzuhalten. Leutnant Sild stand auf dem Vorplateau, Ebner auf dem Polarturm, Tichy am Grat.

Knapp vor 5 Uhr früh gingen die Patrullen aus den Deckungen heraus. Es war ein kalter, grauer Morgen, einzelne Nebelschwaden zogen um die Felsen. Lautlos stieg die linke Gruppe in Kletterschuhen über den Grat ab, bei der Nachbarpatrulle aber ließ sich das harte Eis der Südschlucht nicht ohne Stufenschlagen bewältigen. Trotz aller Vorsicht fiel da und dort ein Stein, vielleicht vom Seil der Kletternden aus dem brüchigen Fels losgelöst, kollerte über die Felsstufen und verschwand im Düster der Tiefe. Nichts hatte sich noch gerührt. Wird es gelingen? So zeitig früh war der Feind immer wenig wachsam und schon schläfrig!

Der Südturm der Rotwand

Am weitesten ist die Patrulle über den Südgrat vorgedrungen — da fällt ein Schuß, noch einer, die Italiener sind alarmiert! Wütendes Gewehrfeuer setzt ein; mit der Überraschung ist es vorbei. Der vorderste Mann, Josef Weißbacher, ein Salzburger vom 59. Infanterieregiment, erhält einen tödlichen Schuß und stürzt ab.

Zurück die anderen! Die Überrumpelung war mißlungen.

Die Vergeltung ließ nicht lange auf sich warten. Fast schien es, daß schon der 1. Juli den Auftakt zum Entscheidungskampf bringen würde.

Es war wie ein Jahr vorher ein prächtiger Sommertag, an dem alles ins Freie kroch, um sich in der Sonne zu wärmen und draußen sein Pfeifl zu rauchen. Die ganze Dolomitenpracht von den Zinnen und den Tofanen in der Ferne bis zum Elfer und den bizarren Formen der Cadoriner Berge lag im Mittagsglast, eine merkwürdig feierliche Ruhe lag über den Stellungen. Sogar der Elfer vergaß herüberzuknallen. Da ertönte vom Südturm ein schwacher, dumpfer Abschuß. Lange nichts.

Dann schlug es mit einem höllischen Krach auf der Spitze ein, eine schwarzgraue Explosionswolke hüllte die Neue Hütte ein.

Was war das? Schwere Granaten? Aber kein Gurgeln und Pfeifen und Sausen ging dem Einschlag voran!

Nach ein paar Minuten dringt wieder der dumpfe Knall eines Abschusses ans Ohr. Nach acht, zehn Sekunden die zweite Explosion, die den ganzen Berg erbeben läßt und minutenlanges Echo nach sich zieht. Rasch verschwindet oben bis auf die Posten alles in den Hütten, die wie bei einem Erdbeben wackeln. Auf der Rotwandscharte unten wartet man gespannt. Scharf hebt sich der Umriß des Berges vom hellen Hintergrund des wolkenlosen Himmels ab, in dunkler Linie läuft der zackige Grat von der Spitze zum Polarturm. Nichts rührt sich. Da — hinter dem Grat steigt es lautlos empor wie ein dünner, schwarzer Strich, steigt hoch und höher in mäßiger Geschwindigkeit, wird langsam kleiner, doch bevor es den Blicken entschwindet, streift es ein blitzender Sonnenstrahl, jetzt kommt es in steilem Bogenflug zurück, wird wieder dunkel, länger, man sieht es senkrecht niedersausen, es hat die Richtung auf den Polarturm, und schon hüllt die schwarze Explosionswolke den Gipfel ein. Ein erschütternder Krach, den Luftdruck der Explosion spürt man bis hinunter, dann splittert Holz, fliegen Sandsäcke und Steintrümmer.

Schwere Minen! Jetzt geht es Schlag auf Schlag; mit drei Schuß sind sie eingeschossen, nun streuen sie alle Stellungen ab. Von der Arzkarwache und vom Südturm hauen sie die Minen herüber, die fast ein Meter lang sind und so zierliche Flügel tragen; im Gebrüll der Explosionen hört man sein eigenes Wort nicht. Jede Minute schlägt es ein,

Nach der Südturm-Unternehmung: Ebner, Sild, Schnell und Schönmann (von links)

Die Rotwand von Kote 2814 aus gesehen

beim Adlerhorst, bei der Neuen Hütte, beim Polar, auf der Brucknerscharte, bis zur Rotwandscharte kommen die schwarzen Dinger geflogen und schlagen knapp vor den Kaverneneingängen nieder, daß die hölzernen Türen durch den Luftdruck aufgehen und die Petroleumlichter flackernd verlöschen. Die Rotwand ist eine riesenhafte Rauchwolke.

Mit unheimlicher Genauigkeit schießen sie — der Beobachter auf dem Elfer kann seine Freude daran haben —; die Hütte auf der Spitze hat schon zwei Volltreffer, der Aufzug auf den Polar ist schwer beschädigt. Das Drahtseil des Spitzenaufzuges zittert leise — dann fällt es in schlaffen Schlingen nieder und verhängt sich in den Felsen: ein Volltreffer hat die Kopfstation zerstört. Alle Telefone sind zerschossen.

Fast 3 Stunden dauert das Höllenfeuer, dem die Rotwand wehrlos ausgesetzt ist. Dann hört es fast plötzlich auf. Man wartet und bleibt in den Kavernen. Wird es wieder schlagartig einsetzen? Allmählich traut man sich heraus und sieht die Zerstörung an. Ein wüstes Durcheinander von Holz, schwarzgebrannten Steinen, aufgerissenen Schanzkörben und Draht und Eisen ist die Stellung, vorsichtig kriechen die Leute darin herum, räumen die Trümmer weg, das Ohr immer zu den italienischen Wachen gerichtet, um davonzulaufen, wenn der verdächtige Abschuß ertönt. Bis zum Auffallen der Mine kann man noch das nächste Kavernenloch erreichen. Aber nichts rührt sich mehr.

Für heute war es genug. Zwei Tote und zwei Schwerverletzte hatte die Besatzung, die moralische Wirkung der Beschießung war tief.

Kein Tag verging jetzt, an dem nicht die Rotwand im Minenfeuer stand. In den Fels einwühlen, wie die Maulwürfe in die Erde, war die einzige Rettung, Sicherheit für das Leben der Besatzung das erste Gebot. Kavernen und wieder Kavernen! Es war ein Glück, daß ein überaus tüchtiger Sappeuroffizier der Rotwandkompanie zugeteilt worden war, der außer eigener Schneid und Erfahrung auch eine elektrische Bohrmaschine mitgebracht hatte.

Der kleine Leutnant Schidlo war im Juni auf der Rotwand angesagt worden und die Rauhbeine der Hochgebirgskompanie, Sild, Tichy, Ebner, harrten gespannt auf den Ankömmling aus dem Hinterland. Nicht ohne Grund waren sie zu Skeptikern gegen manches geworden, das inspizierend, referierend und beratend vom Tal heraufgestiegen kam und gewöhnlich in Kürze auf Nimmerwiedersehen dorthin entschwand. So saßen sie mittags im Unterstand der Rotwandscharte, im stillen bereit, das künftige Opfer nicht lange leiden zu lassen und den Bohrmaschinenbetrieb in eigene Regie zu übernehmen. Die Scharte lag einsam da, von der Sonne beschienen, der Weg nach Wurzbach war menschenleer, denn niemand lief gern mit dem Elfermaschinengewehr um die Wette. Da sah man gemütlich eine wunderliche Gestalt heraufspazieren, in funkelnagelneuer Uniform letzter Schöpfung, mit hohen, schwarzen Reitstiefeln, einen Spazierstock in der Hand, zehn Schritt hinter ihm der Diener mit prallgefülltem Rucksack. Den drei Rotwandlern blieben die Augen stecken; ihr Urteil brauchten sie sich nicht mehr bilden. Der neue Gast stellte sich als Sappeurleutnant Schidlo, Herr über eine Bohrmaschine vor, wurde ehrerbietig, aber kalt begrüßt und fühlte sich offensichtlich nicht wohl. Man bewunderte heimlich seine ungenagelten, dünnen Stiefelsohlen und entschloß sich zu einem abgekürzten Verfahren: »Wir schleppen ihn bei Tag auf die Spitze hinauf, über ein paar Extrawandeln, die für derlei Besuche immer bereit standen. Wenn die Italiener dabei recht fest schießen, wird er wohl am Abend gern wieder nach Hause wollen!«

Die Henker gingen mit dem Opfer los, von der Mannschaft einverständlich beschmunzelt, sie selbst mit Kletterpatschen und Pickel, das Opfer in Stiefeln und Spazierstock. Doch Schidlo verzog keine Miene, die Kugeln vom Elfer schienen ihm keinen Eindruck zu machen, er kroch in der ganzen Stellung herum, zeichnete, notierte, sprach nicht viel und hatte nach zwei Tagen seinen Plan fertig! Das Eis war gebrochen; diesen Aufsitzer nahmen die Rotwandler gern in Kauf.

Jetzt kam Zug in die Arbeit. Bald ratterte der Motor, zur Brucknerscharte, auf die Spitze, zum Polar schlängelten sich die dicken

Einstieg mit Leiter
am Weg
zur Brucknerscharte

Elektrokabel, an deren Ende der Bohrmann mit dem elektrischen Meißel stand und den Stahl in den harten Fels hineintrieb. Das war ein anderes Arbeiten als früher mit dem Schlägel! Kaum kam die Feldschmiede mit dem Schärfen und Härten der Bohrer nach, kaum konnten die Sprengmannschaften rasch genug den abgesprengten Stein wegschaffen! Wo bisher noch Hütten im Freien standen, begannen überall die Kavernenbohrungen.

So war es der Arbeit Schidlos zu danken, daß die Minenbeschießung keine Verluste mehr forderte. Nach und nach wich auch die Minenangst bei der Besatzung; die Erwiderung des feindlichen Feuers und die Niederkämpfung der gegnerischen Minenwerfer wurden zu Spezialaufgaben der Brüder Christian und Vinzenz Vinatzer aus St. Ulrich in Gröden, die sich gegenseitig als Wachkommandanten auf dem Polarturm ablösten und diesen vordersten und wichtigsten Posten schneidig verteidigten. Ein ganzes Arsenal vereinigte der Polar auf seiner schmalen Plattform: Minen- und Granatwerfer, Musketen, Rollbomben, Handgranaten — für alles war Verwendung. Der Barthgrat hatte nichts zu lachen, auch der Südturm bekam manchen Volltreffer ab.

Der 9. Juli 1917 war ein Unglückstag für die Rotwand: es fiel Christl Vinatzer, der beste Rotwandmann. In der Südschlucht, schien es, arbeiteten die Italiener. Um sie zu vertreiben, ließ Christl, wie schon oft, Rollbomben ab. Eine explodierte ihm in den Händen, zerfetzte ihn und verwundete fünf Mann. Ein besonders schneidiger Soldat war für immer dahin. Er war ein tollkühner, aber doch wieder bedachter, überlegter Mann, mit seiner Stellung in Liebe und Anhänglichkeit verwachsen, voll Initiative und Opferfreudigkeit. Ein tapferer und aufrechter Mann, dessen Tod von allen, die ihn kannten, tief beklagt wurde.

Doch die Zeit ging weiter, wieder rückte die Möglichkeit eines Angriffes näher. Neue Batterien schossen sich auf die Rotwand ein, vom Oberbachernjoch gähnte ein neues Kavernenloch für ein Geschütz herüber. Am 21. Juli desertierte ein italienischer Leutnant samt seinem Diener von der Oberbachernspitze, der den Rotwandangriff für den 25. Juli in Aussicht stellte. Alpinibataillone seien in Padola schon zusammengezogen. Doch der Tag verging, ohne daß sich mehr als gewöhnlich ereignete. Dafür kam auf der Kote 2814 am Elfergrat ein neues Kavernenloch mit der Schußrichtung auf die Rotwand zum Vorschein und auffällig häufig kreuzten feindliche Flieger über unseren Stellungen.

Noch immer nichts! Fühlten sich die Italiener doch nicht stark genug, um den Kampf Mann gegen Mann nochmals zu wagen? Genügte es ihnen, daß bloß ihre Artillerie und die Minenwerfer tätig waren?

Am 1. September fiel auch Vinzenz Vinatzer, der Bruder Christls, auf dem Polar beim allabendlichen Minenduell. Nach dem Tode seines Bruders war er von der Rotwand abgelöst worden, aber er hatte es durchgesetzt, wieder auf den Polar kommandiert zu werden. Er war zu bewundern, wenn er im Minenfeuer kaltblütig, als wäre tiefster Frieden, auf der kleinen Plattform umherging, die Verankerung des Aufzuges, wohin das ärgste Feuer gerichtet war, untersuchte oder sich auf das Felsband des Vorplateaus hinausschlich und, Kopf und Brust über dem Abgrund, die Einschläge seiner eigenen Abschüsse beobachtete. Nun war er wieder oben und meisterte den 14-cm-Minenwerfer mit tempierten Granaten. Auf den feindlichen Abschuß gab er fast gleichzeitig Feuer, man sah, wie sich beide Minen, die eigene und die feindliche, in der Luft kreuzten. Der Südturm aber ließ sich diesen Abend nicht zum Schweigen bringen und wehrte sich tapfer seiner Haut. Seine erste Mine ging am Polar vorbei und flog ins Sentinella-

14-cm-Minenwerfer auf dem Band des Vinatzerturmes. Oberjäger Vinzenz Vinatzer beim Richten.

kar, die zweite krepierte auf dem Gipfelplateau, die dritte, letzte — war's Zufall? War es Schicksal? — fiel in eine Handgranatenkiste vor dem Stolleneingang, in dem Vinatzer stand. Die Bedienung des Minenwerfers dahinter blieb heil, ihn hatte es zerrissen. Von dem stattlichen Körper lag nur ein kleines Häufchen Fleisch da.

Mit dem Aufzug, den er selbst gebaut hatte, fuhr Vinzenz Vinatzer tot zu Tal. Das Andenken der beiden Brüder lebt fort. Der Vinatzerturm, wie der Polar seitdem benannt wurde, gibt Zeugnis für den Heldenmut der beiden Tiroler, die für ihre Heimat starben.

Je mehr der Sommer dem Ende zuging und der Herbst herankam, desto weniger brauchte man einen Angriff der Italiener fürchten. Seit der Südturmunternehmung waren sie recht ängstlich geworden, warfen ohne Anlaß nachts Handgranaten ins Vorfeld und ließen sich durch das Feuer der sechs Minen- und Granatwerfer auf der Rotwand leicht niederhalten. Umso eifriger betrieben sie den Ausbau ihrer Stellungen und der Verbindungen zum Tal. Der tüchtige Sappeuroberleutnant Oglietti, der den Elfer ausgebaut hatte, entfaltete jetzt auch im Rotwandgebiet seine Tätigkeit. Zwischen der Arzalpe und dem Gipfel des Sasso Fuoco wurde eine starke Motorseilbahn mit einer Spannweite von 1500 Meter erbaut, die Bergspitze bekam einen geräumigen Felsstollen in Z-Form, der an einem Ende die Bergstation der Arzalpenbahn, am andern die Talstation der Bahn zu den Cavernette aufnahm und beide Stationen unterirdisch verband. Im Juli setzte Oberleutnant Barbieri die Arbeiten fort.

Von den Cavernette stieg eine zweite Motorbahn mit einer Spannung von 750 Metern zur Fünfzehner-Scharte auf dem Elfergrat hoch. Handaufzüge gingen zu den Scharten A, B, C, D, unzählige andere Seilaufzüge mit Spannungen von 300 bis 400 Metern liefen nach allen Richtungen. Fast auf allen Scharten wurden Wohnkavernen gesprengt; auf der Barthgratscharte für 30 Mann, auf dem Barthgrat für 15 Mann, auf dem Südturm, zu dem eine Bahn hinaufführte, für 20 Mann, auf den andern Wachen waren Unterstände gebaut, auf der D-Scharte für 25 Mann, auf den Scharten A, B und C für je 15 Mann.

Besonders dem Ausbau des Südturmes war große Sorgfalt gewidmet worden. Auf seinem luftigen Band stand ein geräumiger, gemauerter Unterstand, nicht weit davon der Minenwerfer, die Kopfsta-

Zwei Seiten aus dem Hüttenbuch der Rotwand

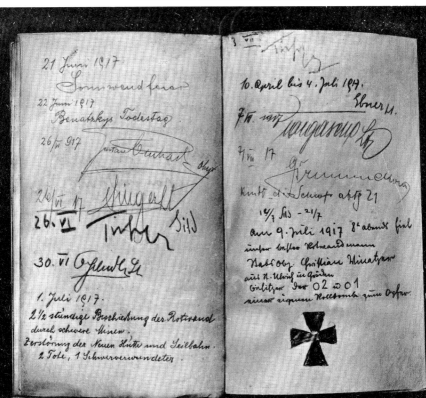

Die »Besoffene Feldwache«

tion der Seilbahn, etwas höher oben Maschinengewehr- und Postenstände. Der Südturm für sich war eine Festung!

Dieser Festung gedachte Leutnant Sild nochmals auf den Leib zu rücken. Die eigenen Stellungen waren zum Großteil so gut ausgebaut, daß man nunmehr aus der Verteidigung heraustreten und ein offensives Vorgehen beginnen konnte. Im Oktober besetzten Leutnant Tichy und Schidlo den Grat, der, vom Adlerhorst ausgehend, parallel zum Südgrat streicht und mit diesem das Arzkar einschließt. Von einer schmalen Scharte, nach dem damaligen Kampfabschnittskommandanten Fischerscharte genannt, konnte man schon gut in die Flanke des Südturms hinübersehen, nach ihr erhob sich der zackige Felsbau des Sildturmes (Torre Trento), der in senkrechter Wand zu der italienischen D-Wache abfiel. Geplant war, nach Ausbau der Fischerscharte quer durch den Sildturm einen Stollen mit Ausschüssen gegen die Rotwandstellungen, den Südgrat, den Südturm und die Brucknerscharte zu treiben, der etwa 50 Meter lang sein und nach ziemlich starkem Gefälle knapp ober der feindlichen D-Wache austreten sollte. Durch die Schräglage wäre Abquetschungsversuchen der Italiener vorgebeugt worden, falls sie versucht hätten, durch eine Gegenstollen den eigenen Tunnel zu unterminieren und in die Luft zu sprengen. Der Zugang der Fischerscharte wurde trotz den Schwierigkeiten des Geländes und der Wetterungunst rasch gangbar gemacht, Strickleitern, Seilsicherungen angelegt, Holzstege gebaut, so daß man sie in etwa 20 Minuten vom Posten des Adlerhorstes erreichen konnte. In der Scharte konnte nur bei Nacht gearbeitet werden, wobei die Sappeurabteilung von besonderen Posten gegen eine feindliche Überrumpelung geschützt werden mußte. Dieser Stollen hätte als Angriffsstellung die Möglichkeit eröffnet, die beiden gegenüber der Brucknerscharte stehenden italienischen Wachen zu erledigen, im weiteren Verlauf den Südturm, den Barthgrat und die Sentinella zu säubern und einen Vorstoß gegen die Arzalpe zu machen.

Ein Keil wäre mitten in die feindliche Front getrieben worden, der die ganze Stellung aufgerollt und mit Sicherheit den Gegner aus seinen Felsenstellungen vertrieben hätte. Mit Feuereifer ging man an die Arbeit, alles andere ruhte. Das Schwierigste, in der ungedeckten Fischerscharte den Stolleneingang und damit die erste notdürftige Deckung für die Arbeitsmannschaft zu sprengen, gelang ohne Verluste und ohne allzu starke feindliche Gegenwirkung. Wenn einmal die Bohrmannschaft im Schutz der Felsen stand, dann konnte man um das Weitere unbesorgt sein. Den Winter über blieb genug Zeit zur Vorbereitung, und bei Frühjahrsbeginn konnte man losschlagen.

Es sollte aber anders kommen. Drunten am Isonzo ballte sich eine schwarze Gewitterwolke über der italienischen Front zusammen und warf ihre Schatten auch auf die Dolomitenfront. Die große Offensive, der Hunderttausende gläubig entgegensahen, sollte in den letzten Oktobertagen losbrechen. Zu ihrer Verschleierung begann es sich überall an der Tiroler Front zu regen, um den Feind über den Angriffspunkt im ungewissen zu halten. Die sonst so zurückhaltende, sparsame Artillerie legte zu mächtigen Feuerüberfällen los, Patrullen schlichen sich nachts zu den feindlichen Linien und trugen Unruhe hinein, der alte Kampfgeist zum Drauflosgehen war wieder erwacht. Vorwärts sollte es gehen, hinein nach Italien.

Auf der Rotwand juchzte und jodelte die Mannschaft auf das wilde Schrapnellfeuer der Hochbrunnerschneid, — der Vormarsch lag in der Luft und die gegenüber verpulverten nur ihre Munition, solange sie noch welche hatten!

Am 22. Oktober war zur Täuschung eine Sturmunternehmung im Nachbarabschnitt, auf dem Mte. Piano, festgesetzt. Deutlich rollte im Südosten ohne Unterlaß schweres Artilleriefeuer, dessen Schall die stille, sternenklare Nacht herüberbrachte. Auf der Rotwand wartete

Die »Mascabroni« des Hauptmannes Giovanni Sala, die am 16. April 1916 vom Elfer zur Sentinellascharte abgestiegen waren

man gespannt auf den Feuerschlag, der dem Piano gelten sollte. 5 Minuten vor 5 Uhr früh heulten wie aus dem Nichts 300 schwere Granaten durch die Luft, am Piano blitzten die Feuergarben auf und ließen ihn in einer rötlich zuckenden Wolke von Ekrasit und Flammenwerferdampf verschwinden. Jetzt erst schlug das Gedröhn der Abschüsse von Geschützen und Minen ans Ohr. Im Nu war das feindliche Sperrfeuer erwacht, fast gleichzeitig fuhren zum Feuerüberfall aus allen Rohren und Läufen der Rotwand Minen, Granaten und Kugeln gegen den Elfer, die Sentinella, die Wachen der Südseite. Erst als die Sonne den Schauplatz der Munitionsverschwendung zu bestrahlen begann, hörte das Höllenkonzert auf und Mannschaft und Offizier konnten die halberstarrten Glieder in den Hütten wieder auftauen.

Stunden herrlichsten Herbstsonnenscheins folgten, der glitzernde Pulverschnee lockte zum Skifahren. Es war die reinste Wonne, in dem unberührten Weiß Bogen zu ziehen und am nackten Oberkörper die prickelnden Schneekristalle zu spüren. Mittag war vorbei, die Berge leuchteten in märchenhafter Schönheit. Sild stand am Ende der Bahn

Tarock auf luftiger Höhe. Die Besatzung des Vinatzerturmes vor ihrem Unterstand; links oben der Postenstand, links vorne der Eingang in die Kaverne.

Ein Teil des »Reparto scalatori«, das von Lunelli kommandiert wurde (1916 auf der Popera-Scharte)

und schaute hinüber zu den Zinnen, wie weltentrückt in tiefes Nachdenken versunken. Da klatscht ein Schuß und er wälzt sich im Schnee. Und schon hämmert das Maschinengewehr vom Elfer drauflos. Im Schuß ist Tichy bei ihm, zerrt ihn hinter eine zugewehte Sandsackmauer, schnallt die Bindung los und ruft nach Helfern. Dann trugen sie ihn zur Baracke und erwarteten sein Ableben. Es schien ein Herzschuß zu sein, bei jedem Atemzug entwich pfeifend Luft aus der Wunde, die nicht aufhören wollte zu bluten. Das wenige, was er zu sagen hatte, war nicht leicht gesagt. Als es dämmerte, trug ihn die Mannschaft zur Seilbahn. Es war ergreifend, als das schwankende Brett, auf dem er zu Tal fuhr, in der Dunkelheit verschwand*.

Wenige Tage nach Silds Verwundung traf es Tichy. Auf vereisten Stufen ausgleitend, stürzte er über Felsen ab und mußte mit einer schweren Gehirnerschütterung seine Kompanie zurücklassen.

Die Rotwand hatte sich noch in letzter Stunde ihr Opfer geholt.

---

* Trotz der schweren Verwundung blieb aber Sild wie durch ein Wunder am Leben.

Die Rotwand ist frei!

Es zählte nur mehr nach Tagen. Die Hochgebirgskompanie machte sich bereit, hinunterzusteigen von den eisigen Höhen, die der beginnende Winter schon mit seinem Schneemantel zugedeckt hatte; jede Arbeit ruhte, sosehr auch der Gegner gerade jetzt die Munition aller Kaliber und Waffen auf die österreichischen Stellungen verschwendete. Er konnte nichts mehr ausrichten. Das Gefühl der eigenen Überlegenheit, das Gefühl, bald die Fesseln abzuwerfen, die man 29 Monate lang in der Verteidigung getragen hatte, stimmte froh und zuversichtlich.

Immer deutlicher mehrten sich die Zeichen, daß die italienische Front im Wanken war. Truppenverbände fluteten bei Tag die Straßen hinter Padola und Santo Stefano zurück, noch einmal tobte sich ein mächtiger Feuerüberfall auf die ganze Front aus, dann wurde es ruhig. In der Nacht beleuchtete roter Feuerschein gespenstig die Schneewände des Elfers.

Am nächsten Morgen wurde es in den österreichischen Stellungen lebendig, aus allen Löchern, allen Scharten kamen die Rotwandler hervorgekrochen, standen am Grat, schnupperten noch vorsichtig hinüber, wo bis gestern der Feind gewesen war, dann kletterten sie hinüber zum Südturm, zur »Besoffenen« Feldwache, ins Arzkar, blieben Stunden aus und kamen mittags schwitzend und keuchend, mit schweren Säcken beladen in die Stellung zurück. Der Feind war weg und hatte ungeahnte Schätze zurückgelassen. Berge von weißem Zwieback, Berge von Konserven lagen in den italienischen Stellungen aufgestapelt, man konnte nach Herzenslust nehmen. Was schadete es, daß jede Konserve einen Hieb mit einer Beilpicke hatte, was störte es, daß der Zwieback mit Petroleum übergossen war? Die feindliche Beute schmeckte wie Manna! Tag und Nacht brodelten die Kessel, unzählige Knödel verschwanden hinter kauenden Kiefern, Ströme echten Bohnenkaffees — ein schon fast vergessener Genuß — flossen in die ewig hungrigen Mägen. Zitronen gab's und Parmesan, ein Götteressen, das die Monate der Rübenmarmelade, des Polentabrotes, des Kaffe-Ersatzes vergessen ließ.

Ungeheure Mengen Munition lagen in den Stellungen, die schweren Minen waren beim Südturm und der Arzkarwache in Verschlägen aufgestapelt. Die trockenen, hellen Baracken aus Holz oder Stein, die bequemen Drahtmatratzen, die weichen, warmen Pelzschlafsäcke darauf mußten Neid erwecken. Bewundernswert war die Anlage der Klettersteige mit Strickleitern und Seilgeländern, die unzähligen Drahtseilbahnen und Aufzüge.

Eine beklemmende, unwirklich scheinende Stille lag über dem Ganzen, als wäre man auf einem verzauberten Berg. In Marmor und Beton blickte da und dort eine Gedenktafel der Alpini des Bataillons Fenestrelle von einer Felswand herab und sprach in stolzen Worten von Soldatenmut und Erobererwillen. Auf der Sentinella aber stand über einer Gedenktafel der Toten, die in den Schneestürmen und Lawinen gestorben waren, in einer Felsnische eine kleine Madonna und schaute mit mildem Lächeln ins Tal:

»In deinem Schutz und Schirm, o Madonna, liegt unser Heil!«

Die Rotwand war frei. Zum letztenmal ging mein Blick in die Runde, zum stolzen Elfer, auf den Kreuzberg nieder, streifte noch einmal

Brucknerscharte und Brucknerturm von der D-Scharte aus; im Hintergrund der Großglockner

Der sogenannte Nadelgrat

beinahe mit Wehmut die Hütten und Bauten, die in blutiger Arbeit geschaffen worden waren. Dann stieg ich still ins Tal nieder.

*

Einsam und leer ist die Rotwand und stolz wie immer streckt sie ihren schneeigen, unbesiegten Scheitel zum Himmel. Von weit drüben leuchten die glitzernden Firne der Hohen Tauern und Zillertaler Alpen im letzten Abendschein auf, als wollten sie herübergrüßen, als wollte die deutsche Heimat noch einmal dem stillen Berg danken.

Sepp Innerkofler
Mein Tagebuch während des Krieges mit Italien

Auszug, bearbeitet von Ing. Otto Langl,
Präsident des Österreichischen Alpenklubs.

Eingerückt am 19. Mai 1915 zur Gendarmerie, noch zu Hause geschlafen.

Am 20. Mai zum Einpacken nach Fischleintal gegangen, wurde aber sofort abberufen. Nachmittags zur Dreizinnenhütte. Einquartierung. In der Nacht alarmbereit.

21. Mai. 6 Uhr früh weg auf den Paternkofel. Schlechter Schnee, konnten die Italiener hinter dem Paternsattel gut beobachten, wo dieselben Batteriestände machen und Wege ausschaufeln. Wir waren mittags wieder zu Hause zur Menage. Nach der Menage Beförderung zum Patrolführer, nachmittags frei.

22. Mai. 3 Uhr früh ab zur Zsigmondyhütte, sehr mühsam, 3 Stunden. Von dort ins Unterbacherntal und links vom Hochleist hinauf den Monte Giralba, wo wir, Pucher war mit, nur zirka 20 Mann beobachtet haben. Mit Ski herrlich herunter bis zum Talschluß und Dolomitenhof, wo wir auch noch drei Tänze gemacht haben.

Am 23. Mai, Pfingstsonntag, zur Dreizinnenhütte und von dort zum Ausläufer der westlichen Zinne, Pucher, Korp. Hofbauer, Gottfried und ich, wo wir eine italienische Patrol getroffen haben und gleichzeitig einen Italiener, der auf mich angeschlagen hat, was ihm aber nichts genützt haben würde. Fürs erste haben wir ihn zuerst gesehen, fürs zweite hätte er mich sicher nicht getroffen, da er viel zu aufgeregt war. Ich war ganz ruhig, während ich im Anschlag war. Die Tour war sehr lang und gefährlich. Abends die Nachricht der Kriegserklärung. Die Hütte wurde sofort geräumt. Forcher und ich erhielten den Befehl, den Paternkofel

Kote 2814, Elferscharte, Oberbachernjoch, Altsteintal und im Hintergrund Drei Zinnen und Dreischusterspitz, von der Rotwandscharte aus gesehen

zu beobachten, wir hatten die erste Kriegsnacht. Ich lag auf der bloßen Pritsche, ich war die ganze Nacht sehr müde und konnte nicht schlafen.

Am 24. Mai um 3 Uhr früh auf und gedeckt zum Einstieg des Paternkofels, wo uns noch 4 Mann bis auf die erste Scharte als Bedeckung begleiteten. Es war sehr kalt in den Felsen, da wir keine Sonne hatten, hauptsächlich der Gottfried klagte darüber. Die Italiener machten fleißig Schanzen auf dem Paternsattel. Um 8 Uhr fiel von Plätzwiese der erste Schuß, worauf in kleinen Pausen mehrere nachfolgten. Es fielen auch in Sexten Schüsse; aber ich habe mir das Geschäft viel flotter gedacht, nicht nur einzelne Schüsse! Der Forcher hatte eine Konserve mit, welche wir mit einer Kerze aufwärmten. Das war unser ganzes Mittagmahl, Frühstück keines, das ist so Kriegsbrauch. Wir werden auch dies noch mitmachen, ohne den Humor einzubüßen, nur sehr kalt ist es auf diesem Grat. Es ist Mittag und noch keine Sonne. Die Italiener stellen zwei Feldkanonen auf und das Schicksal der Dreizinnenhütte ist besiegelt. Abends 5 Uhr Abstieg. Erhielt vom Hauptmann eine Belobung. Ich erhielt den Befehl, am 25. Mai wieder auf Beobachtung zu gehen. Abmarsch und Rückkehr war mir überlassen und die Begleitung konnte ich mir aussuchen. Spätnachts bekam ich den Befehl, daß ich schon um 7 Uhr auf dem Posten sein sollte. Der Piller und ich gingen auf den Paternkofel, Holzer und Pacher gingen auf die Scharte. Um 8 Uhr ging der Tanz los. Wir sollten vom Schwalbenkofel die Schüsse dirigieren, leider schossen sie so schlecht, daß mit bestem Willen kein Treffer zu erzielen war. Es galt der Batterie auf dem Paternsattel. Inzwischen fing auch bei uns ein Maschinengewehr an und ich machte auch zwei Schuß, aber es war zu weit. Nun hatten wir die Italiener doch so weit gebracht, daß auch sie mit den Kanonen vom Paternsattel anfingen, die Hütte zu beschießen, was auch mit dem fünften Schuß gelang und dieselbe anfing zu brennen.

Während ich dies in der Wand des Paternkofels schreibe, brennt die Hütte gerade nieder und die Feuersbrunst zwischen den Bergen macht einen imposanten Eindruck. Unter uns Feuer und wir oben zittern vor Kälte. Die Italiener haben Schrapnells mit kleinem Kaliber. Während die Hütte brennt, wird das Seehotel geräumt. Jetzt haben wir Gott sei Dank wieder Sonne. Bis jetzt kommt mir das Ganze mehr interessant als gefährlich und schrecklich vor.

Um zirka 2 Uhr wurden wir abberufen. Ich wurde zum Hauptmann gerufen, welcher mir sagte, daß ich am 26. nochmals auf den Paternkofel zu gehen habe. In der Nacht um 12 Uhr bekam ich dann den Auftrag, um 7 Uhr oben zu sein.

26. Mai. Forcher und ich gingen um 6 Uhr weg und kamen um 8 Uhr an. Um $^1/_2$ 9 Uhr ging der Tanz los. Die Treffer waren nicht besonders, aber die Schrapnells machten doch gute Arbeit, so daß sich die Italiener hinter die Kleine Zinne flüchteten und wir annahmen, daß der Sattel zu bekommen ist.

Auf unsere Veranlassung gingen die Unsern vor, bekamen aber sofort von der Scharte zwischen Paternkofel und Paßportenkopf Flankenfeuer. Als ich das bemerkte, sagte ich zu Forcher, wir müssen auf den Paternkofel, und wir gingen auch sogleich weg. Es pfiffen mir wohl ein paar Blaue um die Ohren, aber es gab kein Loch in der Haut, und als ich auf dem Gipfel ankam, hörte ich Schnellfeuer unter mir. Sofort schob ich mich vor und gab's den Herren von rückwärts auf den Pelz, schließlich waren es zwanzig. Auch Forcher sagte mir, daß ihm einer

Davor sollte der Gipfelgang Sepp Innerkoflers bewahren! Doch gelang den Italienern die Beschießung Sextens, und das Bild zeigt, wie das Gebäude einer Mühle von der Welle einer Explosion regelrecht weggeblasen wurde.

von der oberen Scharte eins hinaufgepelzt habe, es wäre auch nur ein Loch in die Luft gewesen.

Wir gaben zirka 35 Schuß ab, aber die 20 Italiener waren dahin und es schien, daß wir ihnen doch ein paar Verwundete gemacht haben. Wir gingen wieder auf unseren Posten, um zu beobachten. Es wurde der ganze Sattel geräumt, auch die Kanonen zogen sie hinunter und die Infanterie zog sich hinter die Kleine Zinne zurück, was wir schon gemeldet hatten.

Unsere fingen an unter dem Schutz der Artillerie vorzugehen, um den Sattel zu nehmen. Ich stieg sofort ab und meldete, daß die linke Flanke frei sei, daß aber hinter der Kleinen Zinne zirka 70 Mann postiert sind und könne man deshalb nicht vorrücken, sonst bekomme man von dort Feuer. Zuerst müßten die bei der Kleinen Zinne vorgehen. Aber der Schnee sei viel zu schlecht. Der Oberleutnant schickte mich zum Hauptmann mit dieser Meldung. Der Hauptmann ließ die Sache weiter vorgehen und Unsere kamen wirklich auf den Sattel. Da wurden sie von den Italienern, welche sich hinter die Kleine Zinne zurückgezogen hatten, überfallen und mußten sich sofort zurückziehen. Wir hatten leider 2 Tote, welche zurückgelassen werden mußten, 5 Verwundete, dabei ein Schwerverwundeter, wurden mitgenommen.

Es gab wieder eine sehr unruhige Nacht. Der Schwager sollte mit 6 Mann auf das Paternkofelschartel gehen, wurde aber unter Aufgabe des Sattels auf höheren Befehl zurückberufen. Natürlich war derselbe froh, da er oben die ganze Nacht hätte aushalten müssen, und ich, weil ich ihn hätte den nächsten Tag ablösen müssen.

Am 27. Mai in der Früh mit Piller wieder zur Beobachtung ab. Um 8 Uhr Abmarsch. Inzwischen war der Junge mit dem Bauchschuß gestorben. Wir kamen um $^1/_2$ 10 Uhr auf unseren Posten und sahen auch die zwei Leichen liegen. Es waren alles 95er und alte Tiroler. Wir sahen zuerst gar niemanden, als wenn der Paternsattel ausgestorben wäre, hinter der Kleinen Zinne sah man von Zeit zu Zeit einige hin und her gehen, ein Beweis, daß sie dort verborgen sind. Ganz draußen bei der Keferhütte sind mehrere und glauben wir, daß sie dort die Artillerie einbauen, was wir auch schon gemeldet haben.

Der Paternsattel ist von keiner der Parteien zu halten und bewundere ich die Zähigkeit der Italiener, daß sie sich so lange gehalten haben.

Wir gingen um 9 Uhr von oben weg, vorher schoß ich noch auf den italienischen Beobachtungsposten, welcher dann bei der Ablösung immer laufen muß.

Als ich zurückkam, gab mir der Hauptmann für den nächsten Tag frei. Es ist noch nachzutragen, daß ich durch einen Stein, den mir der Schwager heruntergelassen hat, bald kaputtgegangen wäre.

Am 28. Mai blieb ich zu Hause. Abends ging ich durchs Altensteintal hinauf und kam 8 Uhr oben an.

Am 29. Mai vormittags Ruhe. Nachmittags vom Seehotel Holz und Bretter geliefert. Das ganze Hotel wird demoliert.

Am 30. Mai Schlechtwetter und nochmals weitere Demolierung des Seehotels. Mir ist es etwas unangenehm hinzukommen, weil die

Aufstieg zum Südturm; im steilen Schneekar sind zwei Personen sichtbar, die sich an Strickleitern emporarbeiten

Pelze von jeder Scharte herunterschießen, treffen aber nichts. Nachmittags Schneeschaufeln bei meiner Hütte, denn wir haben per Mann nur 35 Zentimeter Schlafplatz. Um 5 Uhr wollten wir wieder zum Seehotel um Holz, aber es regnete furchtbar und wir gingen nicht weiter als bis zur Hütte.

Alles wäre nicht so schlimm, nur daß man immer naß an den Füßen ist. Abends beginnt der Kampf ums Dasein. Der eine hat eine Matratze und dazu keinen Platz, der andere kommt mit einem Schlitten in die Hütte, dabei zwei Bretter, daß er unter Dach ist. Es ist wirklich traurig, wenn man sieht, daß die jungen Bürscherln im Freien bleiben müssen.

Am 31. Mai heftiges Schrapnellfeuer vom Büllelejoch auf das Seehotel und die Schützengräben. Das Hotel wurde fünfmal getroffen, brannte aber doch nicht. Es sieht nicht viel besser aus wie die abgebrannte Hütte. Alles trägt, solange man sich hintraut. Türstöcke, Bettstellen und Tische, alles wurde gewonnen.

Wir bekamen den Befehl, auf den Morgenrotkopf zu gehen, um das Büllelejoch zu beobachten. Wir sahen nur ein Geschütz und einige Italiener. Es fing an zu schneien, es war sehr kalt und um 3 Uhr rückten wir pudelnaß ein.

1 Juni. Kalt. Regen; wir gingen noch zum Seehotel um Trams, da sich die andern nicht getrauten, und so wurde die Hütte gebaut. Abends um 10 Uhr bekam ich vom Hauptmann den Befehl, nächsten Tag auf die Hochbrunnerschneid zu gehen. Der Christl, ich und Forcher gingen nach Sexten. Das war am

2. Juni, Fronleichnamsabend. Wir beabsichtigten, abends nach Dolomitenhof zu gehen; es kam aber nur Forcher und wir blieben in Bad Moos übernacht. Um 12 Uhr gingen wir nüchtern ab.

3. Juni. Das Wetter war sehr zweifelhaft. Auf der Wiese rasteten wir eine Stunde, denn Forcher war schlecht zu gehen, und wir kamen um $^1/_2$ 4 Uhr zum Detachement nach Unterbachern. Von dort gingen wir in das Äußere Loch auf den Elfer.

Da wir gedeckt waren, kamen wir schon um 7 Uhr an und beobachteten bis 11 Uhr mit schönem Resultat. Bis hinter die Zinnen konnten wir zum größten Teil die Stärke des Feindes feststellen. Zwei Geschütze stehen hinter dem Quaterna-Knieberg.

Natürlich kam der Christl nicht, auch der Forcher war nicht weiterzubringen. Ich kam um 1 Uhr in Unterbachern an, wo ich dem Herrn Hauptmann Jaschke telefonierte und zur Antwort bekam, ich müßte noch zur Dreizinnenhütte. Der Forcher ging inzwischen ins Tal, ich rief ihm nach, bekam aber keine Antwort. So ging ich halt allein zur Zinnenhütte. Der Forcher hatte auch noch meinen Proviant mit, und ich mußte ohne Essen zur Zinnenhütte. Ich war furchtbar müde und rastete wenigstens 15mal und kam 6 Uhr abends an, nach 18 Stunden, meist über Schnee.

Der Hauptmann ließ mich gleich zu sich rufen, um die Meldung mündlich zu hören. Es dauerte ziemlich lange; aber zuletzt gab mir der Hauptmann 1 Liter Wein und 25 Portorico-Zigarren. Ich habe eine ganze Flasche Kalterersee getrunken und hat mir der Wein noch nie so gut geschmeckt zum Essen. Der Hauptmann sagte, ich soll mich ausruhen. So war der Fronleichnamstag.

Am 4. Juni sind zwei Mann mit Menage angeschossen worden, wir wissen nicht, tot oder verwundet. Der Pepi hat uns wieder etwas Wein, Speck und Brot gebracht. Ich ließ ihn und den zweiten doch noch durch das Altensteintal gehen. Gerade beobachte ich die Jungen, ob sie den Weg gehen, wie ich es gesagt habe — sie folgen genau! Leider waren schon 2 Tote und 2 Schwerverwundete. Dieselben wurden in der Nacht geborgen und in die Hütte gebracht und verlangten die ganze Nacht Wasser und stöhnten und infolgedessen hatten wir auch keine Ruhe.

Am 5. Juni ging ich, um die Hütte fertigmachen zu helfen, damit wir nachmittags einziehen könnten, und wurden wir auch bis Mittag fertig. Die Hütte steht so gedeckt, daß dieselbe nur vom Gwenalpl zu sehen ist. Ich sprach mittags mit dem Verwundeten, der den Bauchschuß hatte. Er sagte, es geht nicht schlecht, er komme jetzt nach Innichen. 3 Minuten später war der arme Teufel gestorben. Den mit dem Kopfschuß trugen sie nach Innichen. Wir glaubten, daß wir denselben hinuntertragen müßten, denn die Sanitäter machen nichts als schlafen und fressen.

Nachmittags zogen wir in die neue Hütte ein. Der mit dem Streifschuß bleibt hier, weil er nur leicht verwundet ist.

Am 6. Juni machte ich wieder nichts bis mittag; da bekam ich den Befehl, wieder auf die Hochbrunnerschneid zu gehen und zwei Mann auf die Morgenalpenspitze. Dazu bestimmte ich den Forcher und Pucher, mit mir Piller und Rogger. Der Hauptmann sagte, daß die Italiener die Zsigmondyhütte hätten, und auch auf dem Hochleist seien sie.

Wir gingen nachmittags nach Sexten, abends nach Dolomitenhof. Mama, Adelheid und Mizzi gingen mit. Um 8 Uhr legten wir uns ins Bett, aber nur auf Federmatratzen, ich schlief fast gar nichts. Um $^1/_2$ 12 Uhr weckte mich die Frau, etwas vor 12 Uhr gingen wir weg.

Am 7. Juni konnten wir uns Zeit lassen und kamen um $^1/_2$ 4 Uhr in die Felsen, wo wir rasten konnten, bis es Tag wurde. Wir beobachteten die Zsigmondyhütte und den Hochleist, sahen aber nichts. Wir sagten gleich, es sei nur Schwindel, daß die Patrol angeschossen worden sei, denn im ganzen Oberbacherntal war keine Spur zu entdecken.

Neue Hütte am Gipfelgrat der Rotwand

Wir gingen langsam weiter und kamen um 5 Uhr auf den Kamm östlich vom Elfer. Das Wetter war sehr zweifelhaft und, um unsere Aufgaben zu lösen, mußten wir 9 Stunden bleiben, erst dann hatten wir die Aussicht nach Osten und Westen und konnten konstatieren, daß sich am Quaterna die Mannschaft und Artillerie weit zurückgezogen hatten; in der Trunwiese ist Verstärkung angekommen, zirka 3 Kompanien und eine Batterie für Schußriedl und Kreuzberg.

Um $^1/_2$ 3 Uhr stiegen wir ab, da wir auf dem Büllelejoch und Oberbachernjoch nur gesehen hatten, daß die Posten verstärkt worden waren und es sonst nichts Neues gab. Um 7 Uhr kamen wir nach Hause, wo ich die Meldung in der Sperrkanzlei abgab.

Am 8. Juni gingen wir mit drei Trägern mit Proviant und Munition durchs Innerfeldtal zu unserer Villa, wo wir um 12 Uhr ankamen. Nachmittags ging ich zu Herrn Hauptmann Jaschke, um zu melden, wo ich gleichzeitig die Beschießung vom Monte

Piano ansehen konnte, denn die Italiener hatten sich am untern Ende wieder eingegraben. Unsere sind beim Tocedenkmal in den italienischen Stellungen.

Die Italiener schießen mit schweren Haubitzen von Misurina gegen den Schwalbenkofl und Landro. Abends bei Dunkelheit ging ich zum Herrn Oberleutnant Tranoska in die Stellung, wo ich erzählen mußte, was es Neues gibt, denn die Herren sind wie abgeschnitten. Nachdem ich zwei Glas Wein getrunken hatte, ging ich zurück. Ja, wenn man jetzt den Wein hätte, den man manchmal zuviel getrunken hat, jetzt wäre er uns sehr nötig.

Am 9. Juni habe ich vorläufig nichts vor, nur ein paar Karten schreiben an Herrn Witzenmann und Steinrich. In der Nach vom 9. auf den 10. heftiges Artilleriefeuer von der Keferhütte auf den Monte Piano und von Misurina auf den Schwalbenkofl. Bis 2 Uhr aufgewesen.

Am 10. Juni vormittags abwarten. Nachmittags gingen wir ins Rienztal auf die Gemsen und abends kam die Meldung, eine Kompanie Italiener komme durchs Rienztal. Es waren aber wir und ich sagte, es sei keine Gefahr.

Am 11. Juni vormittags gingen Benitius Rogger und ich auf den Toblinger Knoten. Kaum waren wir oben, so wurde vom Gsell auf das Büllelejoch geschossen und wir konnten die Schüsse korrigieren. Was wir gesehen haben, sind sicher 3—4 Treffer in die Zelte gegangen. Es fielen zirka 15 Schuß. Zielrichtung gut.

Mittags waren wir wieder zu Hause. Nachmittags wurde geschlafen. Es ist jetzt sehr langweilig, nur auf dem Monte Piano geht es sehr lebhaft zu. Es wird meistens die ganze Nacht und auch bei Tage gekämpft. Artillerie, Gewehrfeuer und Handgranaten, was wir bei Tag und Nacht sehen können. Die Unsern sind jetzt oben und haben auch kleine Kanonen und werden sich hoffentlich halten können, da sonst die Italiener die Ampezzaner Straße beherrschen würden. Es wäre für uns sehr schlecht.

Am 12. Juni ging ich mit Pucher auf die Morgenalpenspitze und wir sahen, daß die Italiener auf den Hochleist herausgingen und auf der Oberbachernspitze 5—7 Mann hockten. Es ist aber nicht bestimmt, ob es Unsere sind oder Italiener*. Auch auf dem Sandebühel sehen wir eine Patrol Italiener. Während ich schreibe, hören wir im Bacherntal Geschützfeuer. Es ist 11 Uhr und wir gehen nach Hause. Gerade jetzt wird der Piano wieder beschossen, dort geht es sehr heiß zu, denn die Italiener wollen denselben unbedingt haben. Es wird ihnen aber nicht gelingen. Nachmittags Rast.

Am 13. Juni wurde mir der Auftrag erteilt, mit einer Patrol auf den Einser zu gehen, aber bestimmt keine Verluste zu haben. Die Oberbachernkanzel, der Hochleist und die Oberbachernspitze sind von Italienern besetzt. Ich sagte, es geht, nur muß ich den Einser von Nordosten machen.

Wir gingen mittags weg nach Sexten und Bad Moos, wohin mich Frau und Kind begleiteten. Ich habe noch vier Landesschützen als Verstärkung erhalten. Auch wurde mir mitgeteilt, daß die Unsern die Untere Kanzel besetzt hielten. In der Nacht vom 13. auf den 14. war im Bacherntal heftiges Gewehrfeuer, infolgedessen konnten wir nicht bestimmt rechnen, daß sich die Unsern gehalten haben.

Am 14. Juni Aufbruch um 4 Uhr früh, Piller war marod, so waren wir unser 9 Mann. Einstieg bei der zweiten Schlucht um 6.50 Uhr. Es ging gut vorwärts. Um $^1/_2$ 10 Uhr kommen wir in die Höhe der Untern Kanzel und ich wollte mich überzeugen, ob sie noch in unsern Händen sei. Ich sah dort 3—4 Mann in Deckung gegen die Obere Kanzel, einer davon zog den Mantel aus und wurde dadurch nach oben sichtbar. Sofort fiel von oben ein Schuß, er ließ den Mantel fallen und fiel selbst in die Deckung. Jetzt waren wir sicher, daß es unsere Leute sind.

Ich und Gottfried gingen über ein Band vor und schwenkten die Mützen zum Zeichen, daß wir sie von der Kanzel entlasten wollen. Entweder ist der Kommandant Jelinek von der Zinnenhütte aus nicht verständigt worden, daß ich mit einer Patrol von Nordosten auf den Einser steige, oder der Kommandant des Postens ist ein Esel! Sofort, als ich die Mütze geschwenkt hatte, bekommen wir eine Salve. Wir decken uns und ich ging noch weiter vor, um besser sehen zu können. Ich war überzeugt, daß

---

* Die Oberbachernspitze und Kanzel waren tatsächlich von der 96. Alpinikompanie des Baons Cadore am 8. Juni besetzt worden, der Hochleist am 11. Juni.

es die Unseren sind, aber der Bruder und Happacher wollten das Feuer eröffnen. Ich konnte sie fast nicht abhalten, wir bekamen zirka 20 Schuß, dem Happacher schoß einer knapp vor die Nase.

Der ganze Unsinn hielt uns $1^1/_2$ Stunden auf. Ich mußte rufen. Ich rief: »Dort Jelinek?!«, da dies der Kommandant war. Auf das hin wurde nicht mehr geschossen. Ich stellte mich frei und rief nochmals: »Dort Kommandant Jelinek? — Hier Patrol Sexten!« »Jawohl!« wurde zurückgerufen.

Nun konnten wir vorwärts gehen, wir brauchten noch eine Stunde, bis wir ober die Kanzel kamen und somit 50 Mann unter dem Einsergipfel waren. Wir sahen hinunter, aber es waren keine Italiener zu sehen, somit hatten wir Zeit, Mittag zu machen.

Ich lugte über einen Spalt und sah 3 Italiener mitsammen sprechen, natürlich auf dem Plateau, wo sie gegen uns gedeckt waren; sie hatten keine Ahnung, daß jemand über sie kommen kann. Ich sagte, nun werden wir den Tanz beginnen, Distanz 600! Jetzt kam noch einer mit Wasser, noch einer ging hinter einem Stein hervor und auf die Kante, um auf die Unsern hinunterzuschießen. Nun Feuer! — ich schoß nicht letz, ein Beweis, daß unsere Schätzung von 600 Meter richtig war. Nun ging der Christl und noch einige um 30 Meter höher, damit sie die Oberbachernspitze bestreichen könnten. Dort war Distanz 180 Meter. Dieselben hatten es schwerer, da sie beide dem Feuer ausgesetzt waren. Sie behaupteten, wenigstens 3 Tote und 4 Verwundete gemacht zu haben, bis endlich ein Italiener einem das Gewehr aus der Hand schoß und den Lauf verbog.

Es steckten aber noch immer 3 oder 4 hinter der Kante, welche Christl und seine Leute beschossen, weil diese höher waren. Ich befahl Schnellfeuer über den Kamm, wenn wir auch nichts sehen konnten. Nun wurde es ruhig und die oben bekamen von unten Ruhe.

Dann war es aber bald an der Zeit zurückzugehen. Wir sahen 3 einzelne von der Kanzel verschwinden, konnten ihnen aber nichts anhaben, da wir sie nur 2 Schritte auf der Scharte sehen konnten. Sie sahen es selbst ein, daß für sie die Kanzel nicht zu halten war.

Nun mußte ich erst den Christl und die andern holen, da sie nicht allein absteigen konnten. Ich nahm sie ans Seil und brachte sie zu unserem Stand, wo wir noch jausten, und um 4 Uhr be-

Italienische Stellung vor der Elferscharte

gann der Abstieg. Es war eine mühsame Arbeit, 9 Mann 1100 Meter hoch absteigen. Als wir die Höhe von unserem Posten hatten, riefen die Unsern: Heil! Ich sagte hinüber, daß der Empfang in der Früh nicht außergewöhnlich freundlich war!

Wir kamen um 8 Uhr unter die Felsen und waren recht guten Mutes. Bei meiner Provianthütte wurde noch angezapft und drei Liter Wein getrunken. Es war fürs Militär ein Faßl dort und wir glaubten auch, daß es für uns notwendig ist. In Bad Moos war niemand da, in Moos wurden wir mit Sehnsucht erwartet. Man spendierte uns einen Doppelliter Wein. Um 10 Uhr gaben wir beim Oberstleutnant die Meldung ab, die Herren waren außerordentlich freundlich.

Am 15. Juni machte ich Feiertag.

Am 16. Juni ging ich auf den Stützpunkt 4, Jesacher und Mair zu besuchen.

Am 17. Juni vormittags nach Innichen, nachmittags zum Oberleutnant Pittner, wo wir Befehl bekamen, auf den Elfer zu gehen. Ich sagte, wir müßten aber einen 15fachen Zeiß haben. Es wurde sofort auf die Zinnenhütte telefoniert. Antwort: Weggeschickt! Um 11 Uhr war's noch nichts; da wir aufbrechen sollten, war kein Zeiß da und wir konnten nichts machen. Die Patrol wurde auf den

18. Juni verschoben. Vormittags Ruhe, nachmittags zum Dolomitenhof. Dort Aufbruch um $^1/_2$12 Uhr. Begleitung Korporal Happacher, Landesschütze Köck, ein Kaplan aus Innsbruck, mein Sohn. So kam der

19. Juni im Unterbacherntal. Wir wurden von unserer Wache im Bacherntal auf 200 Schritt angerufen, Beweis der Angst, denn wir mußten den Feldruf so weit hinausschreien, daß es auch der Italiener hören konnte. Wir gingen nun dem Äußeren Loch zu. Ich sagte, daß es möglich wäre, daß die Italiener die Stelle, wo wir vorbei mußten, besetzt halten könnten, und mahnte zur Vorsicht. Als ich beim letzten Stein vorbei wollte, kollerte gerade ein Stein herunter und wir machten alle nieder. Der Kaplan und ich waren nicht gedeckt. Mein erster Gedanke war, daß das ein Alpenhahn gemacht hat. Ich kroch vorwärts, um auf alle Fälle oberhalb zu kommen, es rührte sich aber nichts mehr. Daß wir vorsichtig waren, ist kein Wunder, denn der Feind ist uns auf 400 Schritt nahe.

Wir konnten uns über das Schneefeld Zeit lassen und kamen doch vor 3 Uhr in die Felsen. Mußten noch auf den Tag warten und sahen sofort die Italiener auf dem Hochleist. Wenn uns diese gesehen hätten, hätten wir auch auf diese Entfernung Bohnen bekommen, weil sie damit nicht sparen.

Bei Tag ging es wieder weiter und kamen wir um 4.40 Uhr auf den Elfer. Es ist ziemlich kalt und wenig Aussicht, wir machen die Beobachtungen. Wo wir dieselben machen konnten: von den Zinnen bis hinter den Quaterna schätzten wir 4000—5000 Mann und vielleicht etwas verstärkte Reserven. Zum Vorgehen müßten noch neumal soviel sein. Auf dem Schuß stellten wir eine Batterie fest, und ich ersuchte den Kaplan, eine Zeichnung zu machen, was er auch mit Freuden tat. Wir waren alle, als die Sonne etwas herauskam, in sehr gehobener Stimmung und wollten den Italienern auf dem Hochleist einen Besuch machen, denn wir können von hier aus auf 700 Schritt heran. Doch die Vernunft siegte über das Vergnügen; denn hätten wir es gemacht, so wäre uns fürs nächste Mal der Weg versperrt gewesen.

Ich suchte in der Zwischenzeit einen Abstieg nach der Arzalpe, den ich mir schon vor 20 Jahren angesehen hatte. Wir waren in einer halben Stunde auf dem Hängegletscher, kamen von dort unschwer auf den Arzalpengletscher und gingen getrost über die Arzalpe zum Papernkofel, wo wir über die Schlucht nach den Feichten abstiegen.

Beim Abstieg schoß ich noch einen Gamsbock schlecht an. Da wir so nahe an dem Feind waren, wollten wir nicht öfters schießen, und so kam uns noch der Bock davon! Wir gingen über den Wald im Unteren Schellaboden und nach Moos, wo uns im Wald, bevor wir auf die Straße kamen, eine Patrol von Moos anrief; wir gingen dann mitsammen nach Hause.

Wir kamen um 3 Uhr in Moos an, wo uns die Gendarmerie 2 Liter Wein spendierte. Als wir nach Sexten kamen, besuchte uns der Oberleutnant Pittner und nahm die Meldung entgegen.

Am 20. Juni Rast und nur Meldung in der Sperrkanzlei.

Am 21. Juni zum Oberjäger befördert und Rast. Vormittags zum Herrn Hauptmann, aber da noch vom Sonntag sehr viel Schnee lag, ließen wir die Entscheidung wegen der Patrol auf den Abend 6 Uhr, ob wir gehen oder nicht. Anstatt einer Patrol bekam ich die kleine Silberne, somit an einem Tag vom Patrolführer zum Oberjäger und ausgezeichnet!

Am 22. Juni, $^1/_2$4 Uhr, heftiger Kanonendonner gegen Kreuzberg und Knieberg, aber von dort keine Antwort. Ich war den ganzen Tag beschäftigungslos.

Am 23. Juni fuhr ich zum Doktor Loimer wegen meinem Knie.

Am 24. Juni vormittags nichts los, abends nach Fischleinboden zum Übernachten. Es waren da Herr Kaplan Hosp, Leutnant v.

Schullern, Professor Goller, ein Standschützenleutnant von Innsbruck, der Bursch vom Leutnant v. Schullern, ein Oberjäger vom Harnischeck.

Hier fehlt im Tagebuch ein Blatt.

25. Juni. Mitten auf dem Hochleist standen 3 Zelte, etwas weiter zurück gegen das Giralbajoch ein Mann auf Posten, gegen Zsigmondyhütte-Unterbachern 2 Mann in einer Deckung gegen unsern Aufstieg ins Äußere Loch. Bei den Zelten sahen wir ab und zu 2 bis 3 Mann, welche auch wieder hineinkrochen. Es mögen vielleicht auf dem Hochleist 20 Mann sein.

Ich sagte, als wir uns halbwegs gedeckt hatten, nun wollen wir's den Italienern heiß machen, zuerst schießen wir auf die Zelte. Es ging auch sofort los, 7 Mann Schnellfeuer gibt viel Lärm. Die Italiener wußten im ersten Moment nicht, wo es herkommt, und dauerte es ziemlich lange, bis unser Feuer erwidert wurde. Zuerst kam es vom Giralbajoch, dann hatten sich einzelne nach der Zsigmondyhütte gedrückt und steckten die Köpfe in die Höhe. Aber sofort knallte es wieder, man sah einzelne hinter dem Grat hinken, in den Zelten sind jedenfalls auch Verwundete und Tote gewesen.

Aber auch die Italiener vom Giralbajoch fingen an, heftig zu erwidern, das beste daran war aber, daß sie recht herzlich schlecht schossen. Mein Gewehr war heiß und ich hatte nur noch 3 Patronen, somit ging ich zurück, wo ich gedeckt war, mein Gewehr abzukühlen und Patronen aus der Schachtel zu nehmen.

Es kam gerade Leutnant v. Schullern mit seinen Leuten zurück, da er wegen Nebel nichts machen konnte. Der Herr Leutnant ging direkt vor, ich warnte ihn, da die Italiener vom Giralbajoch wie unsinnig schossen. Er fragte mich noch, wo ich meine Stellung gehabt habe. Ich sagte, dort ist es sehr steil, gehen Sie lieber etwas nach links hinunter.

Kaum war der Herr Leutnant verschwunden, so hörte ich Kanonendonner und im Momente das Gebrumm einer Granate. Mein Gedanke, das gilt uns, und hinten in die Deckung werfen — gegen Kopfschuß war ich schon früher gesichert, aber das kam von weiter drüben — war nur ein Augenblick und die Fetzen flogen über mich weg! Es war schon der erste Schuß sehr gut gemeint und fiel gerade dorthin, wo ich vor einer Minute noch gesessen war, vielleicht vom Leutnant 10 Schritt, ungefähr so weit von Gottfried und den andern. Ich habe mich nach den ersten Schüssen weiter nach links verschoben, sonst war ich am rechten Flügel.

Natürlich mußte ich in der Deckung bleiben und kamen die andern bis auf Gottfried und Goller alle vor dem zweiten Granatschuß in meine Deckung. Der zweite fiel 10 Meter ober unsern Köpfen ein, da erschien auch Gottfried rechts. Nun fing einer an zu jammern, daß wir alle verloren sind. Ich sagte, nur keine Angst, wir müssen dem Feind das Vergnügen zum Schießen lassen, die Hauptsache ist, daß noch keiner verwundet ist und wir in Deckung sind.

Wir blieben wenigstens eine Stunde lang liegen, der Kaplan meinte, daß wir abgeschnitten werden. Ich sagte, nein, davor sind wir sicher! Schließlich mußte doch gegangen werden. Ich sagte zum Herrn Leutnant, nun will ich's versuchen, kommen Sie in großen Abständen nach, aber einzeln.

Wir müssen zirka 400 Schritt bis zur nächsten Deckung gehen. Ich kam bis vor die nächste Deckung und bekam nur eine einzige Kugel zu hören. Ich rufe, Goller hört mich zu meiner Freude, wo er steckte, war ich nicht neugierig, mir genügte, daß er da war. Ich sprang in die Schlucht hinein und im selben Momente platzte ober mir eine Granate am Fels, aber wieder ohne Schaden.

Nun ging aber ein Gewehrfeuer los, wie ich es noch nicht gehört hatte. Es dauerte mir schon zu lange und sagte ich zum Goller, der zirka 30 Schritt rechts war, diesmal haben wir Pech, sie kommen nicht alle nach. Goller rief zurück, ich höre sprechen, sie kommen; und im selben Moment sprang schon Herr Leutnant als erster zu mir herein und sagte: »Die haben es gut gemeint, aber bis jetzt noch keinen getroffen.« So fiel einer nach dem andern in die Schlucht hinein, der vierte war mein Junge, der kollerte zum Professor Goller hinunter mit lachendem Gesicht. Als letzter kam der Schütze von Enneberg, er sagte, ich ließ alle ziemlich voraus, man ist sicherer allein, was auch richtig war, denn mit dem Herrn Leutnant sind zu viele weg. Darum auch die heftige Beschießung und die Granaten.

Nun konnten wir uns bewegen und warteten, bis Nebel kommen soll. Er war einmal auf dem Giralbajoch, später auf dem Oberbachernjoch, von wo die Granaten kamen, aber niemals zugleich. Inzwischen fing Forcher auf dem Einser an, sein Feuer zu eröffnen, und wir glaubten, daß jetzt die Aufmerksamkeit der Italiener von uns abgelenkt sei.

Wir beobachteten die Stellung der Italiener auf dem Giralbajoch, es können vielleicht 60 bis 100 Mann sein, sicher nicht mehr. Es sind auch Zivilarbeiter dort und wahrscheinlich wird dort eine Betonstellung gemacht. In Oberbachern graben sich die Italiener ein, wo sie schießen. Die Posten auf der Kanzel und Oberbachernspitze sind auf Forchers Feuer verschwunden in den Deckungen, es werden je zirka 10 Mann sein. Ich schätze auf Oberbachern und Büllelejoch zirka 30 Mann, aber alles ist gedeckt und jetzt nur mit großen Verlusten zu nehmen.

Nach zirka einer Stunde brachen wir ziemlich zerstreut wieder auf, Gottfried und ich links, um die Handgranaten zu holen, die andern ganz rechts auf aperm Fels. Wir hatten alles im Schnee und kamen langsam vorwärts, hatten aber vom Schießen nichts mehr zu leiden und trafen als die letzten auf dem Zsigmondykopf ein, wo wir auf die Scharte gegen den Elfer zu abstiegen, über die Rinne wie neulich hinunter auf den Hängegletscher, von dort auf die Scharte zwischen Rotwand und Elfer bei strömendem Regen. Bei schönem Wetter wäre dies auch touristisch eine sehr schöne Tour gewesen.

Nun ging es über das Schneefeld hinab nach Fischleinboden, wo wir mit der Patrol vom Einser zusammentrafen, die um uns große Angst hatte. Wir kamen um $^1/_2 7$ Uhr nach Hause, wo sofort frisch umgezogen wurde.

Kaum fertig, kam eine Ordonnanz, wir sollten zu den Baracken kommen. Dort wurden wir dekoriert, Gottfried mit der Bronzenen, ich mit der großen Silbernen. Der Herr Oberstleutnant sagte, melden könne ich morgen um 9 Uhr.

Als ich aber zu Bette gehen wollte, kam Herr Oberleutnant Pittner, ich soll sofort zu Herrn Oberstleutnant Meldung machen gehen. Ich ging sofort zum Stemberger, wo die Herren Offiziere alle waren. Die Meldung wurde möglichst kurz gemacht, aber zum Schluß sagte der Herr Oberstleutnant, daß ein Oberjäger anders gemeldet habe, daß er sehr beschossen worden sei und daß im Oberbachern massenhaft Militär sei, auch auf der Oberbachernspitze und Kanzel wimmle es von Italienern. Ich sagte, daß bei meiner Patrol auch Offiziere dabei gewesen sind und daß die Patrol auf dem Einser auch nicht mehr gesehen haben kann und daß der Oberjäger aufgeschnitten habe.

Der Herr Oberstleutnant entließ mich und ging noch selbst, um die Tapferen um 11 Uhr nachts zu vernehmen.

Am 26. Juni Rast.

Am 27. Juni Rast bis mittags. Nachmittags kamen 2 Kompanien bayrische Leibgarde und eine Gebirgsbatterie mit 230 Pferden. Wir bekamen die Kanzlei von der 2. Leibkompanie und noch zehn Mann.

Am 28. Juni hatten wir ein Amt für die glückliche Heimkehr von der Patrol am 26. um 5 Uhr früh, wo auch der neue Hauptmann von der Dreizinnenhütte dabei war und nach dem Amt kommunizierte. Er ließ mich durch den Pfarrer rufen; damit er besser orientiert sei, möchte ich am 29. hinaufkommen, was ich auch gern tun wollte. Somit konnte ich am 28. zu Hause bleiben.

Am 29. Juni früh nach Innichen, mit der Post zurück und nachmittags zur Zinnenhütte. Es wurde wieder anders befohlen. Für den

30. Juni früh um 6 Uhr gestellt, um mit Oberleutnant Heinsheimer die Patrol auf Rotwand und Arzalpe, wenn möglich, zu machen. Aufbruch um 7 Uhr früh. Zwei deutsche Offiziere, ein Oberleutnant und Leutnant v. Reizenstein, Heinsheimer, Joller, Gottfried, Happacher, 5 Schützen und ich, auch ein deutscher Korporal und ein Mann. Wir gingen über die Rotwandwiese und dann gegen den Burgstall zu, wo die Deutschen ihren Beobachtungsposten für ihre Artillerie einrichteten, die unter der Rotwandwiese und in derselben aufgestellt ist. Von dort gingen wir gegen die Rotwand zu, doch verlangsamte sich die Tour, so daß wir nicht hinauf konnten. Wir hatten das Vergnügen, die deutsche Artillerie zu beobachten, wie dieselbe den Arzalpenkopf beschoß mit Granaten und Schrapnells. Schließlich gingen wir über den Rücken nach dem Schneekar zwischen Rotwand und Elfer, über dieses hinunter und zur Anderter Alpe, wo wir biwakierten.

Am 1. Juli Regen. Aufbruch 6 Uhr. Der Herr Oberleutnant Heinsheimer ging mit der ganzen Patrol direkt auf die Scharte zu. Ich

Barthturm, dahinter Polargipfel, rechts Südturm und vorne herabziehend der Barthgrat mit dem deutlich ausnehmbaren Felszacken der »Betenden Moidl«; Blickpunkt ist die italienische Elferhangwache oberhalb der Sentinella

sagte, man muß doch erst beobachten, ob der Feind da ist, was leicht möglich ist, da der Zugang von der Arzalpe viel leichter sei.

Hier fehlt im Tagebuch ein Abschnitt.

Es schlug unter mir ein. Komisch, auf mich keiner. Nun ist es, wie ich es sagte, die Italiener haben die Distanzen gut gemessen, aber sie hatten kein Glück. Ebenso ging es Leutnant Reitzenstein, ich wartete in der zweiten Deckung wieder, bis Herr Reitzenstein auch hier war. Der Herr Leutnant ging erst jetzt weg. Als er in die erste Deckung kam, ging ich auf die letzte Strecke, wo nunmehr Schnee war und wo man ein schönes Ziel bot. Ich rief Herrn Heinsheimer zurück, daß auch er losgehen soll, weil dann wenigstens nur einer von uns beschossen werden könnte, trotzdem blieb er in der Deckung. Die Italiener machten die Luft um mich herum voll Löcher wie ein Kornsieb. Gott sei Dank, mich traf keine. Jetzt kam v. Reitzenstein angerannt, es war auch bei ihm dasselbe Verfahren vom Feind.

Der Herr Oberleutnant war noch immer in der ersten Deckung und kann jetzt auch alle Kugeln, die die Italiener heraufsenden, für sich in Anspruch nehmen. Obwohl ich gerne mit ihm geteilt hätte, ist es in solchen Fällen besser, nicht zu teilen.

Goller sagte, daß sich von unten noch 8 Mann von Stein zu Stein vorgeschoben hätten, daher das starke Feuer. Ich sagte zu den andern, sie sollten hinunterschießen, was sie können, damit die Italiener nicht so unsinnig Pulver und Blei verschwenden müssen.

Als der Herr Oberleutnant in die zweite Deckung kam, bekamen auch wir schon Kugeln von den Felsen unter dem Hängegletscher hergehaut, wo sich die Italiener in gedeckter Stellung vorgeschoben hatten.

Wir hielten uns nicht länger mehr auf der Scharte auf, da wir nichts mehr zu tun hatten. Um 12 Uhr gingen wir ab und waren um 1.50 Uhr auf der Anderter Alpe. Herr Oberleutnant Gruber ging oben hinüber zu seiner Stellung und wir gingen hinaus gegen den sogenannten Kulewaldplatz, wo uns 6 Mann noch einen Rehtrieb machten, von dem sogenannten Bastrich heraus. Ich machte die Aufstellung bis herunter in das Untere Weitental. Es kamen 5 Stück Reh und ein Fuchs, selbst bekam ich keinen Schuß auf Reh, aber gesehen habe ich zwei. Geschossen wurde achtmal, aber leider nur eines angeschossen.

Man sieht: $2^1/_2$ Stunden früher Jagd auf Menschen und jetzt wirklich auf der Jagd zum Vergnügen! Beweis, daß wir von den Italienern nicht aufgeregt waren!

Um 6 Uhr abends kamen wir nach Hause. Erzielt wurde bei der Patrol, erstens die Stellungen vom Col Quaterna bis über Golrasten hinaus gezeichnet und hinter dem Kreuzberg sämtliche Deckungen, auch die Stärke des Feindes in der Arzalpe, wo wir eine Ablösung von 60 Mann gesehen haben.

Am 2. Juli Rast. Abends um 8 Uhr kam der Befehl vom Herrn Oberstleutnant, sich bei ihm sofort in Marschadjustierung zu melden. Und zwar mit Gottfried und Schranzhofer. Bei den Baracken erwartete uns ein Zweispänner, welcher uns zur Dreischusterhütte brachte. Herr Leutnant v. Tepser wartete uns mit Rostbraten und Kaffee auf und um 12 Uhr gingen wir in einem Schupfen schlafen.

Am 3. Juli um 6 Uhr früh standen wir auf, tranken einen schwarzen Kaffee und gingen auf das Zinnenplateau. Um 9 Uhr waren wir dort und meldeten uns bei Herrn Hauptmann Wellean. Hierauf erhielten wir Menage, die wir uns gut schmecken ließen.

Am 4. Juli um 6.20 Uhr früh fiel Sepp Innerkofler auf dem Paternkofel.

Sepp Innerkoflers letzte Patrulle

Es sind ihrer fünf, die den Befehl erhalten haben, den Paternkofel zu besetzen, unter ihnen die bekannten Sextener Bergführer Sepp Innerkofler, Schanni Forcher und Andreas Piller, die schon mehr als 50 Jahre zählen. Mit Stutzen und Handgranaten bewaffnet, verlassen sie den Unterstand hinter den Toblinger Knoten, gefolgt von dreißig bis vierzig Landesschützen, Standschützen und Sappeuren, die Christl Innerkofler führt, der Bruder des Sepp.

Innerkoflers Bub muß zurückbleiben. Beim Abschiednehmen schlingt er die Arme um den Hals des Vaters. Lange schaut er ihm nach, bis die Gestalt im Dunkel der Nacht verschwunden ist. Dann macht er kehrt und steigt auf den Sextenstein, um den Morgen abzuwarten und zu schauen.

Vom blassen Mondlicht beleuchtet, ragen gespenstisch die Drei Zinnen in den sternenklaren, dunkeln Himmel.

Die Patrulle ist bei der Schuttreiße angelangt, die zum Gamsschartl führt. Vorsichtig und langsam steigen die Männer höher, jedes Geräusch im Geröll vermeidend. Oben macht Christl mit seinen Leuten halt, um den Ausgang des Patrullenganges abzuwarten.

Die fünf ziehen ihre Kletterschuhe an und packen die Wand des Paternkofels. Trotz der Dunkelheit steigen sie sicher, sie kennen ihren Weg genau. Es ist der Nordnordwest-Anstieg, den Sepp 1896 zum erstenmal begangen und seitdem unzählige Male wiederholt hat.

Etwa eine Stunde klettern sie, fast sind sie schon am Grat. Über dem Elfer verblassen die Sterne und in bleichem Dämmern bricht der Morgen an. Jetzt haben sie den Grat erreicht, die ersten Sonnenstrahlen vergolden drüben den Cristallo. Da reißt ein Sausen und Pfeifen durch die Stille, die österreichische Kanone auf dem Rautkofel beginnt sich einzuschießen. Der vierte Schuß sitzt. Dann breitet sich wieder Stille über die Landschaft.

Einer hinter dem andern klettern die fünf auf der Gratschneide weiter und heben sich im Morgenlicht vom hellen Himmel ab. Da erspähen sie vom Büllelejoch aus die Alpini des Majors Buffa de Perrero. Alarm! Im Nu sind die Geschütze und Maschinengewehre bei den Zinnen erwacht, sofort antworten die österreichischen Maschinengewehre. Über ihrem Gekläff rumpeln die Kanonen vom Rautkofel, ein Mörser hinter dem Sextenstein, ein Feldgeschütz, eine Haubitze. Die fünf aber sind in die Westwand übergetreten und stei-

Alle Bemühungen der Verteidiger umsonst — Sexten sank in Schutt und Asche

gen weiter, Meter um Meter, in Felsnischen, hinter Felsrippen sich deckend. Ein Splitter schlägt knapp vor dem Sepp ein, Blut rinnt über sein Gesicht, doch er klettert weiter. Ein Stein verletzt Forcher, er blutet, aber klettert weiter.

Fast haben sie schon die Spitze erreicht. Ringsum ist alles ruhig geworden. Kein Schuß fällt mehr.

Vom Sextenstein herüber verfolgt Gottfried jeden Schritt seines Vaters mit dem Feldstecher. Er sieht ihn knapp unter dem Gipfel stehen, etwa fünfzehn Schritte vor der Steinmauer, die den italienischen Posten deckt. Bedächtig greift er nach der Handgranate am Gürtel, zieht ab und schleudert sie in vollem Schwung gegen die Deckung. Dann noch eine. Schließlich die dritte, die mitten auf der Steinmauer krepiert. Da — was ist das? — Sepp wirft plötzlich die Arme hoch, fällt rücklings um, kollert über die Plattenwand des Gipfels und bleibt beim Ausstieg des Opelkamins reglos liegen. Tot. —

Der Überfall ist mißglückt.

Noch mehrere Tage sah man von den österreichischen Stellungen aus den Leichnam in den Felsen liegen, eines Morgens aber war er verschwunden. In der Nacht hatten ihn die Italiener geborgen. Der Medizinstudent Angelo Loschi, der als Sanitätssoldat diente, und ein Alpino waren in die Felsen eingestiegen und hatten den Toten geholt.

Auf dem Gipfel des Paternkofels fand Sepp Innerkofler seine letzte Ruhe. Ein Felsblock deckte das Grab, aus dem ein schlichtes Holzkreuz hervorragte. Die einfache Inschrift darauf verkündete, wer hier sein Leben für die Verteidigung der Heimat gelassen hatte:

**Sepp Innerkofler,
Bergführer.**

Der Weg einer Hochgebirgskompanie 1915—1918
Einige Erinnerungen vom Rande des Krieges

Wer weiß heute, was eine Offene Order ist? Sie war ein Freibrief für den Inhaber, der ihn berechtigte, bei Eisenbahn-, Dampfschiff- oder Postfahrten im Bereich der österreichisch-ungarischen Monarchie für sich, die begleitenden Diener und Pferdewärter, dann für die zur Dienstverrichtung notwendige Anzahl Pferde und das persönliche Reisegepäck den Militärpreis in Anspruch zu nehmen, ebenso die vorübergehende Einquartierung und auch eventuell Vorspann anzufordern. Alle Zivil- und Militärbehörden waren aufgefordert, den Inhaber ungehindert passieren zu lassen und nötigenfalls jegliche Unterstützung zu gewähren.

Mit einer solchen Offenen Order und 6 Mann zog ich, Kadett im 2. Regiment der Tiroler Kaiserjäger, am 20. Oktober 1915 von Toblach los; ein Alpines Detachement sollte aufgestellt werden; wo, war noch nicht bekannt.

So schulterten wir unsere Rucksäcke, Skier und Bergstöcke und trabten zum Bahnhof. Schon in St. Lorenzen vor Bruneck

Prot.-Nr. 334

Offene Order.

Für den Herrn *Kadett Verwalt-Lehner no 2 J. H. J.*
der kraft *Divisions-Kmdo-Befehles*
Nr. *1554* vom ten
mit 6 Mann zum Abzug. Verhergenommen nach St. Lorenzen
abzugehen hat.

Der Inhaber dieser Offenen Order ist berechtigt, bei Eisenbahn-, Dampfschiff- und Postfahrten im Bereiche der österreichisch-ungarischen Monarchie, sowohl für seine Person als auch für die ihn begleitenden Diener und Pferdewärter, dann für die zur Dienstverrichtung notwendige Anzahl Pferde und für das persönliche Reisegepäck à ...... kg den Militärfahrpreis, sowie die vorübergehende Einquartierung in Anspruch zu nehmen, eventuell Vorspann nach Bedarf anzufordern.

Alle Zivil- und Militärbehörden werden hiemit aufgefordert, diesen Herrn innerhalb des Zeitraumes *bis zum* *den Gegenverkehr 22. März* für den diese Offene Order Geltung hat, ungehindert passieren zu lassen und ihm nötigenfalls jede Unterstützung zu gewähren.

Vorstehende Offene Order ist nach bewirkter Dienstreise, Vollzug des Auftrages oder Ablauf ihrer Gültigkeit de*m 56. Geb.Brig.Kmdo, F.P.222* ungesäumt rückzustellen. Wird sie zur Rechnungslegung benötigt, so ist sie dieser Stelle zur Ungültigmachung vorzulegen.

Feldpost 222, am *20* ten *Oktober 1915* —
Eintausendneunhundert *fünfzehn*

Reiseantrittsstation	Zwischenstation auf der		Reiseendstation
	gebührmäßigen Reiseroute	zur rascheren Erreichung des Reiszieles günstigeren Reiseroute	
Innichen (Toblach)			*St. Lorenzen* und zurück nach

Transportmittel
Dritte Eisenbahnfahrkarte *dritter* Klasse.

An gebührmäßigen Reiseauslagen (laut Berechnung auf der Rückseite), bzw. als Reisevorschuß wurden erfolgt:
...... K ......, sage! ......
aus der ...... Kassa ...... unter Journalartikel Nr. ......
Die Eisenbahn(Dampfschiff)gebühren sind ~~bar zu bezahlen~~ (dem Heeresetat zu kreditieren).

Vom *K. und K. 56. Geb.Brigade Kommando*

Oswald Ebner *Obst.*

Harwath gspn

DRUCKEREI D.K.U.K.KM. — Lag.-Nr. 189.

Das Kampfgebiet von Travenanzes; in Bildmitte die Fontana Negra, rechts Tofana I und links Tofana II

war die Fahrt zu Ende, und wir standen da, wie bestellt und nicht abgeholt. Die Rucksäcke wogen jeder gut 30 Kilo, und durchs Gadertal waren es fast 30 km in Richtung Front. Doch wozu hat man eine Offene Order? Wir fanden den Bürgermeister, dem der Schreck vor der Offenen Order so in die Glieder fuhr, daß er uns ohne zu feilschen, aber mit dem üblichen Gejammer einen Leiterwagen mit zwei munteren Rössern anvertraute, in den wir unsere schweren Rucksäcke und die alpine Ausrüstung verluden. Und so trotteten wir stundenlang der Front entgegen. Doch leider hörte die Fahrstraße auf, die munteren Rösser zu Mulis zu degradieren gelang nicht, und uns blieb nichts anderes übrig, als unsere Rüstung zu schultern. Schon am nächsten Tag lagen wir in den Feldwachen der vordersten Linie. Verstärkt (durch eine ähnliche Abordnung eines anderen Regiments) ging's in die Höhenstellungen am Lagazuoi, am Sasso di Stria, am Sett Sass, vor allem aber auf das Felsband, das die Italiener Cengia Martini nannten, den Brennpunkt des ganzen Abschnittes am kleinen Lagazuoi über dem Falzaregopaß.

Trotz mehrfacher Versuche, das Felsband frontal und sogar im Rücken der Italiener anzugehen, trotz Artillerie, Bomben, Handgranaten und Scharfschützen mit Zielfernrohren: Die Alpini hielten stand. Selbst die späteren Felssprengungen oberhalb ihrer Stellungs-

◀ Die »Offene Order«, mit der Kadett Oswald Ebner den Weg im Kampfgebiet der Sextener Dolomiten antrat

bauten — kolossale Schuttströme geben noch heute Zeugnis davon — ließen sie nicht aufgeben.

So verging der Winter, dann kam der Nachwinter mit ungeheuerem Schneefall. Was war noch sicher vor Lawinen? Am allerwenigsten die Unterstände und die Anmarschwege. Da gab es Opfer, mehr als durch feindliches Feuer.

Als die Hochgebirgspässe wieder begehbar waren, wurde unser Detachement, das inzwischen zu Kompaniestärke angewachsen war, ins Travenanzestal verlegt, das nur über die Fanesscharte zugänglich war. Die Stellung lag auf und unter der Forcella die Fontana Negra und war eine Mausefalle zwischen den Tofanen, durchwegs überhöht von den Italienern. Ich erinnere mich noch, wie ich einmal neben meinem Unterstand, vermeintlich gedeckt durch einen Felsen, in der warmen Frühjahrssonne saß, eine Zeitung entfaltete und zu lesen begann. Da pfiff es an meinem Kopf vorbei und in der Zeitung waren 2 Löcher. Da faltete ich sie schön wieder zusammen und verschwand, bevor der Scharfschütze in den Wänden der Tofana nochmals losdrückte.

Ja, Kopfschüsse waren gar nicht so selten. Daran mußte auch der italienische General Cantore glauben, der am vordersten Alpiniposten durch einen Treffer mitten in die Stirn fiel. Bei uns war der höchste Rang, der des Heldentodes für würdig befunden wurde, der Hauptmann.

Stille Dulder ohne Heiligenschein blieben die Träger, welche die vielen Dinge, die eine Kompanie im Winter braucht, in die Stellung bringen mußten: Proviant, Munition, Brennholz und Kohle, Baumaterial, Stacheldrahtrollen. Der Aufstieg über die Fanesscharte verlangte stundenlanges Schneetreten, der Abstieg ins Travenanzestal ging schon leichter. Aber dann hieß es wieder in die Höhe zur Fontana Negra auf schmalem Steig neben den senkrechten Felsabstürzen steigen. Da hieß es: Rascher, rascher, bevor es hell wird und der Feind die Kolonne sichtet. Denn Unterschlupf gab's keinen. Nacht für Nacht ging es so. Eine Mausefalle war das Travenanzes!

Bevor die Falle zuklappte — dies geschah im Sommer danach — wurde ich mit 25 Mann zu einer Sonderaktion auf der Marmolata abkommandiert. Die Punta Serauta sollte erobert werden, wo die Italiener warm und trocken saßen. Da machte ein anderer Berg einen Strich durch dieses Himmelfahrtskommando. Der Col di Lana war gesprengt worden, und das neu aufgestellte Alpine Detachement Nr. 2 kam wie gerufen zur Auffüllung der zerrissenen Front, die an einem seidenen Faden hing; der Gratstützpunkt zwischen Col di Lana und

Der heiß umkämpfte Col di Lana, gegen die Marmolata hin gesehen

Col di Lana, einen Tag nach der Sprengung

Mte. Sief, ein Gewürfel von Felsbrocken, von drei Seiten der leichten und schweren italienischen Artillerie ausgesetzt, erst später mit einem notdürftigen Bretterverschlag als Unterstand ausgestattet, wurde zum Rückhalt der Front. Tagsüber tobte das überwältigende Artilleriefeuer. Keine Verbindung nach hinten. Kein Zuschub von Essen und Munition. Nachts gleißendes Scheinwerferlicht und feindliche Vorstöße. Ein Wohltäter war der Nebel, doch auch nicht immer dicht genug, um die Leichen vor dem Stacheldraht zuzudecken. Und der süße Geruch der Verwesung!

Doch Glück gehört zum Kriegshandwerk. Nach vier Wochen Gratstützpunkt traf mich ein Granatsplitter am rechten Ellebogen. Und wenn es auch zum Feldspital fünf Stunden Weg war, und der Sanitäter meinen Arm nicht abgebunden hatte, so daß er nach fünf Stunden steif neben dem Körper baumelte und dann zurückgebogen werden mußte — das war nicht die reine Freude —, so wog das alles

»Ich bin gesund und es geht mir gut« — das durfte man heimschreiben, weitere Mitteilungen waren auf diesen vorgedruckten Karten nicht erlaubt —, das stand in den neun Sprachen der Monarchie drauf.

Auf dieser Karte darf sonst nichts mitgeteilt werden.

Ezen a levelezőlapon mást nem szabad közölni.

Ich bin gesund und es geht mir gut.
Egészséges vagyok és jól érzem magamat.
Jsem zdráv a daří se mně dobře.
Jestem zdrów i powodzi mi się dobrze.
Я є здоров і мені веде ся добре.
Sono sano e sto bene.
Jaz sem zdrav in se mi dobro godi.
Zdrav sam i dobro mi je.
Sunt sănătos și îmi merge bine.

208

nichts, man war dem Leben wiedergeschenkt! Schon die Fahrt im Lazarettzug in Betten mit blütenweißer Wäsche war ein Erlebnis. Wien, mein Elternhaus, erwartete mich. Und so war es nicht unbillig, vor meiner Abfahrt noch zehn Kronen Taschengeld zu erbitten.

Das Telegramm löste beinahe eine Familientragödie aus. Als Schlußzeichen unter den Text setzte das Telegraphenamt ein Kreuz. Mütterchen daheim, wenig bewandert in postalischen Zeichen, las, erbleichte, schrie: »Er ist tot!« Es dauerte seine Zeit, sie zu überzeugen, daß nur ein lebender Sohn zehn Kronen brauchen kann.

Ein alter Kampfgenosse aus dem Travenanzestal, wo es mulmig zu werden begann, riet mir, mich langsam zu erholen. Sogar unser General Heldenklau verordnete mir nach Inspektion des Spitals noch drei Wochen Krankenbehandlung. Doch das Schicksal schreitet schnell. Ich war fast täglich zu Hause, schon um doppelt zu futtern, da die Spitalsportionen für einen Frontmagen ziemlich dürftig waren. Urlaub gab's bis Mitternacht. Aber an einem recht unfreundlichen Abend mit Regengüssen und Sturm blieb ich über Nacht daheim und kam erst am nächsten Morgen wieder. Da lag auf dem Spitalsbett ein amtlicher Bescheid, daß ich geheilt entlassen sei. »Da kannst nix machen, Kaiserliche Hoheit...«

Das Regiment hatte mich wieder. Jetzt aber begannen die Beziehungen zu den Frontstellen zu spielen. Mit Erfolg. Ich wurde einem Alpinen Detachement auf der Rotwand in den Sextener Dolomiten zugeteilt.

Wie fast in jeder Stellung, mußte man von vorn beginnen. Es fehlte da, es fehlte dort. Zu wenig Kavernen und Unterstände, zu wenig Sicherungen der Wege, zu wenig technische Ausrüstung, zu wenig für eine aktive Verteidigung. Allmählich, mit viel Mühe, wurde es geschafft. Die Rotwand wurde zu einem Bollwerk, das den technisch überlegenen Italienern wohl die Zähne zeigen konnte. Endlich ein Berg, auf dem die eigenen Stellungen den Feind überhöhten. Doch der Nachbar, der Elferkofel, von den Alpini hervorragend ausgebaut, ließ keine »Koexistenz« zu. Beide Frontberge lagen sich auf der Lauer gegenüber.

Ich habe das Leben auf dem Dreitausender von den Tagen der ersten Besetzung angefangen in meinem vorliegenden Buch »Kampf um die Sextener Rotwand« lebendig geschildert und auch den Alpinigegner zu Wort kommen lassen. Die Kerle hatten es auch nicht leicht.

Neben der Tätigkeit an der vordersten Linie mußte aber auch der leidige Schriftverkehr mit den Kommanden bearbeitet und erledigt werden und die vielerlei Dinge, die das Wohl und Wehe von 200 Mann

Militär-Krankenanstalt
im Reichsratsgebäude

7/63

Wien, am 21. Juni 1916.

Verpflegszettel.

Aufn. Zahl	Name	Charge	Truppenkörper und Unterabteilung	wurde verpflegt von	bis
938	Ebner Oswald	Res. Fähnr.	Tir. Kaiserj. Rgt. Doch 2	25/V 916	21/VI

Krankheit, bezw. Verwundung und Entlassungsbefund:

Granatschuß am rechten
Ellbogen Wunde verheilt

Ist geheilt und kann zur Truppe einrücken.
Wird gebessert entlassen.
Ist erholungsbedürftig und wäre ___ Tage dienstfrei zu lassen.
Ist ungeheilt und benötigt einen Krankheitsurlaub
in der Dauer von ___ Tagen, Wochen.

Vidi!

Inspektionsoffizier: Der Anstaltsleiter: Für die Verwaltung:

Anmerkung:
Vor Abgehen aus der Anstalt wollen die Herren Offiziere und
Gleichgestellte in der Aufnahmskanzlei ihr Abgehen und künftige
Adresse bekanntgeben.
Gagisten haben sich laut Mil. Kdo. Bef. № 59 vom 10./II. 1914 M.A. № 24.349
bei der k. und k. Offiziers-Rekonvaleszentensammelstelle (Josefinum)
Wien IX. Währingerstr. № 25 zu melden (in der Zeit von 1/2 9 bis 11 Uhr Vormittag).

Auch die Österreicher sprengten; hier kracht das ganze Band des Lagazuoi mit den italienischen Stellungen in die Tiefe

berühren. Selten wird es ein Frontstück geben, das so unmittelbar an Wohngebiete angrenzt wie die Rotwand an die Dörfer Sexten und Moos. Mancher wackere Streiter in der Hochgebirgskompanie, wie das Alpine Detachement umbenannt wurde, blickte von der Feldwache auf seinen Hof herab und wäre liebend gern beim Mistführen oder Melken gewesen, oder gar auf richtigem Urlaub daheim. Der Urlaub aber war gerade wegen Vorbereitung einer Offensive gesperrt worden. Und es war kein Wunder, daß die betroffenen Kandidaten »sauer« wurden. Aber man fand sich mit dem Schicksal ab.

Eines schönen Morgens aber brachte der Kanzleigewaltige der Kompanie die Post, ein lebhaftes Schmunzeln im Geischt.

Was gab's in aller Früh schon zu lachen?

»Herr Oberleutnant, wir müssen ein Kriegsgericht aufstellen!«

»Warum? Ist die Anzeige der Militärpolizei über Sie wegen unbotmäßigen Verhaltens im Theater wieder da?«

»Nein, Herr Oberleutnant, die liegt ja sicher in der Schublade Ihres Schreibtisches, bis der Krieg aus ist.«

Nach »Granatschuß« am rechten Ellbogen geheilt entlassen. Damit der Fähnrich der Reserve Oswald Ebner wieder zur Truppe zurückkann, braucht er auch einen Verpflegszettel.

»Also, was dann?«

»Herr Oberleutnant, eine ganz schwere Sache: Beleidigung der Kompanie, ihres Kommandanten, Aufruf zur Meuterei, moralische Zersetzung und Defaitismus oder wie man das Zeug nennt. Das Mindeste ist Tod durch Erschießen.«

»Na, und wen soll es treffen?«

»Herr Oberleutnant, das weiß ich eben selber nicht, obwohl ich das Dienstreglement ganz genau kenne. Aber lesen Sie selbst!«

Er überreicht mir einen sechsseitigen Brief, auf den herausgetrennten Seiten eines Schulheftes geschrieben. Ja, mir blieb der Herzschlag weg und die Augen treten aus den Höhlen, als ich zu lesen begann. Der Herr Kompanie-Kommandant sei ein ganz herzloser Blutsauger, sei der wahre Teufel, der seine ihm unterstellten armen Seelen peinigt. Er sei ein ganz schlechter Offizier ohne Herz und Scham, dem es der liebe Gott schon heimzahlen werde wegen seiner Grausamkeit, er werde keinen schönen Heldentod erleiden, sondern elend krepieren.

Jetzt hat es mir aber gereicht. Ich suchte den Absender dieser wohlmeinenden Epistel und traue meinen Augen nicht. Mit vielen Grüßen empfahl sich: Maria Kirchweger. — Der Kanzleifuchs konnte sich vor Lachen nicht mehr halten.

»Herr Oberleutnant, kennen Sie den Zugführer Kirchweger?«

»Natürlich, das ist doch der mit dem schwarzen Bart und den 2 Silbernen Tapferkeitsmedaillen.«

»Jawohl, Herr Oberleutnant, aber die Medaillen hat er nicht bekommen für tapferes Verhalten vor seiner Ehefrau, die muß er sich erst noch verdienen. Die ist nämlich fuchsteufelswild, weil er nicht auf Urlaub kommt. Darum hat sie auch den Brief an das Kommando der Hochgebirgskompanie geschrieben.«

»Und wen sollen wir jetzt kriegsgerichtlich erschießen?«

»Herr Oberleutnant, ich schlag vor: Beide!«

Ich ließ den Zugführer rufen. Der kam nichtsahnend und meldete sich gehorsamst; ich gab ihm den Brief zu lesen.

Armer Zugführer, er wurde blaß, dann krebsrot, stöckelte von einem Fuß auf den anderen, begann zu schwitzen und konnte nicht mehr sagen als: »Herr Oberleutnant, den Brief hab' ich nicht geschrieben.«

»Na, dann ist es ja gut!« Worauf sich das Kriegsgericht in Nichts auflöste.

Die Urlaubssperre war am zweitnächsten Tag aufgehoben. Wir begleiteten den Zugführer Kirchweger auf seinem Hingang mit vielen herzlichen und unziemlichen Worten.

Die Maria Kirchwegerin wird sich wahrscheinlich gedacht haben, daß ihr Brief eigentlich raschen Erfolg gezeitigt hat. Und zur Belohnung für den »herzlosen« Kompaniekommandanten gab sie dem scheidenden Gemahl, der nach dem Urlaub wieder auf die Rotwand einrückte, neben vielen herzlichen Grüßen ein Trum Speck und einen Striezel Butter mit. — Ja, Spaß mußte auch sein — denn was daneben als Leben lief, war hart genug.

Der Herbst 1917 kam heran; die Dolomitenfront zerbrach. Aber schon winkte wieder das Armeeoberkommando, und zwar zum Pasubio mit der Hochgebirgskompanie gleich neben der berüchtigten »Platte«! Die Sektionen 15 und 16 nehmen uns auf, gut ausgebaute Gräben mit Kavernen und Stacheldrahtverhauen; aber sonst ist es eine Steinwüste, die uns gar nicht behagt. Gerüchte gingen um von Gasangriffen, Petroleumminen und anderen Aufmerksamkeiten, als ob die schwere Artillerie der Italiener nicht schon genug des Guten gewesen wäre.

Wir wurden nicht recht heimisch in den Stellungen und gingen gern zur Ablösung in ruhigere Winkel, wo auch die nachbarliche 20. Hochgebirgskompanie ihre Unterkünfte hatte. Dort konnte man unbehelligt Ski fahren, auf Caproni-Doppeldecker mit dem Stutzen schießen, ohne befürchten zu müssen, daß sie getroffen würden, eine Fliegerbatterie besuchen, die auch noch keinen Caproni heruntergeholt hatte, und seine Hunde ausführen.

Es war Mode geworden, daß sich ein Kommandant einen Vierbeiner zulegte. Ich hatte einen Straßenköter aus Böhmen für 2 Gulden erstanden, nicht schön — aber lieb. Seine Leidenschaft waren Zuckerstücke, in Rum getränkt. Die Konkurrenz, der Oberleutnant der 20. Hochgebirgskompanie, hatte ein ganz junges Wollknäuel. Bedenklich war dessen Appetit. Es bekam Knochen, Innereien, Brot — sogar Kürbisgemüse fraß es. Und so wuchs es heran und war bald so groß wie ein Kalb. Als sein Herr auf Urlaub fuhr, bestimmte er, daß der Vielfraß in seiner Abwesenheit erschossen werde. Und so geschah es; der Hund war nicht mehr gesehen.

Eines Tages mußte ich die Unteroffiziersbaracke der 20. Hochgebirgskompanie aufsuchen. Es war darin merkwürdig still, aber die Mander waren vollzählig versammelt um einen großen Tisch in der Mitte und standen darum herum wie eine Mauer. Ich konnte nicht sehen, was es so Geheimnisvolles gab, wohl aber atmete ich herrliche Düfte ein.

»Aha, Ihr habt gewildert und einen Gamsbock erwischt.« Das war ein Kavaliersdelikt, nicht mehr. Endlich konnte ich mich doch vorarbeiten und sah in einer Riesenpfanne den köstlichen Braten. Man muß mir angesehen haben, wie mir das Wasser im Munde zusammenfloß, und daß Entsagung als Charakterschwäche gedeutet würde. Immerhin lebten wir im vierten Kriegsjahr. Da nahm sich endlich einer der Helden ein Herz und sprach die erlösenden Worte: »Herr Oberleutnant, wenn Sie nichts sagen dem anderen Herrn Oberleutnant, es ist keine Gams, es ist der Hund vom anderen Herrn Oberleutnant, den wir haben erschießen müssen. Er hat uns aber leid getan, weil er so schön fett war, und da haben wir ihn wieder ausgegraben und gebraten. Es wäre uns eine Ehre, wenn wir dem Herrn Oberleutnant das beste Stück verehren dürften.«

Soll man da nach dem Kriegsgericht rufen?

In einer finsteren Nacht wurde die italienische Pasubioplatte gesprengt. Es war recht unheimlich, als die Stichflammen bis zu den eigenen Stellungen züngelten und der Explosionsstoß die Kaverne wie bei einem Erdbeben wanken ließ.

Es war unser Glück, daß wir wieder abkommandiert wurden. Diesmal in sympathischere Gegenden, auf den Ortler, den Madatsch, die Schneeglocke, die Trafoier Eiswand. Da gab es Seilbahnen von Trafoi zur Ferdinandshöhe, von dort zum Stilfser Joch. Ein Spezialver-

Der Gipfel des Ortler, mit Aufstiegsspuren im Vordergrund

Punta San Matteo — die letzte Stellung vor dem bitteren Ende

gnügen war die Fahrt auf den Mte. Livrio. In der üblichen Bretterkiste fuhr man los, waagerecht auf dem Rücken liegend. Das Drahtseil hatte in den davor liegenden Gletscherboden eine schmale Rinne gesägt. Allmählich wurde der Zug von oben stärker und stärker und mit einem Ruck — da mußte man aufpassen — flog die Holzkiste aus der Rinne und pendelte sich in die Aufwärtslage des Zugseiles wieder ein. War man liegend abgefahren, so kam man stehend — Füße talwärts — auf dem Mte. Livrio an.

Heute würden einem die Haare zu Berge stehen, wollte man nach dieser Methode Seilbahn fahren.

In den Gletscherstellungen lebten wir uns gut ein. Bedenklich war nur der lange Anmarsch, vorbei an Spalten und Gletscherbrüchen. Fast wäre ich dabei zu Tode gekommen. Mit einem zweiten Offizier war ich bei Sonnenaufgang vom Stilfser Joch aufgebrochen. Der harte Firnschnee ließ uns prächtig höher kommen. Dann machten wir kurze Rast. Ich kann mich noch erinnern, wie wir mit der abgenagten Speckschwarte unsere Stiefel einrieben; dann schnallten wir die Skier an, der Schnee war wunderbar pulverig. Kaum eine Viertelstunde vom Rastplatz entfernt blieben wir verschnaufend stehen und blickten zurück. Da lösten sich unter den ersten Strahlen der Sonne von dem Gletscherbruch, den wir gerade passiert hatten, ein haushoher Eisblock, neigte sich langsam nach unten und prasselte als Eislawine über unsere Aufstiegsspur. Der Rastplatz war von den Eistrümmern ganz zugedeckt.

Nach ein paar ganz geruhsamen Wochen sind wir wieder übersiedelt, diesmal auf den Tonalepaß, den Monticello, zur Erstbesetzung des gähnenden Loches zwischen Busazza und Presenagletscher und als ablenkende Angreifer zur Juni-Offensive auf Presena. Es gab wochenlanges Freilager im schütteren Lärchenwald bei Regen und Schnee. Ein erbeuteter italienischer Pelzschlafsack ohne eine einzige Laus war Gold wert. Aber sonst waren wir froh, vom Monticello loszukommen.

Machten wir einen besseren Tausch? Uns erwartete die wiedereroberte Pta. San Matteo und der Monte Mantello mit der Giumella, alles in Höhen über 3500 Meter. Hier lernten wir den Nahkampf mit den eigenen Kommanden. Eine halbe Fleischkonserve pro Mann und Tag, ein Brocken Maisbrot, eine Handvoll Dörrgemüse, braunes Wasser, das sich Kaffee nannte — sind das Anreize, den Heldentod zu riskieren?

Was hatten dagegen die Alpini in den zerdroschenen Eiskavernen? Eier, Zitronen, Bohnenkaffee, Zwieback, Schokolade, Zucker, Marmelade, Makkaroni, Wein, Konserven aller Art. Es war nicht zu glauben, was es alles gab. Wir aber mußten so manche Seilbahn abstürzen lassen, um Ersatz für die Fehlmenge zu bekommen. Aber mehr als eine Gulaschkonserve prunkte nicht im täglichen Menü, denn die Seilbahn mußte zur Beheizung der Unterstände auch Holzscheite hochbringen, viel zu wenig auf legale Art. Nur mit List und Tücke wurde es geschafft, denn die Not war schon groß im Herbst 1918. Wäsche, Bergschuhe, Uniformstücke wurden Raritäten. Als alle Eingaben und Anforderungen nichts halfen und statt 20 Hosen nur vier, statt zehn Bergschuhen nur ein Paar von der Intendanz zugeteilt wurden, da setzte ich alles auf eine Karte und fuhr mit zwei Leiterwagen und vier Mann zu Tal zum Intendanten, zum gottöbersten der Verwalter aller Kostbarkeiten, die den Weg zur Truppe nie fanden.

Es kam zu einem wilden Disput. Meine Leute, die auf der Straße warteten, erzählten mir später, sie hätten jeden Augenblick erwartet, daß geschossen würde. Aber nein, mit einem toten Intendanten konnte ich nichts anfangen. Und wenn er mir wegen meines Auftretens mit dem Kriegsgericht drohte, so versprach ich ihm, den Kaiser selbst auf die Mißstände in der Verwaltung der begehrten Güter aufmerksam zu machen. Was war der Effekt? Ich zog mit den zwei Leiterwagen ab, hochbepackt mit neuen Uniformen, Pelzwesten, warmen Unterhosen,

Kampfgefährten — am Vorderen Madatsch (3480 m), Mitte Mai 1918; (von links nach rechts) Leutnant Oberkofler, unbekannt, Oblt. Oswald Ebner, der Verfasser dieses Buches, Hptm. Molterer (Bozen), Oblt. Dr. Klebelsberg (der nachmalig bekannte Geologe), Hptm. Paul Mayr (nachmaliger Sparkassedirektor in Bozen), unbekannt.

Bergschuhen und sonstigem Kram. Nur mußte ich versprechen, die unbrauchbaren Sorten bei der Intendanz abzuliefern, das sagte ich gern zu und schied in Frieden und Freundschaft. — Ja, das gehört auch zum Krieg. Nur war es manchmal schwieriger als ein Sturmangriff.

Die Kommandobaracke auf Giumella war gewiß kein Sanatorium, trotz der guten Luft, die dort wehte. Aber ich überwand dort oben die Spanische Grippe, die damals ganz Europa heimsuchte, bei 42° Fieber und Rum mit Tee, während in den Spitälern die Grippekranken dahinstarben wie die Fliegen.

Noch eine Episode ist mir in Erinnerung. Als nach der Wiedereroberung der Pta. San Matteo die gefangenen Alpini ins Tal marschierten, kam ein drahtiger Maresciallo auf mich zu. »Herr Kommandant, für uns ist der Krieg zu Ende, aber für Sie wird er auch nicht mehr lange dauern!« — Woher wußte er das? Und als er sich von mir verabschiedete, sagte er so im Vorbeigehen: »Dieser aber ist kein Unseriger« — und zeigte auf einen Mann in Alpiniuniform. Es war ein tschechischer Überläufer, der in die Legion eingetreten war und bei den Alpini diente. Offenbar hatte er sich so unbeliebt gemacht, daß ihn der Stabs-Unteroffizier verriet. Schicksal in den letzten Wochen!

Und die letzten Wochen kamen auch auf uns zu. Tiefer Winter war Anfang November in den Gletscherstellungen, da kam der Befehl, die Stellungen zu räumen — Waffenstillstand!

Und so stiegen wir ins Tal ab. Dort aber war die Auflösung unverkennbar. Von überall kamen die Truppen herab und trotteten zu Fuß, mit Leiterwagen und Muli so schnell sie konnten heimwärts. Noch war es ein gutes Stück Weg zum Mendelpaß.

Inzwischen überholten uns die Sieger, erst Kavallerie auf haferstrotzenden Gäulen, dann Alpini in Lastwagen. In einem Dorf war eine Sperre errichtet. »Alle Waffen ablegen«, hieß es. Also weg mit dem Zielfernrohrstutzen. Als moralischen Halt behielt ich meine Pistole in der Hosentasche.

Wir beschlossen, in einem Dorfwirtshaus mit wehender Trikolore zu rasten. Wo nehmen nur die Leutchen so geschwind die grünweißroten Fahnen her? In der Gaststube saßen bereits Alpinioffiziere, vom Wirt — einem Welschtiroler — hofiert, der das Band der Trikolore stolz um Brust und Bauch gespannt hatte. »Au weh«, dachten wir im stillen; doch ein Rückzug war unmöglich.

So grüßten wir uns gegenseitig, hier Kaiserjäger, dort Alpini, und setzten uns auch an einen Tisch. Der freundliche Wirt brachte statt der bestellten bescheidenen Vierteln Literflaschen, wie auch auf den Tisch der Alpini. »Au weh«, sagten wir wieder im stillen. Aber wenn die Italiener fröhlich waren, durften wir die Köpfe nicht hängen lassen.

Dann rufen die Alpini den Wirt, um zu zahlen. Doch der stellte sich vor ihnen in Positur: »Nein meine Herren, ich nehme von Ihnen keinen Centesimo für den Willkommtrunk. Es war mir eine hohe Ehre, die ersten Sieger bewirtet zu haben und ich bedaure es sehr, daß Sie mich schon wieder verlassen müssen. Also Heil und Sieg auf weiteren Wegen!« Was blieb den Alpini übrig? Sie bedankten sich herzlich, salutierten vor uns und entschwanden.

»Au weh« — die Zeche werden wir bezahlen. Doch wir tranken den Wein bis zur Neige und riefen dann nach dem Wirt, um zu zahlen. Was tat der Brave? Er stellte sich in Positur und sprach mit gewölbter Tirolerbrust: »Nein, meine Herren, keinen Heller nehme ich von Ihnen für diesen Abschiedstrunk. Es war mir eine hohe Ehre, Sie bewirtet zu haben und ich hoffe, daß Sie mich in guter Erinnerung behalten!« Vielleicht, wenn wir die Uniform ausgezogen hätten und Friede im Land sei, kämen wir wieder einmal zu Besuch. Wir seien keine Feinde. Und er schüttelte unsere Hände ehrlich, fest und lang und schämte sich nicht, daß beim Abschied eine dicke Träne in seinem Augenwinkel saß.

Das war ein guter Ausklang nach all den Jahren des zur Pflicht und Übung gewordenen Heldentums. Freilich, sie ließ nicht lange auf sich warten, die bittere Erkenntnis, daß in uns ein Lebensabschnitt jetzt zu Ende gegangen war.

Oswald Ebner
Oberleutnant im 2. Rgt. der Tiroler Kaiserjäger
Letzter Kommandant der 19. Hochgebirgskompanie.

Josef Rampold

Die heutigen Steiganlagen im Bereich der Sextener Rotwand

Mehr als sechs Jahrzehnte sind seit den heißen Kämpfen um Sextener Rotwand, Sentinella und Elfer vergangen, und tiefer Friede hatte sich wieder auf diese Berge gelegt; als Sextener Sonnenuhr weisen sie den Einheimischen und den Gästen den großen Reigen der Tage in der bizarren Bergwelt der Dolomiten.

Aber ganz spurlos sind die Jahre des großen Krieges doch nicht vorübergegangen. So wurde schon vor Jahr und Tag der alte Alpinisteig durch die Elfer-West- und -Nordwand wieder begehbar gemacht und mit Drahtseilen gesichert; bei günstigen Schnee- und Eisverhältnissen kann er bis zur Sentinella-Scharte und jenseits absteigend bis zur Berti-Hütte verfolgt werden — von geübten, schwindelfreien und trittsicheren Bergwanderern, die mit Eisbeil oder Eisstichel umgehn können.

Im Jahre 1973 wurde dann in Sexten der Plan geboren, die alten Kriegswege auf die Rotwand wieder zu beleben, war man doch schon längst mitten in der Blütezeit — um nicht zu sagen Mode — der versicherten Felssteige in den Dolomiten. Für die Finanzierung sorgte zum Großteil die Rotwand-Seilbahngesellschaft, die nicht allein im Winter ein gutes Skigebiet erschloß, sondern eben auch dazu verhalf, den Sockel der Rotwand bis auf eine Höhe von 1924 Metern bequem zu »ersteigen«; so bleibt bis zum Gipfel nur mehr ein Höhenunterschied von rund tausend Metern, und diese Strecke ist gut markiert und wiederum mit Drahtseilen gesichert, da und dort genau an den gleichen Stellen wie seinerzeit im Krieg. Allüberall sind hier noch die Spuren der Besetzung und der Kämpfe zu sehen, Seilbahnböcke, Kavernen, Schießscharten und geisterhafte Skelette der Barackenunterkünfte von einst.

Der Wegverlauf ist ab der Bergstation durch tadellose Markierungen gut vorgezeichnet; man verfolgt ab der Jausenstation »Rudi-Hütte« den Weg 15 B bis zum sogenannten Burgstall (2260 m; 1 Std.). Von hier geht es nun in leichtes Felsgelände, doch ist sehr auf Steinschlag zu achten; Ungeübte gehören am kurzen Seil gesichert. — Man durchmißt auf gut angelegtem Serpentinensteig einen Felskessel und erreicht danach bald die Rotwandscharte. In der Nähe ein Kriegerdenkmal und die Reste der österr. Seilbahnstation. Großartiger Tiefblick hinunter zum Alpiniweg. Man kann übrigens von dieser Stelle gegen Süden über Bänder eine Verbindung zur Sentinellascharte herstellen, oder aber auch im Abstieg über einen auch hier versicherten Steig die Rotwandwiesen anders als im Aufstieg erreichen. — Von der vorerwähnten Rotwandscharte nun weiter zum Gipfel, über die »Schlüsselstelle« des Klettersteiges, eine etwa 25 m hohe Wand, die mit Hilfe von guten Sicherungen, jedoch unschwierig überwunden wird. Nun weiter über Stufen, Bänder und je nach Jahreszeit über Firnreste bergauf, mit prächtigem Blick zum rechts stehenden »Vinatzerturm«, dem eigentlichen Hauptgipfel, der in der Kriegsgeschichte der Rotwand eine so wichtige Rolle spielte. — Unser Klettersteig führt nun bald in die Obere Rotwandscharte und auf den Gipfelgrat und in wenigen Minuten zu dem mit einem Holzkreuz gezierten Gipfel (2939 m). Gehzeit insgesamt etwa $3^1/_2$ Stunden. — Abstieg wie Aufstieg, oder im Abstieg die neue Variante über den Südwestgrat der oberen Rotwandköpfe. Man zweigt — im Abstieg — dorthin bei einer Platte ab, wo von rechts der Weg vom Burgstall herauf mündet (Schrift »Burgstall« und »Rotwand«). Die Variante ist durch ein rotes Dreieck mit weißem Rand gekennzeichnet und erfordert (im Aufstieg) etwa eine Stunde mehr Gehzeit. —

Die Klettersteige an der Rotwand gehören zu den leichteren Wegen dieser Art, dürfen aber keinesfalls unterschätzt werden und sind von tödlicher Gefahr für Halbschuhtouristen. Für den Geübten bieten sie großartige Ausblicke und Nahbilder und ermöglichen ein intensives Studium des Kriegsgeschehens an der Rotwand von einst.

*

1978 hat man damit begonnen, auch auf der Südseite der Rotwand Klettersteige anzulegen, mit Ausgangspunkt »Berti-Hütte«; dieses schöne neue Schutzhaus ersetzt die etwas höher gelegene, verfallene Sala-Hütte. – Aus dem sog. »Vallon« (ca. 2400 m) steigt man (vom Weg 101, der zur Sentinella führt, ausgehend) zum gut bez. Einstieg des versicherten Klettersteiges »Mario Zandonella« (benannt nach einem 1975 abgestürzten ital. Meisterkletterer), der nun bis zum Gipfel der Rotwand führt und interessante Einblicke in die ital. Stellungen ermöglicht; dies vor allem auch deshalb, weil er im oberen Teil eine Variante bekommen hat, die gegen Osten ausholt. – Der Höhenunterschied beträgt etwa 550 Meter, als Gehzeit wird man für die Steiganlage (ohne Variante) ca. $2^1/_2$ Std. rechnen müssen. – Die Anlage ist zwar mit Seilen, Leitern usw. versichert, darf aber nur von erfahrenen, schwindelfreien Touristen begangen werden. Vorsicht bei Gewittern, wie dies für alle Klettersteige gilt; bei unsicherem Wetter besser nicht einsteigen. – Das geräumige Rif. Berti erreicht man, indem man von der Kreuzbergpaßstraße (Comelico-Seite) gegen Westen zur Selvapiana-Alm (= Rif. Lunelli) abzweigt (Parkplatz); von hier in einer guten Stunde zur Berti-Hütte.

Quellennachweis

1. Druckwerke.

Akademische Legionen der Innsbrucker Universität. Prof. Richard Heuberger, Innsbruck.
Dolomitenkämpfe. Oberst Valentin Feurstein. Sonderabdruck aus den Militärwissenschaftlichen u. Technischen Mitteilungen 1925.
Dolomitenwacht. Universitätsverlag Wagner, Innsbruck 1917.
L'esercito italiano nella grande guerra 1915-1918. Roma 1931.
  Ministero della Guerra, Comando del Corpo di Stato Maggiore, Ufficio Storico.
La Guerra in alta montagna; Col. Ildebrando Flores. Milano 1933.
Guerra per Crode. Giov. Sala e Ant. Berti, Padova 1933.
Guerra in Cadore. Antonio Berti. Roma 1936.
Das Kgl. bayer. Infanterie-Leibregiment im Weltkrieg. München.
Die Kgl. bayer. Gebirgsartillerie-Abteilung 2. München.
Klubnachrichten des Akademischen Alpenklubs Innsbruck 1915/1916.
Der Krieg in Tirol. FML. Cletus Pichler, Innsbruck 1924.
La conquista del Passo della Sentinella. Ten.-Gen. G. Venturi, Finalborgo 1923.
La conquista del Passo della Sentinella. Italo Lunelli. Corriere della Sera, 12. März 1933.
Der Sepp. Roman von Karl Springenschmid, Bergverlag Rother, München.

2. Handschriftliche Aufzeichnungen.

Eigenes Fronterlebnis vom September 1916 bis zum Abzug der Rotwandbesatzung im November 1917.
Akten der Kriegsarchive in Wien und Rom.
Tagebuch des Bergführers Sepp Innerkofler, Sexten.
Das Hüttenbuch der Rotwand.
Tagebuch des Leutnants Benno Tichy (dzt. Ung. Hradisch, CSR.).
Tagebuch des Leutnants Fritz Winkler (dzt. Rechtsanwalt in Ried i. I.).
Tagebuch des Kanoniers Frz. Siebert (dzt. Prokurist in Saarbrücken).
Kriegserinnerungen des Feldkuraten Josef Hosp (dzt. Kufstein).

3. Beiträge von Schilderungen und Bilder.

Viele ehemalige Mitkämpfer von beiden Fronten haben Schilderungen, Bilder, Karten und Skizzen zur Verfügung gestellt. Ihnen sei herzlich gedankt!

Ing. Wilhelm Dücker, Rekawinkel,
Jakob Gratz, Großarl,
Univ.-Prof. Richard Heuberger, Innsbruck,
Ing. Otto Langl, Wien, Präsident des Österr. Alpenklubs,
Josef Mayr, Innsbruck,
Dr. Bernardo Oglietti, Hythe, Kent, England,
Alessandro Paganone, Torino,
Edoardo Passerini, Bozen,
Otto Pallua, Innsbruck,
Andreas Piller, Innsbruck,
Dr. Hannes Sild, Wien,
Alexander Sinnhuber, Neukirchen a. Großvenediger,
Hans Skofizh, Wien,
Obstl. Paolo Stiz, Conegliano,
Obst. Eduard Sturm, Wien,
Dr. Emanuel Schönbichler, Wien,
Gottfried Tschoner, Innsbruck,
Dr. Alban Unterkreuter, Villach,
Karl Woytaček, Hamburg.

Für die Überlassung von Bildern und Klischees wird Herrn Professor Antonio Berti, Vicenza, dem Photographischen Verlag Ghedina in Cortina, der Offiziersbibliothek des ehem. Königl. Bayerischen Infanterie-Leibregimentes, München, und dem Verlag Amon Franz Göth, Wien, besonders gedankt. Von den hier genannten Personen sind seit dem ersten Erscheinen dieses Buches schon viele zur Großen Armee eingerückt; der hier ausgesprochene Dank gilt sinngemäß ihren Nachkommen bzw. den Verwaltern ihres Nachlasses.

Penzberg (Obb.) im Herbst 1978
Oswald Ebner

Inhalt

	Seite
Zum Geleit	5
Die Sextener Rotwand	7
Die Sextener Front	9
Sepp Innerkofler	13
Die Deutschen kommen	24
Die Italiener rühren sich	37
Feldkurat Hosp	42
Sentinella	54
1915 geht zu Ende	56
Die Eroberung der Sentinella	60
Es geht um die Rotwand	89
Angriff auf die Rotwand	113
Ausbau der Fronten	120
Der Winter	131
Hochgebirgskompanie 19	155
Die Rotwand ist frei!	175

Anhang

Das Kriegstagebuch des Bergführers Sepp Innerkofler	179
Sepp Innerkoflers letzte Patrulle	200
Der Weg einer Hochgebirgskompanie	203
Die heutigen Steiganlagen an der Rotwand	220
Quellennachweis	222